सफल छात्र जीवन
के
15 गुरुमंत्र

सफल छात्र जीवन के 15 गुरुमंत्र

सपना (कल्पना), प्रेरणा और इच्छाशक्ति

कुँवर कनक सिंह राव

प्रकाशक
प्रभात पेपरबैक्स
प्रभात प्रकाशन प्रा. लि. का उपक्रम
4/19 आसफ अली रोड, नई दिल्ली-110002
फोन : 23289777 • हेल्पलाइन नं. : 7827007777
इ-मेल : prabhatbooks@gmail.com ❖ वेब ठिकाना : www.prabhatbooks.com

संस्करण
प्रथम, 2022

मूल्य
दो सौ पचास रुपए

मुद्रक
आर-टेक ऑफसेट प्रिंटर्स, दिल्ली

SAFAL CHHATRA JEEVAN KE 15 GURUMANTRA
by Shri Kunwar Kanak Singh Rao

Published by **PRABHAT PAPERBACKS**
An imprint of Prabhat Prakashan Pvt. Ltd.
4/19 Asaf Ali Road, New Delhi-110002

ISBN 978-93-5521-307-5

₹ 250.00

जिसका आरंभ होता है, उसका अंत अवश्यंभावी है।
इस सच्चाई के अनुसार चलें, (अंततः) सब ठीक ही होगा।

भूमिका

आधुनिक सभ्यता में द्रुत बदलाव की प्रवृत्ति देखी जा रही है। आज की अर्थव्यवस्था, जिसके अंतर्गत श्रम बाजार और सेवा या रोजगार से जुड़ी अर्हताओं की आवश्यकताओं का ढाँचा भी आता है, ऐसी हो गई है, जिसमें एक ही पीढ़ी की अल्पावधि में मौलिक रूपांतरण देखा जा सकता है। चूँकि इन बदलावों को समझना, उन्हें स्वीकार करना और उनके अनुसार स्वयं को ढालना हमारे लिए काफी मुश्किल होता है, इसलिए कई बार इनके प्रभावों और परिणामों को हम भावी झटके के रूप में देखने लगते हैं। दूसरी ओर, ये बदलाव एकदम प्रकट नहीं होते, बल्कि एक लंबे ऐतिहासिक विकास-विस्तार की प्रक्रिया के एक हिस्से के रूप में हमारे सामने आते हैं, जिसमें प्रौद्योगिकी विकास की अपनी एक भूमिका होती है।

वर्तमान उद्देश्य के संदर्भ में भविष्य के बारे में विचार करते समय शत-प्रतिशत सटीकता या उपयुक्तता के बजाय अंतर्दृष्टि और कल्पनाशीलता को ज्यादा महत्त्व दिया जाना चाहिए। सिद्धांतों की उपयोगिता के लिए उनका शत-प्रतिशत सटीक या त्रुटिरहित होना जरूरी नहीं होता। त्रुटियों की भी अपनी उपयोगिता होती है। मध्यकालीन मानचित्रकारों द्वारा बनाए गए दुनिया के नक्शों में ऐसी तथ्यात्मक गलतियाँ थीं, जिन्हें देखकर आज हमें हँसी आती है; लेकिन यह भी सच है कि उन्हीं नक्शों की बदौलत ही बड़े-बड़े अन्वेषण नई दुनिया की खोज कर सके।

देखने की बात यह है कि वृद्धिमान-विकासमान अर्थव्यवस्था की माँग के संदर्भ में आप कौशल विकास को भावी चुनौतियों से किस प्रकार जोड़कर देखते हैं। राष्ट्रीय कौशल-विकास नीति के अंतर्गत कौशल-विकास को राष्ट्रीय विकास नीतियों, जैसे—ढाँचागत विकास, गरीबी-निवारण और अनुकूल कार्य एजेंडा से जोड़कर रखा गया है। गरीबी को कम करने में कौशल-विकास की एक महत्त्वपूर्ण भूमिका होती है; क्योंकि इससे एक ओर रोजगार एवं उत्पादकता के स्तर में सुधार को बल मिलता है तथा दूसरी ओर स्थायी उद्यम विकास में मदद मिलती है। परिणामस्वरूप

आय का स्तर ऊँचा उठता है। हालाँकि उत्पादकता को प्रभावित करनेवाले कई अन्य कारक भी हैं, जिनका पैमाना व्यक्तिगत, उद्यमगत और अर्थव्यवस्थागत स्तर पर अलग-अलग होता है। स्वस्थ एवं कुशल श्रम-शक्ति प्रौद्योगिकी विकास और ठोस, समष्टि आर्थिक रणनीतियों से उत्पादकता बढ़ाई जा सकती है।

हमारे पास कोई नक्शा न हो, इसके बजाय हम चाहेंगे कि हमारे पास नक्शा हो, चाहे वह गलत ही क्यों न हो—'धूम्रपान आपके लिए उतना बुरा नहीं हो सकता : मेरे दादाजी दिन में तीन-तीन पैकेट सिगरेट पी जाते थे और वह सौ साल से भी ज्यादा जिए।' या फिर—मैनहट्टन सचमुच सुरक्षित है। एक आदमी ऐसा है, जिसका घर गाँव के बीच में है और वह घर में कभी ताला नहीं लगाता; लंबी छुट्टी पर कहीं जाता है, तब भी नहीं—और उसके घर में कभी चोरी नहीं हुई। इस तरह की बातें हम तब करते हैं, जब हमें कुछ साबित करना होता है; लेकिन वास्तव में इनसे कुछ भी साबित नहीं होता। उपलब्धता या सुलभता के पूर्वग्रह के वशीभूत होकर ही हम इस तरह की बातें करते हैं।

कुछ लोग कभी कामयाब नहीं होंगे—इस कारण नहीं कि वे कामयाब होना ही नहीं चाहते या वे कामयाब हो ही नहीं सकते। वे इसलिए कामयाब नहीं होंगे, क्योंकि वे कोशिश ही नहीं करते या कामयाबी तक पहुँचने से पहले ही हार मान बैठते हैं। सच्चाई की ओर से आँखें मूँद लेने से उसका अस्तित्व नहीं मिट जाता; कोई काम नहीं है तो इसका मतलब यह नहीं हुआ कि आराम किया जाए; खाली दिमाग परेशानियों को और बढ़ाने का ही काम करता है। आपका कॅरियर बहुत हद तक आपके अपने हाथ में है। स्वयं को बदलना एक कठिन और साहसपूर्ण काम है, क्योंकि इसके लिए आपको खुद का कट्टर शत्रु बनना पड़ता है।

अपने जीवन का रास्ता बदलने के लिए आपको क्या चाहिए? अपने दैनिक जीवन में दिल व दिमाग से हर तरह से सुखी और संपन्न महसूस करने के लिए आपको क्या चाहिए? 'अब से चीजें बिलकुल अलग होंगी', इस संकल्प को पूरा करने के लिए आपको क्या चाहिए? इसे जीने, इसे साकार करने, इसमें विश्वास करने के लिए आपको क्या चाहिए?

इसका उत्तर है—साहस। आपको याद है, अचानक नौकरी छूट जाने, अपने किसी प्रियजन के बीमार होने या किसी अपने द्वारा आपको ठुकरा दिए जाने पर आपको कितना दुःख हुआ था? और उससे उबरने के लिए आपको कितनी हिम्मत जुटानी पड़ी थी? आर्थिक अभाव या कठिनाइयों में जीने के लिए साहस चाहिए; इसी तरह, अमीर बनने के लिए भी साहस चाहिए। शेयर, भय, गुस्सा—ये सब

पैसे के रास्ते के बाधक कारक हैं। पैसे के साथ हम जैसा व्यवहार करेंगे, वैसा ही व्यवहार वह हमारे साथ करेगा। अगर आप इसकी उपेक्षा करेंगे, अपमान करेंगे तो यह आपको छोड़कर चला जाएगा।

ज्यादा छोड़ने और ज्यादा पाने का साहस। आज आप अपने स्वयं के बारे में, अपनी परिस्थितियों के बारे में जो कुछ सोचते हैं, उसे और समृद्ध बनाने के लिए आपके मस्तिष्क में समृद्ध विचारों और समृद्ध शब्दों का होना जरूरी है। जिस प्रकार विचारों को समृद्ध बनाने के लिए समृद्ध शब्द होने चाहिए, उसी प्रकार शब्दों को समृद्ध बनाने के लिए कार्यों का समृद्ध होना जरूरी है। धन का पहला नियम—पहले आदमी, फिर पैसा, उसके बाद दूसरी चीजें। जीवन एक ऐसी यात्रा है, जो आपको ऐसी-वैसी दिशाओं में ले जा सकती है, जिसकी आपने कभी कल्पना तक नहीं की हो।

हर खिलाड़ी जीतनेवाली टीम में खेलना चाहता है। हर खिलाड़ी चैंपियन बनना चाहता है। चीजें आती हैं तो एक साथ आती हैं। तब आपका समीकरण बेहतर हो जाता है। जब आप बीस में से पंद्रह मैच हार जाते हैं और आपकी टीम का प्रदर्शन साल-दर-साल बिगड़ता जाता है तो आप अपने प्रशंसकों और स्थानीय मीडिया में हँसी का पात्र बनने लगते हैं; और जब आप जीतने लगते हैं तो आप प्रशंसकों और मीडियावालों के आकर्षण का केंद्र बन जाते हैं।

माइंडक्राफ्ट अर्थव्यवस्था

अर्थव्यवस्था को प्राय: तीन अलग-अलग क्षेत्रों में बाँटा जाता है—कृषि, विनिर्माण और सेवा क्षेत्र। आजकल इसमें एक चौथा क्षेत्र भी जुड़ गया है; वह है ज्ञान क्षेत्र, जिसका बहुत तेजी से विकास हो रहा है। इस स्मार्ट, ऑटोमेटेड क्षेत्र में दिमाग से किया जानेवाला काम अब सूचनाओं के ऑनलाइन आदान-प्रदान के रूप में संपन्न किया जा रहा है। दूसरे शब्दों में कहें तो हैंडीक्राफ्ट का स्थान माइंडक्राफ्ट होता जा रहा है, जो एक दशक पहले ही दिखाई देने लगा था। आज कंप्यूटर और आई.सी.टी. यानी सूचना एवं संचार प्रौद्योगिकी के उपकरण विश्व अर्थव्यवस्था का एक महत्त्वपूर्ण अंग बन गए हैं।

साथ ही, ज्ञान या सूचनाओं से जुड़ा काम अब वर्तमान आर्थिक क्रियाकलापों का मुख्य अंग बन गया है। पर्यवेक्षकों का मानना है कि इक्कीसवीं सदी की यह माइंडक्राफ्ट अर्थव्यवस्था मानवीय एजेंटों और प्रौद्योगिकी के अद्भुत मेल पर आधारित एक व्यापक सिस्टम के अंतर्गत सतत ज्ञानार्जन की प्रक्रिया का संवर्धन

कर रही है। विश्व अर्थव्यवस्था में एक प्रमुख प्रवृत्ति के रूप में देखा जा रहा है कि भौतिक उद्योग धीरे-धीरे विकसित देशों से विकासशील देशों में स्थानांतरित हो रहे हैं। सूचना उद्योग भी इस प्रक्रिया में संलग्न है।

ज्ञान-आधारित इस नए समाज में जीवन के लिए और अधिक स्वतंत्र एवं उत्तरदायित्वपूर्ण व्यवहार की जरूरत है। सतत विकास—और कभी-कभी उत्तरजीविता—को कायम रखने के लिए लोगों को अब नई और अप्रत्याशित स्थितियों में उत्तरदायित्वपूर्ण निर्णय लेने की जरूरत है। साथ ही उन्हें सीखने की प्रक्रिया को जीवन भर बनाए रखने की भी जरूरत है। व्यक्तिगत स्तर पर लोग सूचना एवं संचार प्रौद्योगिकी का इस्तेमाल अपने व्यक्तिगत विकास, उपभोग और रचनात्मकता के लिए कर रहे हैं। हमें जनोपयोगी सूचनाओं का आलोचनात्मक विश्लेषण करने और उसका रचनात्मक उद्देश्य से इस्तेमाल करने की भी जरूरत है। ज्ञान व कौशल-आधारित बौद्धिक कार्यों के लिए अधिक-से-अधिक औद्योगिक और व्यावसायिक पेशेवरों की जरूरत पड़ रही है। इसमें वही व्यक्ति सफल होगा, जिसके पास सूचना एवं संचार प्रौद्योगिकी के बारे में अच्छी जानकारी होगी। पुराने कौशल अब प्रासंगिक नहीं रह गए। उदाहरण के लिए, कागज-कलम का प्रयोग करते हुए गणितीय हिसाब-किताब लगाने की जरूरत अब सामान्य तौर पर नहीं रही, हालाँकि विद्यार्थियों की शिक्षा में अब भी इसका अपना अलग उपयोग है।

ऐसे परिवेश में हर बच्चे व युवा के लिए जरूरी हो गया है कि वह अपने घर, स्कूल, कार्य-स्थल पर प्रौद्योगिकी की उपस्थिति को समझे और उसके अनुसार कार्य करे। सच पूछा जाए तो हर नई प्रौद्योगिकी के अपने फायदे और नुकसान होते हैं। टिड्डे जैसी मानसिकता को प्रोत्साहित करना इस प्रकार के नुकसान का एक उदाहरण है, जिसे इंटरनेट सर्फिंग और इंटरनेट परिवेश के प्रदूषण के रूप में देखा जा सकता है।

आप पाएँगे कि स्वास्थ्य सेवाएँ उद्योग से जुड़े ज्यादातर संगठनों के एक जैसे क्षेत्र हैं, लेकिन उनके आगे बढ़ने की एक सीमा है। अपने कॅरियर लक्ष्य को प्राप्त करने के लिए उनके साथ काम करना आपके अपने निर्णय पर निर्भर करता है। भविष्य के लिए एक दर्शन विकसित करना जरूरी होता है। ऐसा सिर्फ इसलिए नहीं हैं कि दुनिया आज ज्ञान-आधारित समाज का रूप लेती जा रही है, जिससे नए-नए कौशलों और अनुभवों पर निर्भरता बढ़ रही है; बल्कि इसलिए भी है कि हम प्रौद्योगिकी प्रधान सामाजिक-आर्थिक परिवेश में रह रहे हैं, जो उत्पादन

के अल्पकालिक, उपभोक्ता-केंद्रित लक्ष्यों पर आधारित है। आरामदायक जीवन उपलब्ध करानेवाली प्रौद्योगिकी पर अपना ध्यान संकुचित रूप से स्थिर करके हम सबकुछ भूल जाते हैं; बल्कि कई बार मानवीय और लोकतांत्रिक मूल्यों के खिलाफ जाकर काम करने लगते हैं।

हमारा विश्वास कहता है कि यह शिक्षकों व शिक्षार्थियों को सीखने और सिखाने के जो साधन और विकल्प उपलब्ध करा रहा है, उसके बल पर ही यह अपनी भूमिका में बना रहा है। स्कूल में प्रवेश लेनेवाले विद्यार्थी जिज्ञासु और सृजनशील होते हैं तथा बहुत सी चीजें सीखने में सक्षम होते हैं। मातृभाषा, भौतिक गति, मुश्किल खेलों और अन्यान्य जीवन-कौशलों में दक्षता हासिल करके विद्यार्थी इसे पहले ही सिद्ध कर चुके हैं। इक्कीसवीं सदी में उनके बेहतर भविष्य के लिए हमें एक नए कौशल की जरूरत है। हमने यह भी देखा है कि ज्ञानवर्धन और कौशल-विकास से विद्यार्थियों को अपने चुने हुए पाठ्यक्रम की उपयोगिता और प्रासंगिकता को समझने में भी मदद मिलती है। अगर हमें अपने देश के विकास को बढ़ावा देना है तो कौशल विकास और कुशल भारत को हमें अपना मिशन बनाना होगा।

भारत की कार्यशील जनसंख्या को देश के आर्थिक विकास में लगाने के लिए उसे ज्ञान और रोजगारपरक कौशल से सुसज्जित करने की जरूरत है।

ज्ञान-आधारित वैश्विक अर्थव्यवस्था बनने की दिशा में आगे बढ़ते हुए भारत को अपनी युवा पीढ़ी की महत्त्वाकांक्षाओं को ध्यान में रखने की जरूरत है। इसके लिए हमें उभरते आर्थिक परिवेश के अनुरूप कौशलों के विकास पर बल देना होगा।

आप जो भी काम कर रहे हैं—चाहे बोरियत दूर करने के लिए या अपनी जिज्ञासा को शांत करने के लिए या अपने मौजूदा ज्ञान में वृद्धि के लिए आप यह पुस्तक पढ़ रहे हैं, उसके लिए आपको मेरी ओर से शुभेच्छा। मैं चाहता हूँ कि आपकी सोच में स्पष्टता आए; मैं आपके दिल में प्यार भरना चाहता हूँ, ताकि आपको खालीपन न महसूस हो। मेरा विश्वास है कि पुस्तक में बताई गई तकनीकों को अमल में लाकर आप यह सबकुछ प्राप्त कर पाएँगे। आपके अंदर एक सकारात्मक दृष्टिकोण का विकास होगा, नेतृत्व कौशल एवं व्यवहार कौशल में निखार आएगा और अंतत: सकारात्मक परिणाम आपके सामने होगा।

कहा जा सकता है कि यह पुस्तक अदम्य मानवीय इच्छाशक्ति का एक टेस्टामेंट है। सीखने व पढ़ने के लिए एक स्वाभाविक शैली अपनाकर चलना बहुत महत्त्वपूर्ण होता है; क्योंकि इससे आपको पता चलता है कि कब, कहाँ

और कैसे पढ़ने से वांछित परिणाम प्राप्त हो सकता है। हम चैंपियन बन सकते हैं; अगर पहले से चैंपियन हैं तो और बेहतर चैंपियन बन सकते हैं। वह कौन सी बात होती है, जो एक चैंपियन को अन्य सामान्य लोगों से अलग करती है ? क्या उसका अनुशासन और प्रतिबद्धता ? शायद यह उसकी एकनिष्ठा होती है, जो उसे पूर्णता तक पहुँचे बिना रुकने नहीं देती। आप भी एक दिन संपूर्ण चैंपियन बन सकते हैं।

—कुँवर कनक सिंह राव

अनुक्रम

अध्याय-1

जी हाँ, आप कर सकते हैं

[दुनिया में तीन तरह के लोग होते हैं—

— एक वे लोग, जो स्वयं कुछ करते हैं।

— दूसरे वे लोग, जो चीजों को साकार होते देखते हैं।

— और तीसरे वे लोग, जो यह समझ ही नहीं पाते कि आखिर क्या कुछ हुआ।]

सफल होने के लिए क्या चाहिए? सकारात्मक सोच? बिल्कुल सही। लेकिन सिर्फ सकारात्मक सोच से काम नहीं चलता। तो और क्या चाहिए? आकर्षण-गुरुत्वाकर्षण का नियम? रहस्य? ये अवधारणाएँ हमें क्रियाशीलता की ओर प्रवृत्त करनेवाली हो सकती हैं, लेकिन कार्य के बिना इनकी भी कोई खास उपयोगिता नहीं रह जाती। सफलता के लिए कार्य जरूरी है और कार्य को सही ढंग से करने के लिए कौशल की जरूरत होती है। कुछ कौशल ऐसे होते हैं, जो हमें स्कूल में सीखने को मिलते हैं; कुछ कौशल हम कार्य के दौरान कार्यस्थल पर सीखते हैं और कुछ अन्य कौशल हैं, जो हम जीवन के सामान्य अनुभवों से सीखते हैं।

जीवन एक खेल की तरह है—सुपर मारिओ गेम की तरह। लेकिन जीवन के इस खेल में आप एक पात्र की भूमिका में हैं, जिसके व्यक्तिगत और व्यावसायिक स्तर पर उपयुक्त विकास-विस्तार के लिए आपको अपने स्वयं के मशरूम तक पहुँचना होता है। इसमें यह बात मायने नहीं रखती कि आपने कहाँ से चलना शुरू किया है?

हाल के आँकड़ों से पता चलता है कि भारत में रोजगार में संलग्न कुल कर्मचारियों में से मात्र 2 प्रतिशत कर्मचारी ही ऐसे हैं, जिन्होंने अपने कार्य से संबंधित औपचारिक कौशल-विकास प्रशिक्षण प्राप्त किया है; जबकि आजकल

ज्यादातर नौकरियों के लिए औपचारिक प्रशिक्षण को अनिवार्य कर दिया गया है—उसका आधार चाहे विनियामक हो या कानूनी हो या फिर चाहे नीतिगत हो। कौशल-विकास प्रशिक्षण से आपको कई तरह के लाभ मिल सकते हैं; जैसे—

रोजगार के अवसरों में वृद्धि—इस बात में कोई संदेह नहीं है कि कौशल प्रशिक्षण से रोजगार के अवसरों में वृद्धि होती है। आजकल कई उद्योग क्षेत्र ऐसे हैं, जिनमें प्रवेश के स्तर पर ही प्रशिक्षण योग्यता की जरूरत होती है। प्रशिक्षण पाठ्यक्रम करने के बाद आपके लिए रोजगार के अवसर बढ़ जाते हैं।

कॅरियर विकास के अवसरों में वृद्धि—हम सभी अपनी पसंद के क्षेत्र में कॅरियर का विकास करना चाहते हैं। उपयुक्त रोजगार प्राप्त करने के लिए केवल अनुभव ही पर्याप्त नहीं होता; अनुभव के साथ-साथ यदि आप औपचारिक कौशल प्रशिक्षण भी प्राप्त कर लेते हैं तो नियोजक के लिए आपकी उपयोगिता बढ़ जाती है और इस प्रकार आपको कॅरियर विकास के बेहतर अवसर प्राप्त होते हैं।

व्यक्तिगत विकास—औपचारिक प्रशिक्षण से क्षेत्र विशेष में आपके कौशल में तो वृद्धि होती ही है, साथ ही आपके नेटवर्किंग, समय-प्रबंधन और संवाद कौशल में भी निखार आता है।

स्थानीय उद्योग के बारे में समझ व जानकारी में वृद्धि—कौशल-विकास का प्रशिक्षण देनेवाले प्रशिक्षक अपने-अपने क्षेत्र में दक्ष होते हैं और वे संबंधित उद्योग क्षेत्र के साथ बहुत निकटता से जुड़े होते हैं। इससे स्थानीय उद्योग के बारे में आपकी जानकारी और कौशल में वृद्धि होती है।

लोगों की कार्य-कुशलता और सामाजिक उपयोगिता में सुधार लाने के लिए कौशल-विकास एक सशक्त माध्यम का काम करता है। प्रौद्योगिकी के क्षेत्र में नित नए विकास एवं द्रुतगामी बदलाव और श्रम बाजार को प्रभावित करनेवाले अन्य कारकों के साथ सामंजस्य बैठाकर आगे बढ़ने के लिए प्रशिक्षण के माध्यम से कौशल-विकास बहुत जरूरी हो गया है।

नई पीढ़ी की प्रौद्योगिकी

खासकर सूचना एवं संचार प्रौद्योगिकी और कुछ विनिर्माण प्रक्रियाओं का उत्पादकता और उच्च स्तरीय कौशल व वेतनमानवाले रोजगार के लिए कामगारों की माँग पर गहरा प्रभाव होता है।

नई-नई प्रौद्योगिकी के विकास के चलते औद्योगिकीकृत अर्थव्यवस्थाओं में अकुशल श्रम की माँग कम हो गई है और कुशल श्रम की माँग व मूल्यवत्ता बढ़ गई

है। सेवा क्षेत्र की बात करें तो प्रौद्योगिकी विकास के परिणामस्वरूप स्वास्थ्य रक्षा, सूचना प्रसंस्करण और वित्तीय व व्यावसायिक सेवाओं में विभिन्न उच्च कौशलवाले व्यवसायों की नई-नई श्रेणियों का सृजन हुआ है; साथ ही विनिर्माण क्षेत्र में भी शारीरिक श्रम के बजाय कामगारों के व्यावहारिक कौशल और लोचशीलता पर ज्यादा बल दिया जा रहा है।

हार्ड स्किल और सॉफ्ट स्किल

हार्ड स्किल—इसके अंतर्गत किसी कार्य या विषय विशेष से जुड़े कौशल आते हैं, जो सामान्य दक्षता, विषयगत योग्यता और तकनीकी ज्ञान पर आधारित हो सकते हैं। किसी भाषा या सॉफ्टवेयर, ग्राफिक डिजाइन और प्रोग्रामिंग में दक्षता हार्ड स्किल के अंतर्गत आती है।

सॉफ्ट स्किल—इसके अंतर्गत व्यक्तित्व विकास से जुड़े कौशल आते हैं, जो हस्तांतरणीय होते हैं। उदाहरण के लिए—संवाद कौशल, अभिव्यक्ति कौशल, नेतृत्व कौशल, समय-प्रबंधन कौशल, तनाव नियंत्रण कौशल, निर्णय निर्धारण कौशल, नेटवर्किंग कौशल और उत्तरजीविता कौशल सॉफ्ट स्किल के अंतर्गत आते हैं।

हार्ड स्किल क्यों महत्त्वपूर्ण है, यह बात स्पष्ट है। किसी लक्ष्य में आगे बढ़ने के लिए आपके पास डोमेन लेवल का ज्ञान होना चाहिए। एक सफल यू ट्यूबर (You Tuber) बनने के लिए आपके पास कम-से-कम वीडियो एडिटिंग कौशल तो होना ही चाहिए। एक अच्छा ब्लॉगर (Blogger) बनने के लिए आपके पास अच्छा लेखन कौशल और भाषा की दक्षता होनी चाहिए। इसी तरह, एक अच्छा सॉफ्टवेयर इंजीनियर बनने के लिए आपको प्रोग्रामिंग आनी चाहिए। लेकिन कई बार सॉफ्ट स्किल की कमी के चलते लोगों की सफलता प्रभावित होती है। उदाहरण के लिए, एक लेखक के पास लेखन कौशल तो है, लेकिन पुस्तकों की बिक्री के मामले में उसे बिल्कुल जानकारी नहीं है तो इससे उसकी सफलता प्रभावित होगी। उच्च स्तरीय लेखन कौशल होने के साथ-साथ लेखक के पास नेटवर्किंग व विपणन जैसे कौशल भी होने चाहिए, जो सफलता के लिए जरूरी हैं। एक सफल पुस्तक के सृजन के लिए केवल अच्छा लेखन कौशल ही काफी नहीं होता—

> इसके लिए आपको प्रकाशकों-प्रायोजकों से मिलना होता है, उन्हें विश्वास में लेना होता है। पाठकों के बीच में पुस्तक के रूप में खुद को बेचना होता है।

यह जानना-समझना होता है कि लोग/पाठक क्या चाहते हैं। ऐसा क्या लिखा जाए, जो उनकी माँग और रुचि के अनुरूप हो।

तरुणावस्था में पहुँचने पर लड़के-लड़कियों में कुछ खास हार्मोंस की मात्रा बढ़ जाती है, जिससे उनमें कई नए शारीरिक व मानसिक या भावनात्मक बदलाव देखे जाते हैं। वस्तुत: यही वह अवस्था होती है, जब लड़का या लड़की के रूप में उनकी एक नई परिभाषा शुरू होती है। इस प्रकार देखते-ही-देखते उनका पूरा जीवन ही बदल जाता है। ऐसे में अगर पहले से उनकी प्रेम और अन्य भावनात्मक जरूरतें पूरी होती रही हैं तो उनका विकास-विस्तार होना शुरू हो जाता है और अगर पहले से ऐसा नहीं है तो उनमें इस तरह के शारीरिक व भावनात्मक बदलाव साफ दिखाई देने लगते हैं। अध्ययन से पता चला है कि इस अवस्था में पहुँचने पर लड़कियों में आत्मसम्मान की भावना बढ़ जाती है और अपने प्रति उनकी सोच में निखार आता है। दूसरी ओर, इस अवस्था में पहुँचने पर लड़कों के स्वभाव व व्यवहार में कुछ समस्याएँ प्रकट होने लगती हैं। अब तक माता-पिता इन विषयों पर अपने बच्चों से खुलकर बात करने से परहेज करते थे, लेकिन अब अपने बच्चों की जरूरत को समझते हुए माता-पिता से बढ़कर ऐसा विश्वसनीय मार्गदर्शक और कोई नहीं हो सकता।

हमें इस विषय पर गंभीरता दिखाने की जरूरत है; साथ ही, हमें यह भी समझना जरूरी है कि यह जीवन का ऐसा पड़ाव होता है, जहाँ पहुँचकर बच्चे अपने पुराने अनुभवों को पीछे छोड़कर नए अनुभवों की ओर अपनी यात्रा शुरू करते हैं। यही वह अवस्था होती है, जब बच्चों को महसूस होने लगता है कि ऐसा कुछ तो है, जो जीवन में अब तक उन्हें नहीं मिला।

बारह-चौदह वर्ष की उम्र में पहुँचने पर हमारे बच्चों में शारीरिक और भावनात्मक बदलाव साफ दिखाई देने लगते हैं। हमारे नन्हे-मुन्ने बच्चे किशोर बन जाते हैं, जो माता-पिता की नजरों से छिपा नहीं रह जाता। अब वे माता-पिता और परिवार के अन्य सदस्यों से स्वतंत्रता चाहने लगते हैं; अपने स्वभाव व व्यवहार में पहले से कहीं ज्यादा गंभीरता प्रकट करने लगते हैं; मौज-मस्ती अब उनकी प्राथमिकता नहीं रह जाती और वे अपने स्कूल के काम तथा प्रोजेक्ट और अपने लक्ष्य के प्रति पहले से ज्यादा गंभीर हो जाते हैं। अगर बीते वर्षों में उन्हें मौज-मस्ती करने का पर्याप्त मौका नहीं मिल पाया होता है तो इस अवस्था में पहुँचने पर उनका रुझान मौज-मस्ती की ओर बढ़ सकता है।

ऐसे में, एक ओर उन्हें साथियों-समकक्षियों की ओर से सहयोग की जरूरत होती है और दूसरी ओर परिवार के सदस्यों एवं मित्रों की ओर से भी सहयोग की

जरूरत होती है। माता-पिता का प्यार और सहयोग निस्संदेह उनके विकास और प्रगति का आधार होता है; लेकिन इस अवस्था में बच्चे ज्यादातर अपने समकक्षियों और शिक्षकों-अभिभावकों पर निर्भर हो जाते हैं। बुद्धिमान माता-पिता अपने किशोर वय बच्चों को सकारात्मक सामूहिक क्रियाकलापों में संलग्न करने में सक्रिय रूप से मदद करते हैं। इस उम्र में संगति का सबसे ज्यादा प्रभाव देखा जाता है; एक मछली पूरे तालाब को गंदा कर सकती है। अगर बच्चा किसी समूह से जुड़कर कोई काम कर रहा है तो वह प्राय: समूह के नेता के व्यावहारिक व स्वाभाविक गुण-दोषों के प्रभाव में आ जाता है—खासकर तब, जब उसका कोई ठोस व सकारात्मक रोल मॉडल न हो।

अपने आप को जानने और अपने अंदर निहित संभाव्यताओं को पहचानने के लिए किशोरों को अपने पारिवारिक दायरे से थोड़ा बाहर निकलकर देखने-समझने की जरूरत होती है। उसे अपनी पसंद और दिलचस्पीवाले क्षेत्र में कुछ समय बिताना चाहिए, ताकि उसके बारे में नई-नई बातें सीखकर वे उस क्षेत्र में उत्कृष्टता प्राप्त कर सकें। यह आत्मविश्वास के निर्माण का समय होता है, इसलिए इस दौरान उन्हें यह जान लेना जरूरी होता है कि किस कार्यक्षेत्र में उनकी विशेष दिलचस्पी है, जिसमें आवश्यक कौशल प्राप्त करके वे दक्षता हासिल कर सकते हैं। इसमें खेलकूद संबंधी गतिविधियों से लेकर गायन, नृत्य, ड्रामा और स्कूल समय के बाद अंशकालिक नौकरी जैसे क्रियाकलापों को शामिल किया जा सकता है।

बच्चे जब युवावस्था की दहलीज पर कदम रखते हैं तो उस समय माता-पिता की जिम्मेदारियाँ भी बढ़ जाती हैं। चूँकि वे जीवन की इस अवस्था से पहले गुजर चुके होते हैं और उनके पास यथार्थ अनुभव होता है, इसलिए वे अपने बच्चों के लिए एक अच्छे मार्गदर्शक और परामर्शदाता के रूप में काम कर सकते हैं। इस अवस्था में माता-पिता को चाहिए कि वे अपने बच्चों को अकेला छोड़ने के बजाय उनके साथ दोस्ताना संबंध विकसित करें और उनके मन में उठनेवाले सवालों का उपयुक्त हल प्रस्तुत करें तथा जरूरत पड़ने पर उन्हें परामर्श व मार्गदर्शन भी दें।

किशोरवय बच्चों पर एक बंदिश-सी लगने लगती है, क्योंकि इस उम्र में बच्चे निकट पारिवारिक दायरे से बाहर निकलकर स्वतंत्र रूप से कुछ करने के लिए बेताब रहते हैं। माता-पिता को भी यह सच्चाई स्वीकार करनी चाहिए कि अब बच्चों पर उनका प्रभाव या नियंत्रण पहले जैसा नहीं रहा। एक किशोरवय बच्चे के इस उद्‍गार से यह बात बेहतर समझी जा सकती है—"मुझे माँ की (मदद की)

उतनी जरूरत नहीं महसूस होती, लेकिन हाँ, घर आने पर उन्हें अपने पास देखकर खुशी जरूर मिलती है।''

इस उम्र में बच्चों को बात-बात पर टोकने और नसीहतें देने के बजाय उनसे यह पूछने की जरूरत होती है कि 'तुम्हें क्या लगता है?' या 'तुम क्या चाहते हो?' अगर आप उनके साथ इस तरह का रवैया अपनाते हैं तो इससे उनकी स्वतंत्रता कायम रहेगी और वे स्वयं ही आपके साथ जुड़े रहेंगे तथा समय-समय पर आपसे परामर्श व मार्गदर्शन की माँग भी करेंगे। इस उम्र में बच्चों के कार्य-व्यवहार और सोच पर साथियों-समकक्षियों का सबसे ज्यादा प्रभाव पड़ता है, इसलिए समान रुचि और सामर्थ्य तथा समान लक्ष्यवाले समकक्षियों के साथ कार्य-व्यवहार और विचार-विनिमय की उनके व्यक्तित्व विकास में महत्त्वपूर्ण भूमिका होती है।

अगर वे गलत लोगों की संगति में आ जाते हैं तो ऐसे में वे अपने लक्ष्य से भटक सकते हैं और परिणामस्वरूप उनका कॅरियर प्रभावित हो सकता है। अंततः वे अलग-थलग पड़ जाते हैं और उन्हें ऐसा लगने लगता है कि दुनिया में उनके लिए कहीं कोई जगह नहीं है। उन्हें यह जान लेना चाहिए कि 20 से 30 वर्ष की उम्र कॅरियर की दुनिया में अपना स्थान बनाने की उम्र होती है और अगर इस उम्र-सीमा में वे अपना कॅरियर बनाने में सफल नहीं हो पाते तो भी उन्हें निराश नहीं होना चाहिए। कई सफल लोगों के बारे में पढ़ने से पता चलता है कि अट्ठाईस-तीस साल की उम्र में जाकर उन्हें सफलता मिली। अगर इस उम्र-सीमा से पहले सफलता मिल जाती है तो उसे सौभाग्य कहा जाएगा।

अगर अब तक हम अपने आप को जान-समझ नहीं पाए हैं तो यही वह समय है, जब हमें जान लेना चाहिए कि 'मैं कौन हूँ?' और 'मुझे क्या करना है?' वस्तुतः बीस से तीस वर्ष की उम्र अन्वेषण और प्रयोग की उम्र होती है। अगर इस उम्र तक हम अपने आप को, अपने सपनों को नहीं खोज पाए तो आगे जो कुछ हमें प्राप्त होगा, वह हमें पूरी तरह संतुष्ट नहीं कर पाएगा। अगर हम अपने आप से जुड़े नहीं हैं या अपने आप से प्यार नहीं कर रहे हैं तो अपने मानदंडों पर बने रहना हमारे लिए मुश्किल हो जाता है।

एक मानव जाति को छोड़कर बाकी सब जीवधारियों का विकास-विस्तार उनकी अधिकतम संभाव्यता तक देखा जाता है। एक पेड़ कितना लंबा हो सकता है? जितनी उसकी अधिकतम संभावना होती है। दूसरी ओर, मानव जाति के पास चुनाव का विकल्प मौजूद होता है, यानी आप अपनी अधिकतम संभाव्यता की हद तक

भी विकास-विस्तार कर सकते हैं और उससे कम भी। तो फिर, क्यों न हम अपनी संभाव्यता की हद तक आगे बढ़कर चुनौतियों का सामना करें ?

हममें से ज्यादातर लोग जीवन में आर्थिक आत्मनिर्भरता और धन-दौलत हासिल करने तथा शक्ति व प्रसिद्धि प्राप्त करने के लिए अपनी संभाव्यता का पाँचवाँ हिस्सा उपयोग में लाते हैं। अच्छी नौकरी प्राप्त करने के लिए किस प्रकार हमें मेहनत से अपनी पढ़ाई करनी पड़ती है, यह बात हम सब जानते हैं। हमारी सफलता को निर्धारित करनेवाली एक कारकीय शक्ति होती है, जिसके बारे में हमें स्कूल या कॉलेज में सीखने को नहीं मिलता और न ही उसके लिए आपका बहुत बुद्धिजीवी होना जरूरी है; उसके लिए आपका बहुत अमीर होना या आकर्षक दिखना भी जरूरी नहीं होता। आज की प्रतिस्पर्धा-प्रधान दुनिया में स्वयं को कामयाब बनाने के लिए हमें सीखने की सतत प्रक्रिया अपनानी चाहिए। यहाँ कुछ महत्त्वपूर्ण कौशलों का विवरण दिया जा रहा है, जो आपकी सफलता में किसी-न-किसी तरह सहायक या पूरक हो सकते हैं—

- **प्रभावशाली वाक् शैली**—दूसरों के साथ बातचीत के दौरान सबसे ज्यादा जरूरत यह देखने की होती है कि अपनी भाषा और शब्दों का प्रयोग किस प्रकार किया जाए कि उससे लोगों को अपनी ओर आकर्षित किया जा सके और उन्हें अपनी बात आसानी से स्पष्ट की जा सके। इसके लिए सही जगह पर सही शब्दों का प्रयोग करना सीखें; ज्यादा बड़े शब्दों व पदबंधों के बजाय छोटे-छोटे एवं सटीक शब्दों व पदबंधों का प्रयोग करें और उनके उच्चारण पर ध्यान दें।
- **दूसरों के साथ संपर्क व संवाद**—अगर आप दूसरे लोगों की बातों में दिलचस्पी दिखाते हैं तो दूसरे लोग भी आपका सम्मान करेंगे और आपकी बातों में दिलचस्पी दिखाएँगे। अतः दूसरों के प्रति विनम्रता और भद्रता का प्रदर्शन करना तथा उन्हें अहमियत देना सीखें।
- **भाषा की शुद्धता व सटीकता**—भाषा में व्याकरणिक और वर्तनी संबंधी अशुद्धियाँ श्रोता या पाठक पर विपरीत प्रभाव डालती हैं। विषय-बिंदुओं को स्पष्ट करने के लिए उन्हें अलग-अलग अनुच्छेदों में प्रस्तुत करना सीखें। अनावश्यक विस्तार या अनावश्यक शब्दों के प्रयोग से बचें, क्योंकि इससे पाठक की दिलचस्पी कम होने लगती है।
- **शुद्ध एवं सुंदर लेख**—सुंदर लेख पाठक को सहज ही अपनी ओर आकर्षित कर लेता है, अतः हस्तलेख की सुंदरता पर ध्यान दें। इसके लिए आप हस्तलेख विज्ञान का अध्ययन कर सकते हैं।

- **मार्केटिंग कौशल**—आप क्या चाहते हैं, यह देखने के बजाय देखें कि लोग क्या चाहते हैं? कॉपीराइटिंग से जुड़ी मौलिक बातें सीखें और साथ ही मेलिंग लिस्ट, ब्लॉगिंग, ट्विटर, सोशल नेटवर्किंग जैसे—इंटरनेट मार्केटिंग के विषयों के बारे में सीखें। ब्रांडिंग क्या होती है, इसके बारे में भी सीखना जरूरी है।
- **निजी वित्त प्रबंधन**—किफायत से खर्च करने के फायदे जानें। यह देखें कि मितव्ययी जीवन-शैली अपनाकर किस प्रकार आप अतिरिक्त बचत कर सकते हैं। अपने निजी बजट व वित्त का प्रबंधन करना सीखें।
- **खेलकूद व शारीरिक गतिविधियाँ**—काम के साथ-साथ शारीरिक स्वास्थ्य की ओर ध्यान देना भी जरूरी है; इसलिए काम से कुछ समय निकालकर खेलकूद व शारीरिक गतिविधियों में लगाना सीखें।
- **एक अतिरिक्त भाषा**—अपनी मातृभाषा या आम बोलचाल की भाषा के अतिरिक्त किसी अन्य भाषा में बातचीत करना सीखें। आप अपना ज्यादातर कार्य-व्यवहार और व्यवसाय हिंदी भाषा के माध्यम से करते हैं; इसके साथ अगर आप अंग्रेजी या इस तरह की किसी अन्य प्रचलित भाषा में बातचीत करना सीख लें तो इससे आप अपने लिए संभावनाओं के नए द्वार खोल सकते हैं।
- **विषयगत दक्षता या विशेषज्ञता**—अगर आप किसी विषय-क्षेत्र में दक्षता या विशेषज्ञता हासिल करना चाहते हैं तो आपको उस विषय की अधिक-से-अधिक जानकारी रखनी चाहिए। सैकड़ों साल पहले जो गलतियाँ लोगों से हुईं, उनके बारे में पढ़ें-समझें और उन्हें स्वयं न दोहराएँ।
- **व्यवस्थित बनें**—अपने काम को व्यवस्थित ढंग से करने की आदत डालें। इससे आपकी कार्य-कुशलता के साथ-साथ उत्पादकता भी बढ़ेगी।
- **समय-प्रबंधन**—अपने कार्यों को सारणीबद्ध करना सीखें और रोज कैलेंडर का प्रयोग करने की आदत डालें। इससे आपके समय का सदुपयोग होगा और कार्य भी व्यवस्थित ढंग से होगा।
- **टाल-मटोल या आज का काम कल पर टालना**—आज का काम कल पर टालने की आदत से बचें। इसके लिए स्वयं को अनुशासित

करना होगा और ऐसी चीजों या लोगों से दूर रहना होगा, जो समय की बरबादी करते हैं।

- **एक समय में एक काम**—एक साथ कई कामों में उलझने से बचें; एक समय में एक ही काम करें और उसे पूरे मनोयोग से करें।
- **पुस्तकें पढ़ने की आदत**—पुस्तकों में रुचि विकसित करें और अच्छी-अच्छी पुस्तकें पढ़ने की आदत डालें, क्योंकि ये सैद्धांतिक ज्ञान का सबसे सस्ता और सुलभ स्रोत होती हैं। सार्वजनिक पुस्तकालयों से भी आप अच्छी-अच्छी पुस्तकें लेकर पढ़ सकते हैं।
- **हास-परिहास या विनोद**—हास-परिहास और विनोदपूर्ण शैली का इस्तेमाल करना सीखें। इससे माहौल में हलकापन आता है और लोग आपसे जुड़ने में दिलचस्पी दिखाने लगते हैं।
- **फैशन**—अपने पहनावे पर ध्यान दें और फैशनेबल दिखने की कोशिश करें, क्योंकि सामनेवाले की नजर सबसे पहले आपके पहनावे और चाल-ढाल पर ही पड़ती है। ब्रांडिंग में भी फैशन की प्रभावशाली भूमिका हो सकती है। (स्टीव जॉब्स को देखिए)
- **आत्म-सुधार और आत्म-विकास**—जीवन में आप जो कुछ बनना चाहते हैं, उसके लिए स्वयं को तैयार करने की दिशा में सतत प्रयत्नशील रहने की प्रवृत्ति विकसित करें और रोज कुछ समय आत्म-विकास व आत्म-सुधार के विश्लेषण में लगाएँ।
- **ध्यान या योग साधना**—अपने मन को शांत और एकाग्रचित्त रखने की तकनीक सीखें। वर्तमान को जानें और अपने आसपास से नकारात्मक ऊर्जा हटाकर वहाँ सकारात्मक ऊर्जा भरना सीखें।
- **खान-पान की स्वस्थ आदतें**—खान-पान की स्वस्थ आदतें विकसित करें। इससे बीमारी, थकावट और आलस्य जैसी समस्याओं से बचा जा सकता है, जो प्राय: असमय मौत का कारण बनती हैं।
- **सादा भोजन**—अगर आप बाहर खाने के बजाय घर में स्वयं खाना बनाकर खाते हैं तो इससे एक ओर आप पैसा बचा सकते हैं और दूसरी ओर अपने हाथ के बने खाने का आनंद भी ले सकते हैं। वैसे भी सादा भोजन सबसे अच्छा माना जाता है।
- **आपकी सफलता में स्कूल की भूमिका की समझ**—आपको यह समझना चाहिए कि स्कूल आपकी सफलता की गारंटी नहीं देता है।

वह आपको सीखने की सुविधा और उसके लिए अनुकूल परिवेश उपलब्ध करा सकता है; सीखने का काम आपको स्वयं करना होगा। उच्च शिक्षा आपको काबिल बनाने का काम तो कर सकती है, लेकिन अपनी सफलता का आधार आप स्वयं हैं।

- **सफलता का कोई शॉर्टकट नहीं**—कहीं आपको ऐसा तो नहीं लगता कि लॉटरी खेलकर आप रातोरात लखपति बन सकते हैं। स्थायी सफलता कभी रातोरात और इतनी आसानी से नहीं मिलती। सतत मेहनत ही सफलता का मूल मंत्र है।
- **दूसरे लोगों में दिलचस्पी**—अगर आप अपने आसपास के लोगों में सच्ची दिलचस्पी दिखाएँगे तो दूसरे लोग भी आपमें दिलचस्पी लेना पसंद करेंगे और आपको अहमियत देंगे। इससे नए-नए लोगों के साथ संबंध विकसित करने में मदद मिलेगी।
- **दूसरी संस्कृतियों और रीति-रिवाजों का सम्मान**—भिन्न-भिन्न प्रकार के लोगों और उनकी संस्कृतियों व रीति-रिवाजों के बारे में अपनी जानकारी बढ़ाएँ और उनका सम्मान करना सीखें।
- **अपने स्वयं के दर्शन का विकास**—अपना स्वयं का एक दर्शन विकसित करें। कैसा खाना आपके लिए अनुकूल है? कैसी जीवन-शैली आपके लिए उपयुक्त है? आपको अपने लिए किस तरह के नैतिक और व्यावहारिक नियम अपनाने चाहिए?
- **आत्मविश्वास**—आत्मविश्वास सफलता की पहली शर्त है। आत्मविश्वास से लबालब वक्ता की ओर हर किसी का ध्यान सहज ही खिंच जाता है। आत्मविश्वास की कमी और असुरक्षा की मौजूदगी का पता मीलों दूर से ही चल जाता है। क्या आप महिलाओं के साथ कामयाबी हासिल करना चाहते हैं? अपना आत्मविश्वास बढ़ाने की तकनीकें सीखें।
- **शौक**—प्राय: हर किसी का कोई-न-कोई शौक जरूर होता है, जो खेलकूद की गतिविधियों से मिलता-जुलता या उससे अलग भी हो सकता है। अपने शौक को आप अपने कार्य-व्यवसाय का हिस्सा भी बना सकते हैं। जो शौक आपका है, वह बहुत सारे अन्य लोगों का शौक भी हो सकता है; तो उसमें दक्षता हासिल करके आप उसकी ऑनलाइन क्लास भी शुरू कर सकते हैं।

- **काम और आराम के बीच संतुलन**—अपने मन-मस्तिष्क पर काम या पढ़ाई का जरूरत से ज्यादा बोझ डालने से बचें; बीच-बीच में अवकाश जरूर लेते रहें।
- **मोलभाव**—खरीदारी करते समय, खासकर जब बड़ी मात्रा में चीजें खरीदनी हों—मोलभाव करने में हिचकिचाएँ नहीं। विक्रेता से विनम्रतापूर्वक मोलभाव करके खरीदी जानेवाली वस्तु की कीमत कम कराई जा सकती है, इसमें कोई बुराई नहीं है। इससे एक ओर आप खरीदारी पर कुछ अतिरिक्त बचत कर पाएँगे और दूसरी ओर विक्रेता को भी बड़ी मात्रा में खरीदारी करनेवाला ग्राहक मिल जाएगा
- **'न' कहना सीखें**—अगर आप सामनेवाले के अनुरोध या माँग को स्वीकार करने की स्थिति में नहीं हैं तो विनम्रतापूर्वक 'न' कहने में कोई बुराई नहीं है। बाद में टाल-मटोल करने की अपेक्षा पहले ही 'न' कह देना ज्यादा अच्छा रहता है। अपनी बात ईमानदारी से और स्पष्टता से सामने रखनेवाले लोग प्राय: ज्यादा अच्छे माने जाते हैं।
- **चेहरे की मुसकराहट**—चार्ल्स श्वाब (Charles Schwab) ने (डेल कार्नेगी से) कहा था कि मुसकान लाखों डॉलर की है। यह सच्चाई भी थी, जिसे चार्ल्स श्वाब अच्छी तरह जानते थे। चार्ल्स श्वाब की असाधारण सफलता का रहस्य उनका व्यक्तित्व ही था, जो बरबस ही लोगों को अपनी ओर आकर्षित कर लेता था।
- **सकारात्मक सोच**—नकारात्मक सोच सफलता में सबसे बड़ी बाधक होती है; इसलिए सफलता की राह में आगे बढ़ने के दौरान अगर आपने नकारात्मक सोच को अपने मन में टिकने दिया तो आप वांछित परिणाम नहीं प्राप्त कर पाएँगे। अत: नकारात्मक सोच को सकारात्मक में बदलना सीखें।
- **अलग-अलग तरह के लोगों के साथ अलग-अलग तरह का व्यवहार**—सब लोग एक जैसे नहीं होते। कुछ लोग ऐसे होते हैं, जिनके साथ कार्य-व्यवहार करते समय हमें विशेष सावधानी बरतने की जरूरत होती है। लोगों को पहचानने का कौशल सीखें और उसके अनुसार उनके साथ कार्य-व्यवहार अपनाएँ।
- **शिक्षण**—अगर आप लोगों को काम देना चाहते हैं तो आपको अपना ज्ञान या कौशल दूसरों को सिखाना होगा। आप चाहेंगे कि जिन लोगों

को आप कौशल की शिक्षा दे रहे हैं, वे भी आपकी तरह सफल बनें; इसलिए अपने अंदर प्रभावी शिक्षण कौशल विकसित करें।

- **परोपकार की भावना**—हर जगह अपना स्वार्थ ही नहीं देखना चाहिए; कभी-कभी परोपकार की भावना से भी काम करना चाहिए, तभी आप दूसरों के बीच में लोकप्रियता हासिल कर पाएँगे। तो अगली बार जब आप अपने संपर्क में आनेवाले किसी क्लर्क से मिलें तो उसे देखकर मुसकराएँ और उसका दिन शुभ होने की शुभकामना दें; फिर देखें, किस तरह उसकी खुशी बढ़ जाती है।
- **जैसी रीति वैसी भीत**—अगर आप किसी कंपनी के नए सी.ई.ओ. बन जाते हैं तो आप कंपनी में ऐसे नियम लागू नहीं कर सकते, जो कर्मचारियों के लिए बिल्कुल नए व अटपटे हों। जिन लोगों के बीच में आप काम करते हैं, उनकी संस्कृतियों और रीति-रिवाजों के बारे में जानने की कोशिश करें और उसके अनुसार ही नियमों का निर्धारण करें।
- **रोल मॉडल**—सफलता की ओर आगे बढ़ने के लिए रोल मॉडल की जरूरत होती है, जो आपके लिए प्रेरणा-स्रोत का काम करता है। अतः अपना एक रोल मॉडल बनाएँ और उससे प्रेरणा लेते रहें।
- **गलतियों से सीख लेने का कौशल**—असफलता के प्रति सकारात्मक दृष्टिकोण अपनाकर चलें और गलतियों से सीख लेने का कौशल-विकसित करें। अगर आपको वीडियो गेम खेलना पसंद है तो वीडियो गेम खेलें और अपनी प्रत्येक गलती को 100 अनुभव पॉइंट के रूप में प्रस्तुत करें।
- **तुरंत निर्णय लेने का कौशल**—अपनी सोच और निर्णय में दृढ़ता लाएँ। अपनी अंतर्वृत्ति पर विश्वास करना सीखें और निर्णय लेने में जरूरत से ज्यादा समय न लगाएँ।
- **सतत प्रयत्नशीलता**—सफलता हासिल करने में समय लगता है, इसलिए धैर्यपूर्वक अपना प्रयास लगातार जारी रखें।

यहाँ जिन कौशलों की बात की गई है, उन्हें सीखना कोई दस या बीस वर्ष का काम नहीं है। यह सही है कि इन्हें रातोरात भी नहीं सीखा जा सकता। इन कौशलों को यथार्थ जीवन-स्थितियों में अपनाकर आप इन्हें आसानी से सीख सकते हैं।

क्या कभी ऐसा हुआ है कि आपने अपने लिए कोई ऊँचा लक्ष्य रखा, लेकिन अंत में आपको औसत परिणाम ही मिले?

लोगों को बहुत आसानी से बड़ी-बड़ी सफलताएँ प्राप्त करते देखकर क्या आपको भी हैरानी होती है ?

बेहतर कॅरियर के लिए मूल व्यावसायिक शिक्षण-प्रशिक्षण के साथ-साथ योग, स्पीच एवं ऑक्यूपेशनल थैरेपी तथा डांस, म्यूजिक, कंप्यूटर आदि विविध उपयोगी गतिविधियों के क्षेत्र में कौशल प्राप्त करना जरूरी है।

कॅरियर विकल्प

लोगों को अपनी ओर आकर्षित करनेवाला यह अध्ययन का एक महत्त्वपूर्ण क्षेत्र है और सामाजिक विज्ञान की पृष्ठभूमिवाले लोग प्रायः हर पेशे में देखे जा सकते हैं—मीडिया, बैंकिंग, केंद्र एवं राज्य सरकार, चिकित्सा सेवा, पुलिस, निजी एवं सार्वजनिक क्षेत्र, स्वयंसेवी संस्था, पर्यावरण सुरक्षा संगठन, शहरी पुनर्वास, कानून, शिक्षण और व्यवसाय।

सामाजिक विज्ञान की ओर रुझान रखनेवाले छात्र-छात्राओं को विधि कॅरियर क्षेत्रों के लिए पृष्ठभूमि मिल जाती है; जैसे—लॉ स्कूल या अन्य स्नातक शिक्षा, राज्य या केंद्र सरकार के अधीन सेवा, सिविल सर्विस, बीमा, बैंकिंग और व्यावसायिक प्रबंधन, निजी एवं सार्वजनिक, सामाजिक एजेंसियों में सामाजिक सेवाएँ, विशिष्ट शिक्षा, सुरक्षा एवं सुधार तथा कला वर्ग की पृष्ठभूमिवाले ऐसे अन्य कॅरियर, जिनमें सामाजिक विज्ञान पर विशेष बल दिया जाता है।

विज्ञान या प्रौद्योगिकी में कॅरियर तलाशने के पीछे लोगों के कई कारण होते हैं—कुछ लोग किसी विशेष उद्देश्य से इस क्षेत्र में जाना चाहते हैं, जैसे अलग-अलग तरह की बीमारियों का इलाज करना, भुखमरी मिटाना या प्रदूषण को कम करना, नए-नए आविष्कार करना या फिर नई-नई प्रौद्योगिकी की पृष्ठभूमि पर काम करनेवाली कंपनी खड़ी करना। इसके अलावा, कुछ लोग प्रकृति से जुड़ी अपनी जिज्ञासाओं के चलते विज्ञान या प्रौद्योगिकी में कॅरियर तलाशते हैं। वस्तुतः विज्ञान और अभियांत्रिकी का क्षेत्र संभावनाओं से भरा है, जिसे लोगों के जीवन-स्तर में सुधार लाने के लिए उपयोग में लाया जा सकता है।

इंजीनियरिंग के प्रोफेशनल कॅरियर में ट्रैवल, जॉब एसाइनमेंट और मैनेजमेंट के लिए व्यापक संभावनाएँ विद्यमान हैं। इंजीनियरों की भूमिका और जिम्मेदारी विशेष रूप से महत्त्वपूर्ण होती है; क्योंकि बड़ी-बड़ी बिल्डिंगों, पुलों, हवाई जहाजों और ऑटोमोबाइल आदि का डिजाइन तैयार करने के लिए अधिक योग्यता व कुशलता की जरूरत होती है। इस प्रकार इंजीनियरों की योग्यता व कुशलता से एक साथ

कई लोगों की सुरक्षा जुड़ी होती है। एक डॉक्टर की गलती से एक बार में एक ही व्यक्ति की सुरक्षा के लिए खतरा पैदा होता है, जबकि एक इंजीनियर की गलती से एक साथ सैकड़ों-हजारों लोगों की सुरक्षा खतरे में पड़ सकती है।

चिकित्सा विज्ञान की बात करें तो जनरल मेडिसिन और सर्जिकल ग्रुप में विशेषज्ञता के अनेक क्षेत्र विद्यमान हैं, जो इन विषय-क्षेत्रों के अंतर्गत आते हैं। इसके अलावा स्त्री रोग, बाल रोग और प्रसूति तथा मनोरोग और रेडियोलॉजी इसकी अन्य शाखाएँ हैं। इसकी नॉन-क्लीनिकल शाखाओं के अंतर्गत एनॉटमी, फीजियोलॉजी, बायो-केमिस्ट्री और माइक्रो-बायोलॉजी के विषय आते हैं।

एक फिजीशियन जनरल मेडिसिन का डॉक्टर हो सकता है या फिर मेडिसिन की किसी शाखा का स्पेशलिस्ट हो सकता है। डेंटल सर्जन (दंत शल्य-चिकित्सक) दाँतों की विभिन्न बीमारियों का सर्जिकल और मेडिकल इलाज करता है। इसके अलावा, वह दाँतों की विकृतियों को भी ठीक करता है और पुराने विकारयुक्त दाँतों को निकालकर उनके स्थान पर कृत्रिम दाँत लगाने का काम करता है। इसके अलावा, डेंटल बैक्टीरियोलॉजी, डेंटल पैथोलॉजी और डेंटल रेडियोलॉजी दंत चिकित्सा की अन्य महत्त्वपूर्ण शाखाएँ हैं। सर्जिकल स्पेशियलिटी में डॉक्टरों का ज्यादातर समय ऑपरेटिंग यूनिट में बीतता है। समाज अब लोकतंत्र या नौकरशाही तंत्र का हिस्सा नहीं रह गया है, क्योंकि वास्तविक सत्ता अब चुने हुए प्रतिनिधियों और नौकरशाहों के हाथ से निकलकर इंजीनियरों, वैज्ञानिकों और मैनेजरों के हाथ में आ गई है।

तकनीशियन बनाम टेक्नोलॉजिस्ट (प्रौद्योगिकीविद्)

एक-दूसरे से अंतर्संबंध होने के बावजूद इन दोनों शब्दों में कुछ सूक्ष्म अंतर हैं, जो बहुत बारीकी से अवलोकन करने पर ही दिखाई देते हैं। एक तकनीशियन और प्रौद्योगिकीविद् के शैक्षिक स्तर और उत्तरदायित्वों में भी अंतर होता है।

एक प्रौद्योगिकीविद् की भूमिका किसी तकनीशियन की अपेक्षा कहीं ज्यादा बड़ी होती है। तकनीशियन के पास प्रौद्योगिकी की व्यावहारिक जानकारी होती है, जबकि एक प्रौद्योगिकीविद् एक साथ कई अलग-अलग प्रौद्योगिकियों की सैद्धांतिक जानकारी रखता है। तकनीशियन किसी प्रौद्योगिकीविद् के अधीन काम करता है। इस नजरिए से भी प्रौद्योगिकीविद् का स्थान तकनीशियन के स्थान से ऊँचा हुआ।

शैक्षिक योग्यता की बात करें तो प्रौद्योगिकीविद् के पास इंजीनियरिंग की डिग्री होती है, जबकि तकनीशियन के पास अपेक्षाकृत निम्न स्तर की डिग्री या

कोई डिप्लोमा सर्टिफिकेट होता है। इसके अलावा, तकनीशियन का कोर्स प्रायः एक से दो वर्ष का होता है, जबकि प्रौद्योगिकीविद् का कोर्स चार से पाँच वर्ष का हो सकता है।

इसके अलावा, एक प्रौद्योगिकीविद् और एक तकनीशियन के कार्यभार में भी बहुत अंतर होता है। प्रौद्योगिकीविद् टीम का लीडर होता है, जिसका काम होता है—अध्ययन व शोध कार्य करना, स्थितियों का मूल्यांकन व विश्लेषण करना, समस्याओं का विश्लेषण करना और उनका हल प्रस्तुत करना, प्रोटोटाइप विकसित करना तथा टीम के तकनीशियनों का मार्गदर्शन करना। दूसरी ओर, तकनीशियन के कार्यभार के अंतर्गत रख-रखाव, मरम्मत और ट्रबल शूटिंग या तकनीकी गड़बड़ी को ठीक करने का काम आता है।

दोनों में एक और महत्त्वपूर्ण अंतर यह है कि एक प्रौद्योगिकीविद् जहाँ नव-प्रवर्तनकारी अवधारणाएँ विकसित करता है, वहीं एक तकनीशियन उन अवधारणाओं को व्यावहारिक रूप देने का काम करता है। इस प्रकार एक प्रौद्योगिकीविद् का कार्य अपेक्षाकृत ज्यादा जटिल होता है।

टेक्नोक्रेट एक शिल्पी तंत्र का सदस्य होता है, जो किसी विशेष शिल्प या तकनीक का जानकार होता है। शिल्पी तंत्र एक ऐसी शासन व्यवस्था होती है, जिसमें नेताओं का चयन उनके शिल्प ज्ञान और कौशल के आधार पर होता है। हालाँकि मीडिया में इस शब्द का प्रयोग प्रायः तकनीकी प्रवृत्तिवाले के लिए किया जाता है।

- **एप्लाइड साइंस टेक्नोलॉजिस्ट** (संबद्ध विज्ञान प्रौद्योगिकी वेत्ता)—इंजीनियरिंग और संबद्ध विज्ञान में प्रचलित एक प्रोफेशनल पद।
- **आर्किटेक्चरल टेक्नोलॉजिस्ट (वास्तुविद्)**—बिल्डिंग डिजाइन और निर्माण प्रौद्योगिकी का विशेषज्ञ।
- **कार्डियोवेस्क्युलर टेक्नोलॉजिस्ट**—स्वास्थ्य विशेष, जो इमेजिंग तकनीक की मदद से हृदय और रक्तवाहिका संबंधी बीमारियों का पता लगाता है।
- **केमिकल टेक्नोलॉजिस्ट**—रासायनिक क्षेत्र से जुड़े कार्यों में अपनी सेवाएँ देनेवाला एक रसायनशास्त्री।
- **एजुकेशनल टेक्नोलॉजिस्ट**—शिक्षण प्रक्रिया को अधिक कारगर बनानेवाले माध्यमों का विशेषज्ञ।
- **इलेक्ट्रिकल टेक्नोलॉजिस्ट**—इलेक्ट्रिकल इंजीनियर और इलेक्ट्रिकल पेशेवर के बीच का ज्ञान रखनेवाला एक प्रौद्योगिकीवेत्ता।

- **इंजीनियरिंग टेक्नोलॉजिस्ट**—इंजीनियरिंग के क्षेत्र में प्रौद्योगिकी का इस्तेमाल करनेवाला विशेषज्ञ।
- **इंडस्ट्रियल टेक्नोलॉजिस्ट**—औद्योगिक क्षेत्र से जुड़े जटिल ऑपरेशन सिस्टम के प्रबंधन, रख-रखाव और संचालन आदि का विशेषज्ञ।
- **मेडिकल टेक्नोलॉजिस्ट**—एक हेल्थकेयर प्रोफेशनल, जो शरीर से निकलनेवाले विभिन्न प्रकार के तरल पदार्थों का नैदानिक विश्लेषण करता है।
- **पोली सोम्नोग्राफिक टेक्नोलॉजिस्ट**—एक खास विशेषज्ञ, जो ओवरनाइट पोली सोम्नोग्राफ देता है।
- **प्रोफेशनल टेक्नोलॉजिस्ट**—अभियांत्रिकी और प्रौद्योगिकी से जुड़े क्षेत्रों में प्रचलित एक कनाडियन प्रोफेशनल टाइटल।
- **रेडियोलॉजिक टेक्नोलॉजिस्ट**—एक मेडिकल प्रोफेशनल, जो इमेजिंग या फोटो तकनीक में विकिरण का प्रयोग करता है।
- **सर्जिकल टेक्नोलॉजिस्ट**—एक स्वास्थ्य विशेषज्ञ, जो शल्य चिकित्सा करता है।

कुछ विशेष कौशल विकल्प इस प्रकार हैं—

- कपड़ों पर छपाई।
- कार्यालय प्रबंधन।
- कागज के थैले (पेपर बैग) और लिफाफे बनाना।
- कागज का पुनर्चक्रण।
- मिट्टी से तरह-तरह की आकृतियाँ बनाना।
- नानबाई का काम।
- फाइलें बनाने का काम।

अन्य सिखाए जानेवाले कौशल—

- **गृह-प्रबंधन इकाई**—कुकिंग, बेकिंग और सर्विंग जैसे मूलभूत कौशल तथा कंप्यूटर कौशल।
- मोमबत्ती बनाना।
- **स्टेशनरी की वस्तुएँ बनाना**—ग्रीटिंग कार्ड्स, लिफाफे, राइटिंग पैड और फाइल फोल्डर आदि।
- बागबानी।

- ब्यूटी कल्चर।
- सिलाई आदि।

शुरुआत स्वयं से करें

रॉक स्टार आपको हर जगह देखने को मिलेंगे। एक नहीं, ढेर सारे रॉक स्टार। और वे कामयाब हैं। अनगिनत नायकों की कहानियों से प्रेरणा लेकर क्या वह बड़ा बन पाएगा? इसकी संभावना शून्य से थोड़ी ज्यादा होती है। कई अन्य की तरह संभवतः वह भी असफलता की कब्र में दफन हो जाएगा। दैनिक जीवन में चूँकि सफलता का प्रदर्शन असफलता की अपेक्षा कहीं ज्यादा किया जाता है, इसलिए अपनी सफलता की संभावनाओं को आप प्रायः ज्यादा करके आँकते हैं।

हर एक लोकप्रिय लेखक के पीछे आपको लगभग सौ लेखक ऐसे मिलेंगे, जिनकी लिखी किताबें बिकती ही नहीं हैं। उनके पीछे भी आपको लगभग सौ लेखक ऐसे मिलेंगे, जिन्हें अपनी किताबें प्रकाशित करवाने के लिए प्रकाशक नहीं मिलते। उनमें भी हर एक लेखक के पीछे करीब सौ लेखक ऐसे होते हैं, जिनकी अधूरी पांडुलिपि अलमारी में पड़ी-पड़ी धूल-मिट्टी ही चाटती रह जाती है। इसी तरह, इन अधूरे लेखकों में से भी हर एक के पीछे सौ ऐसे लोग मिलेंगे, जो किसी दिन लेखक बनने और पुस्तक लिखने का सपना अपने मन में सँजोए रहते हैं। आप तो केवल सफल लेखकों के बारे में ही पढ़-जान पाते हैं और यह बात जान ही नहीं पाते कि साहित्य में सफलता प्राप्त करना कितना मुश्किल है। फोटोग्राफरों, उद्यमियों, कलाकारों, खिलाड़ियों, नोबेल पुरस्कार विजेताओं, टेलीविजन प्रेजेंटरों (कार्यक्रम प्रस्तुतकर्ताओं) और ब्यूटी क्वीन के साथ भी ऐसा ही होता है। असफलता की कब्र में दफन होनेवाले लोगों की कहानियों को दुनिया के सामने लाने में मीडिया भी दिलचस्पी नहीं दिखाता।

परंतु, अगर आप ऐसे असफल व्यक्तियों और कंपनियों के बारे में कुरेदने की कोशिश करें तो आप पाएँगे कि उनमें से कई ऐसे हैं, जिनकी कहानी आपकी कहानी जैसी ही है।

समाधि पर लिखा था—जब मैं छोटा था और बहुत दूर-दूर की कल्पनाएँ किया करता था, उस समय मैं दुनिया को बदलने का सपना देखा करता था। जब थोड़ा बड़ा हुआ तो पता चला कि दुनिया तो बदलने से रही, इसलिए मैंने अपना लक्ष्य थोड़ा छोटा कर दिया और दुनिया के बजाय अपने देश को बदलने की बात सोचने लगा।

लेकिन, फिर मैंने पाया कि देश को भी नहीं बदला जा सकता। तब मैं अपने परिवार और निकट परिजनों को बदलने के लक्ष्य पर आ गया; लेकिन मैं यह भी नहीं कर पाया। अब, जबकि मैं अपनी मृत्यु-शय्या पर हूँ, मुझे लग रहा है कि अगर सबसे पहले मैं खुद को बदलता तो उससे एक उदाहरण प्रस्तुत करके मैं अपने परिवार को बदल सकता था।

इस प्रकार, अपने परिवार और परिजनों के उदाहरण के माध्यम से मैं देश को बदलने में कामयाब हो सकता था। और कौन जाने, इस प्रकार एक दिन दुनिया को बदलने का मेरा सपना भी साकार हो जाता।

□

अध्याय-2

अपने मन की चारदीवारी से बाहर निकलकर सोचें

[रात में जब चारों ओर अँधेरा-ही-अँधेरा होता है, उस समय आप तारों को देख सकते हैं। अपनी सोच को बदलिए, दुनिया खुद ही बदलनी शुरू हो जाएगी। अतीत को भूलकर भविष्य की ओर देखिए, क्योंकि जीवन का शेष समय आपको भविष्य के साथ ही बिताना है।]

दुनिया तेजी से बदल रही है। प्रतिस्पर्धा के इस युग में अपनी सफलता सुनिश्चित करने के लिए युवा पीढ़ी को उत्तरजीविता कौशल अर्जित करने की जरूरत है। आइए, देखते हैं, इस उत्तरजीविता कौशल में क्या-क्या आता है।

आलोचना चिंतन कौशल—आप किसी भी पेशे में हों और कोई भी काम करते हों, आपको अपने काम में समस्याओं का सामना तो करना ही पड़ता है, जिसका हल निकालने के लिए आपको प्रयास करना पड़ता है। अपनी सोच एवं धारणाओं की जाँच करना सीखें और हमेशा मस्तिष्क खुला रखें। सबसे पहले तो हमें यह समझना चाहिए कि सफल आलोचनात्मक चिंतक बनने के लिए हमें कई अवस्थाओं से होकर गुजरना पड़ता है।

- **प्रथम अवस्था**—अनजान या निष्क्रिय चिंतक (इस अवस्था में हम अपनी सोच या चिंतन में मौजूद महत्त्वपूर्ण कमियों से अनजान रहते हैं।
- **दूसरी अवस्था**—तैयार चिंतक (इस अवस्था में हम अपनी सोच में मौजूद कमियों से वाकिफ हो जाते हैं)।
- **तीसरी अवस्था**—आरंभिक चिंतक (इस अवस्था में हम अपनी सोच में सुधार की कोशिश शुरू कर देते हैं; लेकिन उसका कोई नियमित स्वरूप नहीं होता)।

- **चौथी अवस्था**—अभ्यासरत चिंतक (इस अवस्था में हम नियमित अभ्यास के महत्त्व को समझ चुके होते हैं)।
- **पाँचवीं अवस्था**—प्रगतिशील चिंतक (इस अवस्था में हम अपने अभ्यास के अनुरूप आगे बढ़ने लगते हैं)।
- **छठी अवस्था**—कुशल चिंतक (इस अवस्था में कुशल और तर्कशील चिंतन हमारे स्वभाव का हिस्सा बन जाता है)।

जब हम यह मान लें कि हमारी सोच, हमारे चिंतन में गंभीर कमियाँ हैं तो हम इन अवस्थाओं को प्राप्त कर सकते हैं।

अनुकूलन (परिवर्तन के अनुसार स्वयं को ढालने का) कौशल—अनुकूलन कौशल तकनीकी कौशल से कम महत्त्वपूर्ण नहीं होकर बाजार की स्थितियों में बदलाव के अनुरूप व्यवसाय में बदलाव लाना होता है। कामयाबी के लिए आपको यह जानना-समझना होगा कि बदलती स्थितियों-परिस्थितियों के मद्देनजर किस तरह के बदलाव किए जाएँ, जिससे कंपनी को फायदा हो।

विचार-संप्रेषण—अपने आसपास होनेवाले बदलावों और उनसे आप पर पड़नेवाले प्रभावों के बारे में विस्तार से जानना जरूरी है। इसके लिए आपको बाहर निकलकर लोगों के साथ बातचीत करनी चाहिए। इससे एक ओर जहाँ आपकी व्यक्तिगत जानकारियाँ बढ़ती हैं, वहीं दूसरी ओर तनाव को कम करने में भी मदद मिलती है।

बदलाव को स्वीकार करने से हिचकिचाएँ नहीं—व्यक्तिगत जीवन में बदलाव को स्वीकार करना और उसके अनुरूप स्वयं को ढालना बहुत महत्त्वपूर्ण होता है। आपका कॅरियर आपके व्यक्तिगत जीवन का एक बड़ा हिस्सा होता है। अत: बदलाव को स्वीकार करके और उसके अनुरूप स्वयं को ढालकर आप अपने व्यक्तित्व में भी निखार लाते हैं।

आत्म-परीक्षा—कार्यस्थल पर आत्म-परीक्षण करें और हमेशा सर्वोत्तम परिणाम का लक्ष्य लेकर चलें। इससे आपको अपने मन की चारदीवारी से बाहर निकलने में मदद मिलती है।

रुकावट कहाँ से है—अभी नहीं, फिर कभी, ऐसी सोच आपके मन में कहाँ से और क्यों आती है ? अपनी कमजोरी के बारे में जानने की कोशिश करें और यह पता लगाएँ कि ऐसा क्या है, जो आपको आगे बढ़ने से रोक रहा है। नौकरी या कार्यस्थल पर पहले दिन नए बदलाव या परिवेश को लेकर आपके मन में डर या घबराहटवाले जो विचार आते हैं, उन्हें लिख डालें। इससे बदले परिवेश के साथ सामंजस्य बैठाने में आपको मदद मिलेगी।

आत्मविश्वास और आशावादिता—बदलाव को लेकर आशावादी सोच अपनाएँ और आत्मविश्वास के साथ उस पर काम करें। यह विश्लेषण करें कि अमुक बदलाव किस प्रकार आपके व्यक्तित्व विकास में सहायक होगा। इससे एक ओर आपकी व्यक्तिगत मूल्यवत्ता बढ़ती है और दूसरी ओर, जिस संगठन के लिए आप काम कर रहे हैं, उसके लिए भी आपकी मूल्यवत्ता बढ़ जाती है।

सीखना और अन्वेषण करना—अपने मौजूदा कौशलों में निखार लाने के साथ-साथ नए-नए कौशल सीखने की ओर भी ध्यान दें। इसके लिए उन कौशलों की एक सूची बना लें, जो आपके लिए आवश्यक हैं। फिर प्राथमिकता के आधार पर उन्हें सीखने की कोशिश करें। इससे एक ओर आपका आत्मविश्वास बढ़ेगा और दूसरी ओर आपकी कार्य-कुशलता में भी निखार आएगा। अत: जहाँ भी मौका मिले, सीखने से न हिचकिचाएँ।

अधिकार के बजाय प्रभाव का प्रयोग—ऐसे लोगों की कमी नहीं है, जो अपने प्रभाव के बजाय अधिकार का प्रयोग करके लोगों का नेतृत्व और प्रबंधन करते हैं। व्यक्तिगत या व्यावसायिक जीवन में आप किसी भी पद या स्थान पर हों, नेतृत्व कौशल का विकास और उपयोग हर जगह किया जा सकता है।

उद्यमशील प्रवृत्ति—अगर आप व्यवसाय या प्रबंधन में नहीं हैं और सामान्य कर्मचारी के रूप में काम करते हैं तो भी आपको आत्म-प्रबंधन की जरूरत तो पड़ती ही है। जमीनी स्तर पर मुश्किल और चुनौतीपूर्ण समस्याओं के रचनात्मक हल की जरूरत हमेशा ही रहती है।

नई जानकारी को समझने और उसका विश्लेषण करने की योग्यता—लगातार नई-नई सूचनाओं या जानकारियों का अन्वेषण हो रहा है। आपको इन सूचनाओं के अनुसार अपनी गति निर्धारित करनी होगी, क्योंकि अगर आप इनके साथ नहीं चल सके तो निश्चित रूप से अपने ही पदचिह्नों में उलझे रह जाएँगे।

कल्पना और जिज्ञासा—एक समय हुआ करता था, जब कर्मचारी अपने बॉस या नियोजक की इच्छा के अनुसार काम करना ही अपनी मुख्य ड्यूटी मानता था, लेकिन अब कर्मचारियों की नियुक्ति में उसकी कल्पनाशीलता, रचनात्मकता और कार्य के प्रति निष्ठा को ज्यादा प्राथमिकता दी जाती है।

शिक्षा सफलता की एक कुंजी हो सकती है—'दूसरों से आगे बने रहने के लिए स्कूल या ग्रेजुएट स्कूल का चार वर्ष का कोर्स ही पर्याप्त नहीं होता है।' इससे प्राय: आपके काम का स्वरूप, व्यक्तिगत आय, जीवन-शैली और रहन-सहन ही निर्धारित होता है।

आजकल पूरी दुनिया अन्योन्याश्रित और अंतर्संबद्ध हो गई है। इसके साथ गति बनाए रखने के लिए आपको इस बात पर बराबर नजर बनाए रखनी होगी कि दुनिया में कहाँ क्या हो रहा है और विभिन्न पहलुओं पर एक अंतरराष्ट्रीय नजरिया रखना होगा। इस बदलते परिदृश्य में स्वयं को प्रतिस्पर्धा में बनाए रखने के लिए नवप्रवर्तन बहुत जरूरी है; चाहे संगठनात्मक स्तर की बात हो या फिर राष्ट्रीय व अंतरराष्ट्रीय स्तर की।

यहाँ समस्या के समाधान के नौ रचनात्मक तरीके दिए जा रहे हैं—

1. समस्या पर हर पहलू से विचार करें—ठोस समाधान पर पहुँचने के लिए समस्या पर बार-बार विचार करें और हर पहलू, हर दृष्टिकोण से उसका विश्लेषण करें। लियोनार्दो दा विंची का मानना था कि किसी समस्या के बारे में जानने के लिए उसे अलग-अलग स्थितियों-परिस्थितियों और अलग-अलग स्वरूपों में रखकर अलग-अलग तरीके से देखना चाहिए। उन्होंने पाया कि पहला तरीका समस्या का बहुत संकुचित निरूपण करता है। जैसे-जैसे आप समस्या की गहराई में जाकर उसका विश्लेषण करते हैं, उसके नए-नए स्वरूप आपको दिखाई देने लगते हैं। इस प्रकार समस्या की जड़ तक पहुँचना आसान हो जाता है। आइंस्टीन का सापेक्षता का सिद्धांत वस्तुत: विभिन्न परिप्रेक्ष्यों के बीच अंतर्संबंधों का ही निरूपण करता है। समस्या के रचनात्मक हल तक फ्रियूड (Freued) द्वारा प्रतिपादित विश्लेषण के नियम परंपरागत सिद्धांतों से मेल नहीं खाते हैं।

2. चित्रीय माध्यम से विश्लेषण करें—समस्या के विश्लेषण के लिए जरूरत पड़ने पर चित्रीय या रेखाचित्रीय माध्यमों का भी सहारा लें। आइंस्टीन जब किसी समस्या का विश्लेषण करते थे तो उसे कई अलग-अलग स्वरूपों में रखकर देखते थे, जिसमें एक चित्रीय या रेखाचित्रीय स्वरूप भी होता था। इस प्रकार, वह समस्या का चित्रात्मक हल प्रस्तुत किया करते थे। उन्हें लगता था कि उनकी चिंतन प्रक्रिया में शाब्दिक और संख्यात्मक अभिव्यक्ति उतनी ज्यादा महत्त्वपूर्ण नहीं है। पुनर्जागरण काल में ज्ञान और रचनात्मक विचारों का निरूपण चित्रों व रेखाचित्रों के रूप में एक समानांतर भाषा के माध्यम से होने लगा था। उदाहरण के लिए, प्रसिद्ध माध्यमों से अपने चिंतन को स्वरूप देकर गैलीलियो ने विज्ञान के क्षेत्र में एक क्रांति ला दी थी; जबकि उनके समकालीन वैज्ञानिक अभी परंपरागत शाब्दिक और संख्यात्मक माध्यमों का ही प्रयोग कर रहे थे।

3. सृजनशील बनें—सृजनशीलता ज्ञान की एक सबसे बड़ी विशेषता है। थॉमस अल्वा एडीसन ने 193 पेटेंट विकसित किए थे। वह अपने और अपने सहायकों

के लिए आइडिया कोटा निर्धारित किया करते थे। कैलिफोर्निया यूनिवर्सिटी के डीन कीथ सिमोंटन (Keith Simonton) ने दुनिया भर के 2,063 वैज्ञानिकों पर किए एक अध्ययन में पाया कि बड़े-बड़े जाने-माने वैज्ञानिकों ने बड़े अच्छे कार्यों के साथ-साथ कुछ गलत, औसत दर्जे के कार्य भी संपादित किए। उत्कृष्टता तक पहुँचने के लिए वे रास्ते में आनेवाली असफलताओं या औसत दर्जे के निष्पादन से नहीं डरते थे। मोजार्ट ने 600 से ज्यादा संगीत तैयार किए हैं। आइंस्टीन को सापेक्षता के सिद्धांत पर प्रकाशित उनके पत्र के लिए सबसे ज्यादा जाना जाता है, लेकिन उनके द्वारा प्रकाशित 248 अन्य पत्र भी हैं। प्रसिद्ध अंग्रेजी साहित्यकार टी.एस. इलियट ने 'द वेस्ट लैंड' (The Waste Land) का अंतिम प्रारूप तैयार करने से पहले उसके कुछ अच्छे और घटिया प्रारूप तैयार किए थे, जिनके सम्मिश्रण से अंत में प्रसिद्ध कृति प्रकाश में आई।

4. मेल-सम्मेलन का सहारा लें—विषय से जुड़ी अवधारणाओं, छवियों और विचारों का भिन्न-भिन्न मेल करके देखें। ये मेल स्वाभाविक और अस्वाभाविक दोनों हो सकते हैं। ऑस्ट्रियाई भिक्षु मेंडल ने गणित और जीव-विज्ञान के सम्मिश्रण से आनुवंशिकता के रूप में विज्ञान की एक नई शाखा का विकास किया। आनुवंशिकता का आधुनिक सिद्धांत उनके ही मॉडल पर आधारित है।

5. योग-संयोग—अलग-अलग असमान और असंबद्ध विषयों के बीच संबंध जोड़कर देखिए। दा विंची ने घंटी की आवाज और पानी से टकरानेवाले पत्थर के बीच भी एक संबंध खोज निकाला था, जिसके माध्यम से उन्होंने पता लगाया कि ध्वनि जल तरंगों में यात्रा करती है। सन् 1865 में एफ.ए.के. कुले ने अपनी पूँछ काट रहे साँप की कल्पना के माध्यम से बेंजीन मॉलीक्यूल के छल्लाकार होने का पता लगाया था। एक तट से दूसरे तट तक पहुँचने में सक्षम टेलीग्राफिक सिग्नल उत्पन्न करने के अपने प्रयोग के दौरान एक दिन सैमुअल मोर्स (Samuel Morse) ने एक रिले स्टेशन पर बँधे हुए घोड़ों का आदान-प्रदान होते देखा और इस प्रकार उन्होंने रिले स्टेशन के घोड़ों और सिग्नल के बीच एक संबंध खोज निकाला। इससे उन्होंने पता लगाया कि गतिशील सिग्नल को बीच-बीच में ऊर्जा का झटका देने की जरूरत होती है। इसी तरह टेस्ला (Tesla) ने अस्त होते सूर्य और एक मोटर के बीच संबंध जोड़कर देख लिया, जिससे अंत में ए.सी. मोटर बनाई जा सकी, जिसका मैग्नेटिक फील्ड (चुंबकीय क्षेत्र) मोटर के अंदर घूमते प्रतीत होते सूर्य की तरह घूमता है।

6. विषय को उलटे परिप्रेक्ष्य से भी देखें—समस्या की तह तक पहुँचने के लिए उससे 180° विपरीत दिशा में जाकर उस पर चिंतन करें। भौतिकशास्त्री और

दार्शनिक डेविड बोम (David Bohm) का मानना था कि बड़े-बड़े चिंतक और बुद्धिजीवी विभिन्न प्रकार के विचारों का प्रतिपादन इसलिए कर पाए, क्योंकि वे विषय के संगत और असंगत—दोनों पक्षों या दिशाओं में जाकर सोचने में सक्षम थे। भौतिकशास्त्री नील्स बोर (Niels Bohr) का मानना था कि जब आप विपरीत पक्षों को एक साथ लेकर चलते हैं तो उस स्थिति में आपकी चिंतन-प्रक्रिया कुछ समय के लिए अस्थिर अवस्था में रुक जाती है, जो आपके मस्तिष्क को विषय के एक नए बिंदु पर पहुँचने में मदद करता है। इस प्रकार आपके मस्तिष्क को सोचने के लिए एक नया दृष्टिकोण मिल जाता है। बोर ने प्रकाश को एक साथ दो रूपों—कण और तरंग—में देखा, जिससे उन्हें पूरकता के सिद्धांत का प्रतिपादन करने में मदद मिली।

7. उपमा या रूपक के माध्यम से सोचें—महान् दार्शनिक अरस्तू रूपक को रचनात्मक बुद्धिमत्ता का प्रतीक मानते थे। उनका मानना था कि जो व्यक्ति दो अलग-अलग विषयों या क्षेत्रों में समानता का निरूपण कर उनका एक-दूसरे के साथ संबंध स्थापित कर लेते हैं, उनके पास विशेष योग्यता होती है। अगर दो असमान चीजें कुछ मायनों में एक-दूसरे के समान हो सकती हैं तो दूसरी चीजों या विषयों के संदर्भ में भी ऐसा हो सकता है। अलेक्जेंडर ग्राहम बेल ने कान की आंतरिक क्रिया-प्रणाली और स्टील को हटाने की क्षमता रखनेवाली मजबूत झिल्ली की क्रियाशीलता के बीच एक समानता खोज निकाली थी, जिससे उनके मन में टेलीफोन का विचार आया। इसी तरह, एक कीप और पेपरमैन की गति तथा ध्वनि कंपन के बीच तुल्यता का पता लगाकर एक दिन फोनोग्राफ का आविष्कार कर डाला। किस प्रकार शिपवॉर्म ट्यूब का निर्माण करके 8 टिंबर में सुरंग बनाते हैं—इसका पता लग जाने के बाद पानी के अंदर निर्माण कार्य संभव हो गया। आइंस्टीन ने दैनिक जीवन की घटनाओं—जैसे नाव खेना, रेलगाड़ी के गुजरने के समय प्लेटफॉर्म पर खड़े होना—के आधार पर कई सिद्धांत प्रतिपादित किए।

8. असफलता को स्वीकार करें और गलतियों से सीख लें—प्राय: जब हमें किसी काम में सफलता नहीं मिलती तो उसे हम छोड़ देते हैं। इससे हमारी रचनात्मकता का ह्रास होता है। असफलता से कुछ हासिल करने के लिए जरूरी है कि हम उसे सकारात्मक रूप में लें। अत: असफलता को आत्म-सुधार के लिए एक अवसर के रूप में देखा जाना चाहिए। स्वयं से यह मत पूछिए कि 'मैं असफल क्यों हो गया?' बल्कि यह पूछिए कि 'मैंने क्या कुछ किया?' घातक बैक्टीरिया पर

अध्ययन के दौरान अलेक्जेंडर फ्लेमिंग ऐसे पहले भौतिकशास्त्री नहीं थे, जिन्होंने खुले में पड़े कल्चर (जीवाणु-संवर्धन) पर फफूँदी जमते देखी थी। लेकिन अन्य भौतिकशास्त्रियों ने इसे उस नजरिए से नहीं देखा था; जबकि फ्लेमिंग ने इसे एक दिलचस्प प्रक्रिया के रूप में देखा, जिसने अंत में जीवनरक्षक पेनिसिलिन के आविष्कार के लिए रास्ता तैयार किया।

9. धैर्य बनाए रखें—प्रेरणा और अवधारणा को एक साथ न मिलाएँ। पॉल सीजेन (Paul Cezanne) को उन्नीसवीं शताब्दी के महानतम पेंटरों में से एक माना जाता है और उन्हें प्राय: आधुनिक कला के जनक के रूप में जाना जाता है। अपने कॅरियर के दौरान वैसे तो बहुत कम कला प्रदर्शनियों में अपनी कला का प्रदर्शन किया, लेकिन एक नवप्रवर्तक कलाकार के रूप में परवर्ती कलाकारों पर उनका काफी प्रभाव रहा। उनकी प्रतिभा जीवन में बहुत देर से सामने आई। बाईस वर्ष की उम्र में वह इकोल डेस बिऑक्स आर्ट्स (Ecole des Beaux Arts) में प्रवेश लेना चाहते थे, लेकिन नहीं मिला, उनकी पहली एकल प्रदर्शनी 56 वर्ष की उम्र में आयोजित हुई थी। वर्षों के अभ्यास और प्रयोगात्मक नवप्रवर्तन के बाद उनकी प्रतिभा सामने आई थी।

क्या आप नए विचारों व विकल्पों की तलाश में हैं?

क्या आपका रास्ता बंद हो गया है?

क्या आपके विकल्प सचमुच सीमित हैं? या (किसी कारणवश) दिखाई नहीं दे रहे हैं?

प्राय: दुनिया को हम उसी रूप में देखते हैं, जिस रूप में हमारा अनुभव उसे प्रस्तुत करता है। जब हम किसी समस्या में फँस जाते हैं तो जीवन से सीखे गए अनुभवों और तौर-तरीकों के आधार पर ही हम उसका शॉर्टकट हल निकालने की कोशिश करने लगते हैं।

इस तरह के शॉर्टकट हल से हमें निर्णय लेने और समस्या का हल खोजने के लिए उपयोगी नियम तैयार करने में मदद मिलती है। इसे ज्ञानार्जन, खोज और समस्या-समाधान का अन्वेषणात्मक तरीका भी कहा जाता है।

परंतु इस तरह के नियम या तरीके कभी-कभी हमें असंगत या अव्यावहारिक निष्कर्ष में भी फँसा सकते हैं। ऐसी स्थिति में समस्या के हल के लिए रचनात्मक चिंतन का विकल्प अपनाया जा सकता है।

भौतिक रचनात्मक चिंतन से हो सकता है कि आपको नए विचार-विकल्प तैयार करने में मदद मिले? आइए, जानते हैं इस तीन स्तरीय प्रक्रिया के बारे में।

सबसे पहले अपनी स्थिति या समस्या का एक संक्षिप्त सारांश तैयार करें। उसके बाद तीन मौलिक विकल्पों को सूचीबद्ध करें। अब समस्या पर रचनात्मक ढंग से सोचना शुरू करें; विपरीत और विरोधाभासी पहलुओं को भी दृष्टि में रखें।

अपने मन की सीमाओं से बाहर निकलें

स्थिति 1—मेरी बूढ़ी दादी माँ इमरजेंसी के समय फोन उठाने के लिए भी नहीं जा सकतीं।

विरोधाभासी हल—उन्हें किसी वृद्धाश्रम में रहने के लिए भेज दें।

एक-विकल्पीय हल—उनके लिए एक वायरलेस फोन का प्रबंध कर दें।

स्थिति 2—मैं बहुत ज्यादा बोलता हूँ।

विरोधाभासी हल—मैं चुप रहने की कोशिश करूँ।

एक-विकल्पीय हल—मैं दूसरों की बातें दिलचस्पी से सुनना शुरू कर दूँ।

स्थिति 3—मेरा तौर-तरीका बहुत अस्त-व्यस्त रहता है।

विरोधाभासी हल—मैं कुछ न करूँ।

एक-विकल्पीय हल—मैं प्राथमिकता के आधार पर जरूरी-जरूरी कामों की सूची बना लूँ और उसके अनुसार काम किया करूँ।

किस तरह प्रतिभाशाली लोग नए-नए वैकल्पिक हल तैयार कर लेते हैं? उनके विचार-विकल्प इतने उपयोगी और विविधतापूर्ण क्यों होते हैं, जो उन्हें स्थिति के मूल तक ले जाते हैं?

वस्तुतः नेतृत्व का दूसरा नाम ही रचनात्मकता है। वर्ष 1914 में अंटार्कटिक महाद्वीप (जहाँ हमेशा बर्फ जमी रहती है) को पार करते समय सर अर्नेस्ट शैकलटन का जहाज बर्फीले पानी में डूब गया। अपने कर्मी दल के साथ वह एक लाइफ बोट (जीवनरक्षक नौका) में बैठ गए और 18 महीने की 800 मील लंबी मुश्किल भरी नौका-यात्रा के बाद अंततः वे 27 लोग सकुशल किनारे पर उतर सके।

पृथ्वी के सबसे ठंडे इलाके में इस तरह फँस जाने पर सामान्य व्यक्ति हार मानकर बैठ जाता और अंततः वहीं नष्ट हो जाता; लेकिन शैकलटन की हिम्मत और रचनात्मकता उस बर्फ में जमनेवाली नहीं थी। उन्होंने दिखा दिया कि दुनिया में दो तरह के लोग होते हैं—एक वे, जो संकट की स्थिति में विकल्पहीन होकर जम जाते हैं और दूसरे वे लोग, जो संकट से बाहर निकलने के लिए अपनी हिम्मत और रचनात्मकता को प्रयोग में लाते हैं। संकट से सकुशल बाहर निकलने में शैकलटन के कौशल के बजाय उनकी रचनात्मकता ने विशेष भूमिका निभाई।

नेता अपनी रचनात्मकता को उपयोग में लाते हैं, जिससे उनमें निखार आता है। वस्तुतः किसी भी संगठन के लिए सबसे ज्यादा अगर कोई संसाधन उपयोगी होता है तो वह है—रचनात्मकता, खासकर संकट की स्थिति में।

कुतरकर खानेवाले जानवर अपनी अवलोकन क्षमता का उपयोग नहीं कर पाते हैं। भोजन और रहने के स्थान की तलाश में वे जमीन को खोदते हैं। उसका फायदा शिकारी जानवर उठा लेते हैं। इसी तरह अपने दैनिक जीवन में भी आप देखेंगे कि कुछ मेहनती लोग काम करते हैं; लेकिन अवलोकन क्षमता, रचनाशीलता की कमी के कारण उसका फायदा उन्हें नहीं मिलता। उसका फायदा कुछ खुशदिल, शिकारी टाइप के लोग उठा लेते हैं।

ऐसे लोगों का जीवन सफल माना जाता है, जो प्रभावशाली ढंग से काम करते हैं; और जीवन का आनंद वे लोग ले पाते हैं, जो प्रभावशाली ढंग से अवलोकन करना जानते हैं। इसलिए अपने अवलोकन का तरीका बदलिए; फिर देखिए, कैसे वास्तविकता का स्वरूप बदल जाता है। छोटी-छोटी चीजें, जो आपको वास्तविक संभाव्यता तक पहुँचाती हैं, उनका फायदा उठाना सीखिए।

बीज पेड़ में लगे फल से निकलता है; वही बीज बोए जाने पर पौधे का रूप लेता है और धीरे-धीरे उसकी जड़ें फैलती हैं तथा वह एक नए पेड़ का रूप ले लेता है।

इस प्रकार, हम देखते हैं कि हवा, पानी और मिट्टी आदि तत्त्वों के प्रभाव में आकर छोटा सा बीज एक विशाल वृक्ष के रूप में अस्तित्व में आ जाता है, जो पशु-पक्षियों को भोजन और शरण तो देता है, साथ ही नए बीज उत्पन्न कर उनसे नए पेड़ों के लिए संभाव्यता तैयार करता है। इस प्रकार, यह प्रक्रिया चलती रहती है।

कभी-कभी ऐसी स्थिति आ सकती है कि आप यह समझ पाने में स्वयं को अक्षम पाएँ कि पेड़ की भूमिका में दूसरे पेड़ों के प्रति आपकी दृष्टि हलकी पड़ सकती है। आप पर ढेर सारी शाखाओं का बोझ जो होगा और आपको एक साथ कई दिशाओं में अपना विस्तार जो बनाए रखना होगा। इस प्रकार, आप जंगल में स्वयं को अकेला महसूस कर सकते हैं।

दूसरी ओर, एक बीज के रूप में कभी-कभी आप स्वयं को बहुत छोटा, अनुपयोगी महसूस कर सकते हैं। उस समय आपके मन में यही इच्छा होगी कि जल्दी से अंकुरित होकर आप पौधा और फिर पेड़ का रूप ले सकें। लेकिन इसके लिए आपको प्रतीक्षा करनी होगी। अच्छी चीजों के लिए प्रतीक्षा तो करनी ही पड़ती है।

सवाल यह है कि 'आप पेड़ हैं या बीज?' एक विशाल पेड़ उन सभी को नेतृत्व और सहारा प्रदान करता है, जो उसके संपर्क में आते हैं, उस पर निर्भर रहते हैं। तेज हवा के थपेड़ों में भी वह जमीन पर सीधा खड़ा रहता है।

आप एक ओर समस्या का हल हो सकते हैं तो दूसरी ओर स्वयं समस्या भी हो सकते हैं—आप दो अन्य साथियों के साथ एक हिमानी पर हैं। दोनों में से एक साथी एक दरार में गिर जाता है। अगर आप मदद के लिए आवाज लगाएँ तो आपके उस साथी को बचाया जा सकता है; लेकिन आप ऐसा नहीं करते और वह वहीं पड़ा-पड़ा मर जाता है। दूसरे साथी को आप एक बहती जलधारा में धक्का दे देते हैं और वह भी डूबकर मर जाता है। अब, आप दोनों में से किस घटना को स्वयं पर ज्यादा भारी महसूस करते हैं?

तर्क की दृष्टि से देखा जाए तो दोनों ही घटनाएँ आपको समान रूप से दोषी ठहराती हैं, क्योंकि दोनों ही मामलों में साथी की मौत के जिम्मेदार आप ही होते हैं; लेकिन दूसरे दृष्टिकोण से देखा जाए तो पहली घटना को कम जघन्य माना जा सकता है, क्योंकि उसमें आप अपनी निष्क्रियता के कारण साथी की मौत के लिए जिम्मेदार होते हैं। इस तरह की सोच को 'भूल पर आधारित पूर्वग्रह' कहा जाएगा। ऐसी स्थिति तब उत्पन्न होती है, जब हमारी निष्क्रियता के कारण किसी दुर्घटना को बल मिल जाता है।

मान लीजिए, आप फेडरल ड्रग एडमिनिस्ट्रेशन के प्रमुख हैं। अब आपको एक ऐसी दवा का एप्रूवल देने या न देने का निर्णय लेना है, जो गंभीर रूप से बीमार मरीजों के लिए है। दवा की खासियत यह है कि साइड इफेक्ट की स्थिति में उससे 20 प्रतिशत मरीज तुरंत मर जाते हैं और 80 प्रतिशत मामलों में वह बहुत कम समय में मरीज की जान बचा सकती है। ऐसे में आप क्या करेंगे?

निस्संदेह, आपमें से बहुत से लोग ऐसे होंगे, जो एप्रूवल रोक देना चाहेंगे। उन्हें लगेगा कि 80 प्रतिशत लोगों के इलाज के लिए 20 प्रतिशत लोगों की जान का खतरा पैदा करना ठीक नहीं है। यह 'भूल पर आधारित पूर्वग्रह' का एक स्पष्ट उदाहरण है। अब मान लीजिए, तर्क-वितर्क के आधार पर आप दवा को एप्रूवल दे देते हैं। बहुत अच्छा! लेकिन अगर उस दवा से पहला ही मरीज मर जाता है तो? मीडियावाले तूफान खड़ा कर देंगे और अंततः आपको नौकरी से हाथ धोना पड़ सकता है। एक सिविल सर्वेंट या राजनेता के रूप में आप वही निर्णय लेना चाहेंगे, जो सभी के लिए स्वीकार्य हो।

इस प्रकार, हम देखते हैं कि कानून-कायदों के चलते समाज में नैतिक विकृति का एक रूप अस्तित्व में आ जाता है। इच्छा-मृत्यु (कष्ट से छुटकारा पाने के लिए मौत) के लिए अपनाया गया उपाय कानूनन अपराध माना जाता है, जबकि

जीवन बचाने के उपाय या इलाज से जान-बूझकर मना करना कानूनन स्वीकार्य है (उदाहरण के लिए, डी.एन.आर. Do not Reasucitate ऑर्डर)।

यही कारण है कि कई माता-पिता अपने बच्चों को टीकाकरण के लिए न ले जाना बिल्कुल सही समझते हैं, जबकि टीकाकरण से बीमारी का खतरा निश्चित रूप से कम हो जाता है। हालाँकि टीके से बीमारी का भी थोड़ा सा खतरा रहता है। लेकिन कुल मिलाकर टीकाकरण उपयोगी है। इससे बच्चों की सुरक्षा तो होती ही है, साथ-ही-साथ समाज की सुरक्षा भी होती है। इससे बीमारी एक व्यक्ति से दूसरे व्यक्ति में नहीं पहुँच पाती है; और अगर कोई बच्चा बीमार है तथा उसे बीमारी का टीका नहीं लगा है तो हम उसके माता-पिता को दोषी ठहरा सकते हैं कि वे सक्रिय रूप से समाज या दूसरे बच्चों के लिए खतरा पैदा कर रहे हैं। लेकिन यहाँ विचारणीय बिंदु यह है कि जान-बूझकर दिखाई जानेवाली निष्क्रियता कई बार सक्रिय संलग्नता की अपेक्षा ज्यादा गंभीर होती है, जैसा उपर्युक्त मामले में हम देख रहे हैं।

दरअसल, होता क्या है कि हम तब तक गंभीरता से कुछ करना जरूरी नहीं समझते, जब तक लोग स्वयं अपने पाँव में कुल्हाड़ी न मार लें और हमें स्वयं लक्ष्य पर निशाना लगाने की जरूरत ही न पड़े। निवेशकों और व्यावसायिक पत्रकारिता से जुड़े लोगों का झुकाव प्रायः ऐसी कंपनियों की ओर ज्यादा रहता है, जो खराब उत्पाद विकसित करने के बजाय नया उत्पाद न विकसित करने को प्राथमिकता देती हैं। हालाँकि दोनों ही मामलों में कंपनी की बरबादी तय है। खराब काम करने के बजाय खाली बैठे रहना ज्यादा अच्छा माना जाता है। कोयला संयंत्र में लगी चिमनी को लागत कम करने के उद्देश्य से हटाने के बजाय ज्यादा अच्छा माना जाएगा, जब चिमनी लगाई ही न जाए। इसी तरह, आयकर से बचने के लिए जाली दस्तावेज प्रस्तुत करने के बजाय ज्यादा अच्छा होगा, यदि वास्तविक आय घोषित ही न की जाए।

सक्रिय (या उद्देश्यपूर्ण) पूर्वग्रह भूल-चूक पर आधारित पूर्वग्रह के उलट होता है। सक्रिय पूर्वग्रह उस समय उत्पन्न होता है, जब स्थिति विरोधाभासी हो; दूसरी ओर, भूल (या निष्क्रियता) पर आधारित पूर्वग्रह तब छोटा होता है, जब आप थोड़े से प्रयास से किसी भावी दुर्घटना को टाल सकने की स्थिति में हों, लेकिन गलती से या लापरवाही के कारण आप प्रयास नहीं करते।

सक्रिय पूर्वग्रह निष्क्रिय पूर्वग्रह की अपेक्षा ज्यादा स्पष्ट रूप में दिखाई देता है। '60 के दशक में छात्र आंदोलन में एक बड़ा ही जोरदार नारा तैयार किया गया था—'अगर आप (समस्या के) हल का हिस्सा नहीं हैं तो आप (आवश्यक रूप से) समस्या का एक हिस्सा हैं।'

□

अध्याय-3

डॉट्स (बिंदुओं) को मिलाइए

[अपनी स्मृति को किसी फोटोग्राफिक फिल्म के रोल के रूप में रखकर देखिए। अतीत को फिल्म के उस अंश के रूप में माना जा सकता है, जो परदे पर आ चुकी है; संभव है, उसके कुछ दृश्य आपको अच्छे न लगें। फिल्म का जो अंश परदे पर बाकी है, वह भविष्य है, जिसकी अनुभूति अभी की जानी है। शेष फ्रेम में आप कैसी स्मृतियाँ रखना चाहेंगे?]

संख्याओं द्वारा चिह्नित अव्यवस्थित बिंदुओं को मिलाकर आकृति या चित्र का रूप देना, या अव्यवस्थित सूचना-बिंदुओं को मिलाकर उसमें निहित संदेश या रहस्य को प्रकट करना।

जैसा स्टीव जॉब्स ने कहा था, ''आपके अंदर यह विश्वास होना चाहिए कि आपके जीवन के बेतरतीब पड़े बिंदु किसी-न-किसी तरह मिलकर आपके भविष्य की छवि तैयार करनेवाले हैं। आपको अपने कर्म, अपने जीवन और अपनी नियति में विश्वास रखना होगा; क्योंकि इस विश्वास से ही आपको अपनी अंतरात्मा के अनुसार चलने का आत्मविश्वास मिलेगा।''

जॉब्स ने बताया है कि रीड कॉलेज (Reid College) में उन्होंने छह महीने बाद ही पढ़ाई छोड़ दी थी; लेकिन उन्होंने कैंपस नहीं छोड़ा और इधर-उधर के कोर्स पढ़ते रहे। उनमें से एक कोर्स, जो उन्हें खासकर अच्छा लगा, वह था—कैलीग्राफी।

सुंदर टाइपोग्राफी (छपाई) उन्हें बहुत आकर्षित करती थी; लेकिन उस समय ऐसी सूचनाओं के लिए उसका उपयोग उन्हें समझ में नहीं आया था। कई वर्ष बाद जब उन्होंने मैक डिजाइन किया, तब सूचनाएँ तेजी से आने लगीं।

उन्होंने बताया है कि किस प्रकार वर्षों पहले उस क्लास में बैठने से उन्हें मैक में मल्टिपल टाइपफेस देने की प्रेरणा मिली। उनके शब्दों में, ''अगर कॉलेज में मैंने

वह कोर्स नहीं पढ़ा होता तो मैक की मल्टिपल टाइपफेस या स्पेस (अंतराल) युक्त फोंट का विकल्प नहीं मिलता। और चूँकि विंडोज मैक की ही कॉपी है, इसलिए पर्सनल कंप्यूटर में भी ऐसा विकल्प उपलब्ध नहीं होता।''

कैसे परामर्श ने एक आदमी की जान ले ली

मेरे एक दूर के रिश्तेदार भारत में एक जानी-मानी भविष्यद्रष्टा के पास गए और उससे अपने भविष्य के बारे में पूछने लगे। भविष्यद्रष्टा महिला ने उन्हें बता दिया कि उनके हृदय में दोष है और आनेवाली दूज को वह मर जाएँगे।

यह भविष्यवाणी सुनकर मेरे रिश्तेदार बहुत घबरा गए थे। उन्होंने परिवार के सब लोगों को बुलाया और उन्हें सारी बात बताई। अपनी वसीयत की जाँच-पड़ताल के लिए वह अपने वकील से मिले। जब मैंने इसके बारे में उनसे विस्तार से जानना चाहा तो उन्होंने बताया कि उस महिला भविष्यद्रष्टा (जो क्रिस्टल में देखकर भविष्य बताती थी) के पास रहस्यमयी शक्तियाँ हैं और उन शक्तियों के बल पर वह जो चाहे कर सकती है।

जैसे-जैसे दूज निकट आ रही थी, उनकी घबराहट बढ़ती जा रही थी। एक महीने पहले तक जो आदमी अच्छा-भला, हृष्ट-पुष्ट था, वह आज पूरी तरह लाचार था। बताई गई तिथि को ही उन्हें हृदयाघात हुआ और उनकी मौत हो गई। उन्हें क्या पता था कि अपनी मौत का कारण वह स्वयं थे।

इस तरह की कहानियाँ हमें अकसर सुनने को मिल जाती हैं और इस विचार से हम काँप उठते हैं कि दुनिया रहस्यमयी शक्तियों से भरी पड़ी है। यह सही है कि दुनिया शक्तियों से भरी पड़ी है, लेकिन ये शक्तियाँ न तो रहस्यमयी हैं और न ही नियंत्रण से बाहर। मेरे उक्त रिश्तेदार ने उस महिला की बात को अपने अवचेतन मन में प्रवेश करने का मौका दिया और स्वयं अपनी मौत का कारण बने। उनका उस तथाकथित भविष्यद्रष्टा महिला की शक्तियों पर विश्वास जम गया था, इसलिए उसकी भविष्यवाणी को उन्होंने सच मान लिया।

हमारा अवचेतन मन कैसे काम करता है, आइए, इसका एक और उदाहरण देखते हैं। हमारा चेतन मन जैसा विश्वास करता है, अवचेतन मन उसे स्वीकार करके उसी के अनुसार काम करता है।

उस तथाकथित भविष्यद्रष्टा के पास इतनी शक्ति नहीं थी कि सबकुछ वैसा हो, जैसा वह बोले। अगर मेरे उपर्युक्त रिश्तेदार को हमारे चेतन और अवचेतन मन की कार्य-प्रणाली की जानकारी होती तो वह उसकी बात पर इतना गंभीर ही नहीं होते और

बहुत हद तक संभव था कि सबकुछ पहले की तरह सुचारु रूप से चलता रहता। याद रखें, आपके पास चुनाव का विकल्प होता है—आप चुनें! प्यार चुनें, तंदुरुस्ती चुनें।

मानव-मस्तिष्क

चित्रों या स्थितियों और उनके घटकों को याद रखना और स्मृति से जुड़ी भाषा तथा उससे संबंधित मानसिक प्रसंस्करण का विकास मस्तिष्क के अंदर होता है। साथ ही विभिन्न प्रकार के भाव, जैसे—प्रेम व फिक्रमंदी आदि तथा तार्किक चिंतन और मूल्यांकन व विश्लेषण भी मानव-मस्तिष्क के कार्यों का हिस्सा हैं।

हम स्वयं पठन-पाठन द्वारा और दूसरों के अनुभवों से शाब्दिक या चित्रात्मक रूप में विभिन्न प्रकार की जानकारियाँ लगातार सीखते रहते हैं। हमारा मस्तिष्क इन जानकारियों का विश्लेषण करता है और उसके आधार पर यह तय करता है कि कौन सी जानकारी स्मृति में जमा रखनी है और कौन सी छोड़ देनी है। बाद में जब हम कोई काम करने लगते हैं तो उससे जुड़ी जानकारी हमारी स्मृति में आ जाती है और उसके आधार पर हम निर्णय लेते हैं या मूल्यांकन करते हैं। इस प्रकार, सूचनाओं का सतत मूल्यांकन हमारे मस्तिष्क की एक मूल विशेषता है।

चित्रों या छवियों को याद रखने की प्रक्रिया तेजी से होती है। छोटे बच्चों की स्मृति कोरी होती है; जैसे-जैसे वे बड़े होते हैं, यह रेखीय स्मृति में बदलती जाती है। बड़े होने पर हम अपने मूल्यांकन कौशल का विकास-विस्तार और मूल्यांकन करना शुरू कर देते हैं। तब हमें ऐसा लगता है कि जो भी सूचनाएँ हम अपने मस्तिष्क में ग्रहण करते हैं और स्मृति में जमा करके रखते हैं, उनसे हमें दुनिया, समाज, परिवेश या संगठन को बेहतर और व्यापक रूप से समझने में मदद मिलती है। सच पूछा जाए तो स्मृति से जुड़ी कई शिकायतें ऐसी होती हैं, जिनकी चीजों को याद रखने की हमारी योग्यता से कोई लेना-देना नहीं होता है। याद न रख पाने की समस्या प्राय: तभी होती है, जब हम किसी चीज पर ठीक से ध्यान नहीं देते हैं। अगर आप सूचनाओं को स्वयं से जोड़कर देख-समझ सकें तो उन्हें याद रखना बहुत आसान हो जाता है। विश्लेषण करने की कोशिश करें कि अमुक सूचना का आपसे किस तरह का संबंध हो सकता है। उसे आपने पहले कब सुना या पढ़ा था।

अपनी स्मृति में स्वयं सुधार करें

स्मृति में सुधार करना मन की दृढ़ता या संकल्प पर निर्भर करता है। अगर आप संकल्प या उद्देश्यपूर्णता के साथ पढ़ी-सुनी या देखी जानेवाली जानकारी

पर ध्यान केंद्रित करेंगे तो उसे समझना और स्मृति में बैठाना आसान हो जाएगा। ऐसे सात उद्देश्य हैं, जो आपको संकल्पित या अभिप्रेरित कर सकते हैं—जीने की इच्छा से जुड़ा उद्देश्य, जिसमें आप जीवन को सार्थक बनाने के लिए कुछ करते हैं; स्वतंत्र होने की इच्छा से जुड़ा उद्देश्य; आनंद प्राप्त करने की इच्छा से जुड़ा उद्देश्य, जिसमें आप अपनी खुशी के लिए कुछ करते हैं; समझने की इच्छा से जुड़ा उद्देश्य, जिसमें आप ज्ञान प्राप्त करने के लिए कुछ करते हैं; कुछ मौलिक या नया करने की इच्छा से जुड़ा उद्देश्य; जोड़ने-जुड़ने की इच्छा से जुड़ा उद्देश्य, जिसमें आप प्रेम के लिए कुछ करते हैं और सीमाओं से आगे जाने की इच्छा से जुड़ा उद्देश्य, जिसमें आप एकाकार के लिए कुछ करते हैं। जीवन में जो आपका व्यापक लक्ष्य होता है, आपका स्मृति उद्देश्य उससे प्रभावित होता है। आपका उद्देश्य स्वास्थ्य या जीवन-शैली से जुड़ा हो सकता है या फिर उससे परे जीवन के व्यापक मूल्यों-आदर्शों से जुड़ा हो सकता है। इस तरह का कोई उद्देश्य जब आप तय कर लेते हैं तो आपके अंदर से एक स्वाभाविक ऊर्जा का उत्सर्जन होने लगता है। इस तरह के किसी लक्ष्य पर काम करने के लिए कुछ व्यक्तिगत संसाधनों की भी जरूरत होती है; जैसे—आशावादिता, जिज्ञासा, कल्पनाशीलता, उत्साह और जिम्मेदारी की भावना तथा नए-नए विचारों या सूचनाओं के प्रति खुलापन। इसके अलावा, लक्ष्य तक पहुँचने के लिए जिस लगन, निष्ठा और आत्मानुशासन की जरूरत होती है, वह अभिप्रेरण से आती है।

जीवन को आनंद से जिएँ और आगे बढ़ते रहें

जीवन का आनंद लेने, कुछ नया या मौलिक करने, जानने-समझने और सीमाओं से आगे बढ़कर दूसरों से जुड़ने की जो स्वाभाविक इच्छा आपके अंदर होती है, वह आपके स्मृति प्रोजेक्ट में अभिप्रेरक का काम कर सकती है। जीवन को आनंद से जीने की बात महत्त्वपूर्ण है; लेकिन इस दौरान आपको जीवन के दर्द का भी सामना करना पड़ेगा। तो आप उसका सामना करें और आगे बढ़ते रहें।

दुनिया और उसमें रहनेवाले लोगों के बारे में जानने की एक स्वाभाविक जिज्ञासा लगभग हम सबके अंदर होती है। यह जिज्ञासा हमें नई-नई जानकारियाँ हासिल करने और उन्हें याद रखने के लिए प्रेरित करती है। सीखने की यह प्रक्रिया जीवन भर चलती रहती है। हमारी रचनाशीलता दिखाई देती है। सभी प्रकार के रचनात्मक कार्यों के लिए स्मृति जरूरी होती है और रचनात्मकता से हमारी स्मरण-शक्ति का स्वत: ही विकास व सुधार होता है।

दूसरों के साथ जुड़ने और संबंध बनाने से सार्थक स्मृतियों का सृजन होता है। लेकिन महत्त्व न दे पाने या अन्य कई कारणों से हमारे संबंध प्रभावित होते हैं। समय बीतने के साथ-साथ पुराने संबंध धूमिल पड़ते जाते हैं और उनके स्थान नए संबंध लेते जाते हैं। संबंधों से हमारे जीवन की सार्थकता बढ़ती है और हमारी स्मृति में भी इनकी महत्त्वपूर्ण भूमिका होती है।

अपनी एकाग्रता बढ़ाएँ

एकाग्रता चीजों को लंबे समय तक मस्तिष्क में बनाए रखने में मदद करती है। हमारे आसपास और हमारे अंदर भी ऐसी बहुत सारी चीजें होती रहती हैं, जो हमारा ध्यानाकर्षण चाहती हैं। इसके लिए हमें ध्यान या एकाग्रता को भंग करनेवाली चीजों से बचने की जरूरत होती है, तभी हम अपने मस्तिष्क को एकाग्र करके किसी विषय पर पूरा-पूरा ध्यान दे पाएँगे और इस प्रकार अपनी स्मृति में नई-नई जानकारियाँ जमा कर पाएँगे। अगर आप किसी एक काम पर ज्यादा देर तक केंद्रित नहीं रह पाते तो चिंता की कोई बात नहीं। हमारे मस्तिष्क को समाज और टेक्नोलॉजी से बार-बार काम बदलते रहने का प्रशिक्षण मिला होता है।

अपने मार्गदर्शक बनें

आपके अंदर का सरपरस्त मार्गदर्शक आपको तीन तरह से संरक्षण व मार्गदर्शन देता है—अनुज्ञा, संरक्षण और शक्ति। परिणामस्वरूप आप अपनी जीवन-शैली, अपने दृष्टिकोण में ऐसे बदलाव ला पाते हैं, जो बेहतर स्मृति का सृजन करते हैं। अगर आप जीवन-शैली और दृष्टिकोण में इस तरह के बदलाव ला पाते हैं तो समझ लीजिए कि आपके अंदर का स्वाभाविक मार्गदर्शक अपना काम कर रहा है।

व्यायाम करें

अपनी बाईं आँख बंद कर लें और देखें कि चेहरे पर बाईं ओर क्या है, जो आपकी दृष्टि को रोकता है। जी हाँ, वह आपकी नाक है। अब दाईं आँख बंद करें और देखें कि चेहरे पर दाईं ओर क्या है, जो आपकी दृष्टि को रोक रहा है। वह आपकी नाक है। यानी दोनों बार आपको अपनी नाक दिखाई दे रही है। कोई आश्चर्य की बात नहीं। अच्छा, अब दोनों आँखें खोल लें। क्या अब आपको अपनी नाक दिखाई दे रही है ? नहीं। क्यों ? क्योंकि अब आपकी दृष्टि सामने की ओर है।

चेतन सजगता के स्तर तक पहुँचने के लिए क्या जरूरी है, इसका निर्धारण आपका मस्तिष्क करता है। जब आप कोई मूवी दूसरी बार देखती हैं तो उन चीजों की ओर आपका ध्यान क्यों जाता है, जो आप पहली बार नहीं देख पाए थे ? पहली बार भी मूवी वही थी, लेकिन उस समय आपका ध्यान उन चीजों पर केंद्रित नहीं था, जो अब आप देख रहे हैं।

नई जानकारी को उन चीजों या जानकारियों से जोड़कर देखें, जो आप पहले से जानते हैं। इस तरह नई और पुरानी दोनों जानकारियों को याद रखना आसान हो जाएगा।

वर्णमाला के अक्षरों से जोड़ें

डॉ. इडॉन (Dr. Iddon) के अनुसार, ''अगर कोई जानकारी—जैसे किसी फिल्म के अभिनेता का नाम—आपकी स्मृति में नहीं आ रही है तो इसके लिए आप वर्णमाला के अक्षरों का सहारा ले सकते हैं। आप जिस जानकारी या नाम को याद करने की कोशिश कर रहे हैं, उसके पहले अक्षर को याद करने के लिए वर्णमाला के अक्षरों पर एक-एक करके ध्यान दें। पहला अक्षर मस्तिष्क में आते ही आपको पूरा नाम याद आ जाएगा। यह तकनीक सचमुच कारगर है।''

इस तरह बिंदुओं को मिलाना एक कौशल है। जैसे-जैसे आप कॅरियर में आगे बढ़ते हैं, वैसे-वैसे इसका महत्त्व भी बढ़ता जाता है। बिंदुओं को मिलाने का कौशल रखनेवाले लोग ही नेतृत्व और नव-प्रवर्तन कर पाते हैं। ऐसे लोगों में पेड़ों के आधार पर पूरे जंगल की छवि देख लेने की अद्‍भुत योग्यता होती है। वे ऐसी जानकारियों में भी उपयोगिता और प्रासंगिकता तलाश लेते हैं, जो दूसरों की दृष्टि में बिल्कुल निरर्थक और अप्रासंगिक होती हैं। समस्या के हल या निष्कर्ष पर पहुँचने के लिए वे तर्क के आधार पर यथार्थ और काल्पनिक बिंदुओं के बीच में भी संबंध स्थापित कर लेने की क्षमता रखते हैं।

बिंदुओं को मिलाने का कौशल सीखना आसान तो नहीं है, लेकिन कुछ आसान तरीके हैं, जिनके माध्यम से आप इस कौशल का विकास कर सकते हैं। दूसरे लोगों के साथ आपका जो कार्य-व्यवहार है, उस पर ध्यान केंद्रित करें। बातचीत में सामनेवाले व्यक्ति के शब्दों को सिर्फ सुनें नहीं, बल्कि उन्हें ग्रहण करने एवं समझने की कोशिश करें, उन शब्दों से जुड़े हाव-भाव को भी ग्रहण करें। जो जानकारी आपको मिले, उसे सँजोने की कोशिश करें और उसे अपने मकसद के साथ जोड़कर रखना सीखें। इस प्रकार विविध जानकारियों को उनकी प्राथमिकता के

अनुसार स्मृति में जमा करें। कई बार कोई जानकारी हमें अप्रासंगिक या अनुपयोगी प्रतीत होती है। उसका विश्लेषण करें और उसे अपने उद्‌देश्य से जोड़कर देखने की कोशिश करें। हो सकता है, किसी अन्य तरह से वह आपके लिए उपयोगी हो। बिंदुओं को मिलाने या संबंधों को जोड़ने में मदद के लिए आपने और किन तकनीकों का प्रयोग किया है? इसके लिए कुछ दिमागी कसरत भी करें।

किसने इस तरह के संबंध की बात सबसे पहले सोची होगी? और उसका आधार क्या रहा होगा?

जिस तरह एक इलेक्ट्रिक बल्ब भौतिक पदार्थ का एक डिजाइन होता है, उसी तरह हमारा दृष्टिकोण हमारे मन का एक डिजाइन होता है। बल्ब हाई पावर या लो पावर का हो सकता है, यह उसके डिजाइन पर निर्भर करता है। इसी तरह, सकारात्मक दृष्टिकोण हाई पावर या उच्च स्तरीय मानवीय मूल्यों, जैसे—ईमानदारी और बड़प्पन को प्रतिबिंबित करता है; जबकि नकारात्मक दृष्टिकोण ईर्ष्या और निकृष्टता जैसे निम्न स्तरीय मानवीय मूल्यों को प्रतिबिंबित करता है।

एक आदमी इस ऊहापोह में था कि मर्सिडीज कार खरीदे या लेक्सस। उसने दोनों कार कंपनियों के बिक्री प्रतिनिधियों से संपर्क किया। दोनों ने अपनी-अपनी कारों की विशेषताएँ अपनी व्यावसायिक भाषा में बताई। उस आदमी ने सोचने के लिए कुछ समय लिया और अंत में मर्सिडीज खरीदने का निर्णय लिया। उसने मर्सिडीज कार खरीद ली। उसके एक-दो दिन बाद लेक्सस कार के बिक्री प्रतिनिधि ने यह जानने के लिए उसे फोन किया कि उसने कौन सी कार खरीदने का निर्णय लिया है। तब उस आदमी ने कहा, ''माफ करना, मैंने मर्सिडीज खरीद ली।'' यह सुनकर बिक्री प्रतिनिधि कुछ पल के लिए चुप रहा, फिर पूछा, ''सर, आपकी मर्सिडीज कैसी चल रही है?'' इस पर उस आदमी ने जवाब दिया, ''ठीक चल रही है; बस, कार लाइट का एक पुरजा बदलना है, जिसे शोरूमवालों ने एक हफ्ते में बदलने को कहा है।'' लेक्सस कार के बिक्री प्रतिनिधि ने फोन रख दिया। अगले दिन मर्सिडीज खरीद चुके उस आदमी के आश्चर्य का ठिकाना नहीं रहा, जब उसने लेक्सस के उस बिक्री प्रतिनिधि को अपने सामने खड़ा देखा, जो उसकी कार में वह पुरजा मुफ्त में लगाने के लिए लाया था। उस आदमी के मुँह से धन्यवाद के लिए शब्द नहीं निकल रहे थे। जिस आदमी से उसने कार नहीं खरीदी थी, उसने आज उसका दिल जीत लिया था।

यहाँ दो स्तंभों के माध्यम से मानवीय मूल्यों के ऊर्ध्व और क्षैतिज अक्षों को प्रदर्शित किया गया है—

↑ Y	आत्म विकास	उच्च विकास व निम्न जुड़ाव (अकेला नौकरशाह)	उच्च विकास व उच्च जुड़ाव (मूल्य-आधारित नेता)
		निम्न विकास व निम्न जुड़ाव (मंद निरंकुश)	निम्न विकास व उच्च जुड़ाव (स्ट्रीट मार्ट डीलर)

जुड़ाव (संपर्क)

उपर्युक्त रेखाचित्र में आप देख सकते हैं कि उच्च स्तरीय आत्मविकास और उच्च स्तरीय जुड़ाव के संयोग से आदर्श नेतृत्व का सृजन होता है। जो अपने लोगों के साथ जुड़ाव और संबंध को उच्च प्राथमिकता देते हैं, वे ही आदर्श नेता होते हैं। गांधीजी एक ऐसे नेता का उदाहरण थे, जिसके पास उच्च कोटि का संयम था और साथ-ही-साथ स्वयं को अपने लोगों से जोड़ने की अद्‌भुत योग्यता थी। ब्रिटिश साम्राज्य के खिलाफ आमने-सामने की लड़ाई में उतरने से पहले उन्होंने रेलवे के तीसरी श्रेणी के डिब्बे में यात्रा करते हुए पूरे भारत का भ्रमण किया था, ताकि देश के यथार्थ स्वरूप को देख सकें।

चूहे का दिल

एक चूहा बिल्ली के डर से बहुत परेशान रहता था। एक जादूगर को उस पर दया आ गई और उसने चूहे को बिल्ली बना दिया। लेकिन उसकी परेशानी फिर भी दूर नहीं हुई, क्योंकि अब उसे कुत्ते का डर सताने लगा था। तब जादूगर ने उसे कुत्ता बना दिया। कुत्ता बनने के बाद उसे चीते का डर सताने लगा, इसलिए जादूगर ने उसे चीता बना दिया। लेकिन अब वह शिकारी के डर से परेशान रहने लगा।

अंत में हारकर जादूगर ने फिर से उसे चूहा बना दिया और कहा, ''मैं तुम्हारी कोई मदद नहीं कर सकता, क्योंकि तुम्हारे अंदर चूहे का दिल है और तुम चूहे ही रहोगे।''

यह कहानी वैसे तो व्यक्तिगत चिंतन के लिए है, फिर भी, कहानी पर चिंतन करने से अगर किसी भी तरह से आपको कुछ सीखने को मिलता है तो हमें खुशी होगी।

कुछ लोग जीवन में लगातार कठिनाइयों से जूझते रहते हैं। वे अपनी गलतियों के कारण बार-बार पीड़ा झेलते हैं और अपने भविष्य को लेकर डरे रहते हैं, क्योंकि उनका अतीत उन्हें पंगु बना चुका होता है। क्या आप अपनी पुरानी गलतियों की बेड़ी से स्वयं को छुड़ाकर एकाग्र मन से अपने भविष्य की ओर बढ़ सकते हैं?

हमेशा याद रखें कि गलती का संबंध किसी स्थिति या परिस्थिति विशेष से होता है। जरूरी नहीं कि हर स्थिति-परिस्थिति में आपसे वह गलती होगी। भविष्य के लिए आप उसमें सुधार भी कर सकते हैं। मन में ऐसा आत्मविश्वास लाएँ कि आपमें आगे बढ़ने की अदम्य शक्ति है और इस प्रकार यह सिद्ध कर दिखाएँ कि जीवन को अपने नियंत्रण में रखने की क्षमता आपमें है। किसी बात या विषय पर एकदम निष्कर्ष निकालने से बचें। हो सकता है, विषय से संबंधित आपको कुछ और प्रासंगिक जानकारी प्राप्त हो जाए, जो बेहतर निष्कर्ष निकालने में आपकी मदद करे।

बिंदुओं को मिलाने के लिए परे हटकर सोचें

अभी दो साल पहले 'द न्यूयॉर्क टाइम्स' ने 'दि अंब्रेला मैन' (The Umbrella Man) शीर्षक से साढ़े छह मिनट का एक वीडियो प्रसारित किया था। इसमें राष्ट्रपति केनेडी की हत्या से जुड़ी एक संभावित कहानी को वीडियो के माध्यम से प्रस्तुत किया गया था। जिस समय राष्ट्रपति की गाड़ी गली से होकर गुजर रही थी, उस समय काला सूट पहने और हाथ में छाता लिये एक संदिग्ध आदमी देखा गया था, जो कई कैमरों में कैद हुआ था। पहली नजर में देखने से वह परेड देख रहे एक आम आदमी की तरह दिखाई देता है, लेकिन ध्यान से देखने पर उसके बारे में कुछ खास बातें सामने आती हैं—

- हत्यावाले दिन मौसम साफ और गरम था, ऐसे में छाता ताननेवाला वह एकमात्र आदमी था।
- वह आदमी खुद आया था।
- वह एक बड़े खंभे की आड़ में खड़ा था।
- वह उसी दिशा में था, जिस दिशा से गोली आई थी।

इन बिंदुओं के बारे में सुनने-जानने के बाद लोग बिंदु-से-बिंदु मिलाते हुए नई-नई संभावित कहानियाँ तैयार करने लगे थे। वह हमारा आदमी रहा होगा! एक चित्रकार ने तो अंब्रेला गन की जटिल तकनीक का चित्र भी प्रदर्शित किया था, जिसका उस आदमी द्वारा प्रयोग किए जाने की आशंका जताई जा रही थी। उस आदमी के अजीब व्यवहार से और क्या निष्कर्ष निकाला जा सकता था?

एक दिन उस छातेवाले आदमी को बुलाकर अपनी सफाई देने के लिए कहा गया—और उसने हाउस सेलेक्ट कमेटी ऑन एसोसिनेशंस इन वाशिंगटन डी.सी. (House Select Committee on Assassinations in Washington DC) के सामने अपनी सफाई दी।

जब उससे छाता लेकर चलने का कारण पूछा गया तो उसने बड़ी सहजता से बताया कि वर्ष 1938–39 में जब वह सेंट जेम्स का राजदूत था, उस समय जोसेफ पी. केनेडी की तुष्टीकरण की नीतियों के विरोधस्वरूप उसने हाथ में छाता लेकर उसे तान रखा था। दरअसल, छाता वर्ष 1937–40 में यूनाइटेड किंगडम के प्रधानमंत्री रहे नेविल चैंबरलेन (Neville Chamberlain) की ओर संकेत करता था।

□

अध्याय-4

एकाग्र मस्तिष्क

[कुछ लोग जीवन में लगातार कठिनाइयों से जूझते रहते हैं। वे अपनी गलतियों के कारण बार-बार पीड़ा झेलते हैं और अपने भविष्य को लेकर डरे रहते हैं, क्योंकि उनका अतीत उन्हें पंगु बना चुका होता है। क्या आप अपनी पुरानी गलतियों की बेड़ी से स्वयं को छुड़ाकर एकाग्र मन से भविष्य की ओर आगे बढ़ सकते हैं?]

अकसर ऐसा होता है कि हम अपनी डेस्क पर बैठकर किसी काम या विषय पर अपना ध्यान केंद्रित करने की कोशिश करते हैं, लेकिन हमारा मन एकाग्र नहीं हो पाता, वह इधर-उधर भटक रहा होता है। ऐसा प्राय: हम सभी के साथ होता है और उससे हमारी कार्यक्षमता प्रभावित होती है।

आज की तेज रफ्तार दुनिया में, जहाँ हर कोई व्यस्त दिखाई देता है, रुककर अपनी मौजूदा स्थिति पर विचार करने का समय किसी के पास नहीं है। कभी-कभी तो कोई बहुत महत्त्वपूर्ण चीज हमें दिखाई देती है और हमारे पास से होकर गुजर जाती है, लेकिन हम उसे रोक नहीं पाते। उस महत्त्वपूर्ण चीज या व्यक्ति को जानने-समझने का हमारे पास समय ही नहीं होता है। जीवन के अपने व्यक्तिगत, भौतिक या भावनात्मक और धार्मिक उद्देश्यों को पूरा करने के लिए जो समय हम लगाते हैं, वह हमारे पास वापस लौटकर नहीं आता है और जब सबकुछ बहुत तेजी से आगे बढ़ने लगता है और हम खुद को बहुत व्यस्त महसूस करने लगते हैं तो उस समय शांत और एकाग्र मन हमारे लिए बहुत उपयोगी होता है।

बीती बातों को भुला दें

मेरे एक मित्र अपनी एक महिला मित्र के साथ संबंधों को लेकर बहुत परेशान थे, जो बार-बार उन्हें धोखा देती थी और हर बार वापस आकर माफी माँगती थी।

उसके बारे में बताते हुए एक दिन उन्होंने मुझसे कहा, ''इस संबंध के लिए मैंने बहुत समय और ऊर्जा खर्च की है। इसे इस तरह छोड़ देना ठीक नहीं होगा।''

यानी एक कॉस्ट फैलसी (Sunk Cost Fallacy) का मामला था, जिसमें प्राय: ऐसा होता है कि निवेशक किसी चीज में अपना बहुत सारा पैसा, समय और ऊर्जा लगा चुका होता है, जिसे देखते हुए वह उसे छोड़ने के लिए तैयार नहीं होता, भले ही उससे उसे कोई फायदा न हो रहा हो, बल्कि नुकसान ही हो रहा हो। ऐसे में जितनी ज्यादा लागत हम उसमें लगा चुके होते हैं, उससे जुड़े रहने की उतनी ही लालसा ज्यादा हमारे मन में बनी रहती है।

निवेशक अकसर इस तरह की स्थिति में फँस जाते हैं। किसी चीज को बेचने के लिए वे लागत मूल्य को आधार बनाते हैं। ''इस स्टॉक पर मैंने इतना पैसा लगा रखा है। इसे अभी बेचना ठीक नहीं है।''—ऐसी ही बात उनके मन में होती है। ऐसा सोचना गलत होता है। निवेशक को स्टॉक के लागत मूल्य के बजाय स्टॉक का भविष्य देखना चाहिए। अगर स्टॉक का भविष्य बहुत लाभदायक नहीं है और किसी अन्य वैकल्पिक सौदे में ज्यादा लाभ दिखाई दे रहा है तो निवेशक को उस पुराने स्टॉक को जल्दी-से-जल्दी बेच देना चाहिए।

मनोवैज्ञानिक और दार्शनिक विलियम जेम्स के अनुसार, सतर्कता या सजगता का मतलब अपने मन को अपने नियंत्रण में रखना होता है—मन में विचारों की जो श्रृंखला होती है, उसे काबू में करना, ताकि उसे कम उपयोगी उद्‌देश्य से हटाकर अपेक्षाकृत अधिक उपयोगी उद्‌देश्य की ओर प्रवृत्त किया जा सके।

हमारा मस्तिष्क लगातार काम करता रहता है। एक समय में एक चीज पर ध्यान केंद्रित करना लगातार मुश्किल होता जा रहा है। हम इतनी सारी बातों और विषयों को एक साथ लेकर चलने की कोशिश में रहते हैं कि एक समय में किसी एक विषय पर मन को एकाग्र कर पाना हमारे लिए मुश्किल हो जाता है। ध्यान-योग के विशेषज्ञों का मानना है कि व्यक्ति के लिए सबसे मुश्किल काम मन-मस्तिष्क को स्पष्ट और एकाग्र बनाना होता है। अगर लगातार, बिना किसी रुकावट के, 15 सेकंड तक आप अपनी साँसों पर अपना ध्यान पूरी तरह से केंद्रित कर लें तो समझ लीजिए कि आप दुनिया में सबसे सशक्त मन के स्वामी हैं। इस अध्याय में दी गई तकनीकों की मदद से आप अपने मन को एकाग्र रखने का अभ्यास करते हुए एकाग्रता की शक्ति और प्रभावशीलता को स्वयं महसूस कर सकते हैं। शैक्षिक रॉकेट के निर्माण की दिशा में यह आपका पहला कदम है, जो आपको अपने सपनों तक पहुँचाने के लिए है।

मनोयोग एक मनोवैज्ञानिक अवधारणा है, जिससे पता चलता है कि अपने परिवेश से जुड़ी किसी खास जानकारी को हम किस प्रकार ग्रहण करते हैं और कैसे उसका प्रसंस्करण करते हैं। अभी आप यह पुस्तक पढ़ रहे हैं। इस समय आपके आसपास बहुत सारे दृश्य, स्मृतियाँ, भाव और ध्वनियाँ उपस्थित होंगी, जिनका संबंध आपके मनोयोग से होता है। मनोयोग के बारे में याद रखनेवाली कुछ जरूरी बातें इस प्रकार हैं—

• **मनोयोग की सीमा होती है**—इस विषय पर काफी शोध और अध्ययन किए जा चुके हैं कि कितनी चीजों या विषयों पर हम अपना ध्यान केंद्रित कर सकते हैं और कितनी देर तक। शोधकर्ताओं ने पाया कि किसी काम में हमारे मनोयोग को प्रभावित करनेवाले कई कारक हैं, जिनमें से एक कारक यह भी है कि हमारी उस काम में कितनी दिलचस्पी है और ऐसी कौन सी बातें हैं, जो हमारा ध्यान उस ओर से हटानेवाली हैं। अध्ययन से पता चला है कि मनोयोग की क्षमता और अवधि दोनों ही सीमित होती हैं।

• **मनोयोग चयनात्मक होता है**—चूँकि मनोयोग एक सीमित संसाधन है, इसलिए हमें यह तय करना होता है कि किस कार्य या विषय पर हमें अपना ध्यान या मनोयोग लगाना है। इसमें हमें यह सावधानी बरतने की जरूरत होती है कि कहीं किसी एक कार्य या विषय पर ज्यादा ध्यान देने के चक्कर में हम अन्य कम महत्त्वपूर्ण कार्यों या विषयों को पूरी तरह उपेक्षित न कर दें।

• मनोयोग हमारी मनोवैज्ञानिक व्यवस्था का एक मूलभूत हिस्सा है, जो हमारे जन्म के समय मौजूद रहता है। हमारी प्रतिक्षेप क्रियाएँ यह तय करती हैं कि हमें अपने परिवेश में किन घटनाओं या विषयों पर मनोयोग लगाना है। नवजात बच्चों का ध्यान अपने आसपास उत्पन्न होनेवाली ध्वनियों की ओर होता है। उसके गालों का स्पर्श उसकी प्रतिक्षेप क्रिया को प्रेरित करता है, जिससे बच्चा अपना सिर घुमा लेता है। इस प्रकार, इससे उसे एक तरह का पोषण मिलता है। इस प्रकार की प्रतिक्षेप क्रियाएँ जीवन भर हमें किसी-न-किसी तरह पोषित करती रहती हैं।

पढ़ाई के दौरान आप जो कुछ पढ़ते हैं, उस पर स्थायी रूप से ध्यान केंद्रित करने की जरूरत होती है, तभी वह आपकी दीर्घकालिक स्मृति का एक स्थायी हिस्सा बन पाता है। इसके लिए चित्त की एकाग्रता बहुत जरूरी है। कई विद्यार्थियों के लिए यह एक बड़ी चुनौती होती है। एकाग्रता की कमी के कारण वे कुछ ही मिनट तक पढ़ाई पर ध्यान दे पाते हैं, उसके बाद उनका मन भटकने लगता है। युवा पीढ़ी में मन की एकाग्रता की समस्या को लेकर सोशल मीडिया में काफी कुछ

किया जा चुका है। टी.वी. और अन्य इलेक्ट्रॉनिक उपकरण आज की युवा पीढ़ी का ध्यान अपनी ओर आकर्षित कर रहे हैं, जिसके चलते मन को एकाग्र करके पढ़ने-सीखने की युवाओं की क्षमता कम होती जा रही है। क्या यह जन-धारणा सही है? जी हाँ।

विविध प्रकार के इलेक्ट्रॉनिक मनोरंजन का हस्तक्षेप हमारे जीवन में इस तरह बढ़ गया है कि हम ज्यादा समय तक किसी चीज पर अपना ध्यान केंद्रित ही नहीं कर सकते। म्यूजिक, वीडियो और व्यावसायिक विज्ञापनों के बीच में थोड़े-थोड़े समय का प्रोग्राम—ये सब इसमें खलनायक की भूमिका निभानेवाले हैं। लेकिन बात यहीं तक सीमित नहीं है। जीवन और भी जटिल है तथा और भी कई ऐसी चीजें हैं, जो हमारी एकाग्रता को भंग करने का काम करती हैं। आज हमारे पास अपना समय बिताने के साधनों के रूप में कई विकल्प मौजूद हैं। इस प्रकार, हमारे पास यह तय करने की स्वतंत्रता आ जाती है कि हम जिस प्रकार चाहें, अपना समय बिता सकते हैं। इससे सबसे बड़ा नुकसान यह होता है कि हम किसी एक विषय या काम पर ज्यादा देर तक टिककर काम नहीं कर पाते।

तो क्या यह स्थिति स्थायी है? नहीं। तो क्या अपनी एकाग्रता में सुधार लाने और उसे बढ़ाने के लिए हम कुछ कर सकते हैं? जी हाँ! और आपको जानकर आश्चर्य होगा कि यह काम सीधा सा है; आसान नहीं, लेकिन सीधा सा जरूर है। सबसे पहले तो अच्छी एकाग्रता से जुड़ी तीन मौलिक बातों को समझें। जब आप समस्या की प्रकृति से वाकिफ हो जाएँ तो उसके हल की कुछ तकनीकें स्वयं ही स्पष्ट हो जाती हैं।

एकाग्रता किससे भंग होती है?

एकाग्रता की कमी का मतलब ध्यान भंग करनेवाले तत्त्वों की जीत है। ध्यान भंग करनेवाले ये तत्त्व तीन तरह के होते हैं—बाह्य परिवेश से जुड़े तत्त्व, हमारे अंतर्मन से जुड़े तत्त्व और ऐसे तत्त्व, जो हमारे मन की अनिश्चितता के कारण उत्पन्न होते हैं।

बाह्य परिवेश से जुड़े कारक

हमारे भौतिक परिवेश में ऐसी बहुत सारी चीजें होती हैं, जो हमारी एकाग्रता को भंग करने में सहायक होती हैं, जिनमें से कुछ प्रमुख हैं—

- कम प्रकाश,

- गली का शोर,
- म्यूजिक और टी.वी.,
- कमरे का ज्यादा गरम या ज्यादा ठंडा होना,
- आसपास मौजूद लोगों की बातचीत,
- बैठने के स्थान या कुरसी का आरामदायक न होना,
- दूसरे कामों की जिम्मेदारी या यार-दोस्तों का हस्तक्षेप।

आपके पास ऐसे कई लोग होंगे, जो एकाग्रता भंग करनेवाले इन कारकों से परेशान होंगे।

आंतरिक परिवेश या अंतर्मन से जुड़े कारक

ध्यान भंग करनेवाले कुछ कारक ऐसे होते हैं, जो हमारे अंदर से उत्पन्न होते हैं, जो अन्य कारकों—जैसे प्रकाश, बैठने का आरामदायक स्थान आदि—के अनुकूल होने के बावजूद आपको एकाग्रचित्त नहीं होने देते।

- खराब व असंतुलित आहार,
- नींद की कमी,
- व्यायाम की कमी,
- बीमारी या शरीर के किसी अंग में चोट।

इस प्रकार के आंतरिक कारक प्रायः मानसिक तनाव के रूप में प्रकट होते हैं और हमारे मनोयोग या एकाग्रता को कई तरह से प्रभावित करते हैं—

- आपसी संबंधों में गड़बड़ी,
- परिवार के सदस्यों या मित्रों के साथ क्लेश,
- पैसे को लेकर चिंता या अन्य जरूरी काम या कोर्स की चिंता।

आपकी एकाग्रता में बाधक बननेवाले इन सब कारकों को दूर किया जा सकता है। इनमें से कई कारक ऐसे हैं, जिन्हें आप स्वयं नियंत्रित कर सकते हैं। जिन कारकों पर आपका नियंत्रण है, उन पर काम करें और जिन पर नियंत्रण नहीं है, उन्हें (कम-से-कम उतनी देर के लिए) भूल जाएँ।

कई विद्यार्थी टी.वी., म्यूजिक सिस्टम और वीडियो गेम के आदी हो जाते हैं। इस प्रकार ये चीजें उनके लिए मनोरंजन का साधन कम और एकाग्रता या ध्यान-शक्ति को नुकसान पहुँचानेवाले और समय बितानेवाले साधन ज्यादा बन जाते हैं।

जब आपका मन पढ़ने का या कोई अन्य जरूरी काम करने का हो, उस समय इस तरह की चीजों से स्वयं को दूर रखें। यहाँ मेरी बात का गलत अर्थ न लगाएँ।

मुझे भी अपने आई पॉड (iPod) से बहुत लगाव है और मेरे भी कुछ पसंदीदा टी.वी. शो हैं, जिन्हें मैं कभी नहीं छोड़ता। लेकिन हाँ, जब मुझे किसी काम पर ध्यान केंद्रित करना होता है, उस समय ये सब चीजें बंद रहती हैं। अपने पसंदीदा टी.वी. शो मैं रिकॉर्ड कर लेता हूँ और काम पूरा कर लेने के बाद उसे अपने लिए एक इनाम के रूप में देखता हूँ। मेरा आईपॉड पढ़ाई से बचने के लिए नहीं, बल्कि दिमाग को विश्राम देने के लिए है।

पढ़ाई करने के लिए उपयुक्त स्थान तैयार करने के लिए दिशा-निर्देशों का पालन करें। पढ़ाई के लिए किताब खोलने से पहले अपने मन को शांतचित्त और तनावमुक्त बनाने की कोशिश करें। पढ़ाई के लिए जरूरी आदर्श शारीरिक व मानसिक अवस्था में बने रहने की हरसंभव कोशिश करें।

- आहार-विहार बहुत महत्त्वपूर्ण है। फलों और साग-सब्जियों का ज्यादा-से-ज्यादा सेवन करें। पढ़ाई के लिए बैठने से पहले ज्यादा वसा और शर्करायुक्त भोजन लेने से बचें।
- जीवन में संतुलन बनाने की कोशिश करें। जीवन में काम के साथ-साथ थोड़ी मौज-मस्ती भी जरूरी है। इससे काम पर ध्यान केंद्रित करना आसान हो जाता है।
- कुछ समय व्यायाम के लिए निकालें। शरीर चुस्त-दुरुस्त हो तो मन भी चुस्त-दुरुस्त रहता है। अगर आप खेलकूद में दिलचस्पी नहीं लेते तो रोज कुछ दूर पैदल चलने की आदत डालें।
- भरपूर नींद लें। पढ़ाई या काम के दबाव के चलते अपनी नींद न छोड़ें। अगर आपके तन-मन को पर्याप्त आराम नहीं मिलता तो पढ़ाई में लगाए गए आपके समय का 30 से 70 प्रतिशत बेकार चला जाता है।

जब भी आप पढ़ाई के लिए बैठें, उससे पहले एक निश्चित उद्देश्य तय कर लें कि आपको क्या पढ़ना है, कितना पढ़ना है और कितनी देर तक पढ़ना है। इससे पढ़ाई पर ध्यान केंद्रित करना आसान हो जाता है। अगर रोज-रोज पढ़ी जानेवाली बातें याद रखने की कोशिश में आपकी एकाग्रता या ध्यानशीलता प्रभावित हो रही है तो उन्हें लिख लें। इससे उन्हें याद करना आसान हो जाता है।

लोग ज्यादा-से-ज्यादा जानकारियाँ अपनी स्मृति में रखने की कोशिश में अपने तनाव को और बढ़ाने का ही काम करते हैं। अतः बेहतर यह होता है कि जीवन या परिवार-समाज से जुड़ी कुछ विशेष बातों—जैसे दादा-दादी की सालगिरह, भाई-बहन या भतीजे का जन्मदिन आदि—को याद रखा जाए और बाकी जानकारियों

को लिखकर रख लिया जाए। इससे उनके स्मृति से निकलने जैसी समस्या नहीं रह जाएगी।

चिंता के विषयों या कामों की एक सूची बना लें

अगर कुछ ऐसी बातें हैं, जो आपके लिए चिंता का कारण बन रही हैं और जिनसे आपको पढ़ाई में मन लगाने में दिक्कत हो रही है—उदाहरण के लिए, कोई व्यक्तिगत समस्या या पैसे की समस्या, तो उन समस्याओं की एक सूची बना लें। इससे आपकी समस्याएँ दूर तो नहीं होंगी, लेकिन उनसे मानसिक तौर पर कुछ राहत जरूर मिल जाएगी, क्योंकि इससे कुछ समय के लिए आप अपनी पढ़ाई पर ध्यान केंद्रित कर पाएँगे। बाद में जब आपका पढ़ाई का काम पूरा हो जाए तो उन समस्याओं पर काम करें।

आक्रामक रणनीति का सहारा लें

ऊपर जो तकनीकें बताई गई हैं, वे ध्यान भंग करनेवाले कारकों से निपटने के लिए कारगर तो हैं, लेकिन उनका स्वरूप रक्षात्मक है। इसके साथ-ही-साथ आपको अपनी एकाग्रता बढ़ाने पर भी काम करना है, यानी रक्षात्मक के साथ-साथ आक्रामक रुख भी अपनाकर चलना है।

यह तकनीक कुछ वैसी ही है, जैसे सप्ताहांत में जॉगिंग पर निकलनेवाले वे लोग अपनाते हैं, जो मैराथन धावक बनने की इच्छा रखते हैं। जैसे-जैसे आपकी एकाग्रता बढ़ेगी, वैसे-वैसे आपका पढ़ाई का समय भी बढ़ता जाएगा। ऐसा सोचना व्यावहारिक नहीं है कि आप अपनी एकाग्रता को एक मिनट से बढ़ाकर सीधे आधा घंटा कर सकते हैं।

आपको पढ़ाई में अपनी एकाग्रता का समय धीरे-धीरे बढ़ाना होगा; फिर जल्दी ही आप अपनी एकाग्रता को बढ़ाकर दोगुना और तीन गुना तक कर लेंगे। इसके लिए यह आसान-सी तकनीक अपनाएँ—

पहला कदम—पढ़ने के लिए पहले से कम-से-कम दो या तीन काम तैयार रखें।

दूसरा कदम—पहले की तरह पढ़ाई शुरू करें।

तीसरा कदम—जैसे ही आपको लगने लगे कि आपका मन भटक रहा है या कोई निजी समस्या आपको चिंतित कर रही है, जिसके कारण पढ़ाई की ओर से आपका मन हट रहा है तो तुरंत पढ़ना बंद कर दें।

चौथा कदम—अगर वह बात ऐसी है, जिसे आपको अपनी रिमाइंडर सूची में लिखना चाहिए तो उसे तुरंत लिख लें।

पाँचवाँ कदम—जो दो या तीन विषय आपने पढ़ने के लिए निर्धारित कर रखे हैं, उनमें से दूसरा विषय पढ़ने के लिए अपना मन बनाएँ; लेकिन उसे पढ़ना शुरू करें, इससे पहले एक छोटा सा काम करें।

छठा कदम—पहलेवाले विषय, जो आप अब तक पढ़ रहे थे, में थोड़ा सा कुछ और पढ़ लें। उदाहरण के लिए, अगर गणित विषय पढ़ रहे थे तो उसमें एक सवाल और कर लें या अगर इतिहास पढ़ रहे थे तो एक पेज और पढ़ लें। इस थोड़े से काम पर अपना ज्यादा-से-ज्यादा ध्यान केंद्रित करने की कोशिश करें।

सातवाँ कदम—अगर इस विषय में दोबारा आपका ध्यान लग जाए तो भी एक अतिरिक्त सवाल या पेज पूरा कर लेने के बाद उसे बंद कर दें और दूसरा विषय पढ़ना शुरू कर दें।

आठवाँ कदम—फिर से यही प्रक्रिया दोहराएँ। इस आसान-सी प्रक्रिया का उद्देश्य आपको उन बातों से परे ले जाना है, जो आपकी एकाग्रता में बाधक का काम कर रहे हैं। वह एक अतिरिक्त सवाल या एक अतिरिक्त पेज जब आप सफलतापूर्वक पूरा कर लेते हैं तो आपके अंदर एक सकारात्मकता आती है, जो आपकी एकाग्रता और मनोयोग को बढ़ाने में सहायक होती है।

कठिन विषय-बिंदुओं पर ज्यादा ध्यान दें। क्या आपने कभी ध्यान दिया है कि अध्याय के शुरू या अंत में जो जानकारी दी गई होती है, उसे याद करना अपेक्षाकृत आसान होता है? शोधकर्ताओं ने पता लगाया है कि किसी विषय से संबंधित सूचनाओं को याद करने में उनके क्रम की भूमिका भी महत्त्वपूर्ण होती है, जिसे 'क्रम स्थिति प्रभाव' के नाम से जाना जाता है। विषय के मध्य की जानकारियों को याद करना अपेक्षाकृत मुश्किल होता है। उनके लिए आपको अतिरिक्त समय देने की जरूरत पड़ती है।

पढ़ाई की दिनचर्या में बदलाव लाते रहें

एकाग्रता और स्मरण-शक्ति को बढ़ाने के लिए बीच-बीच में अपनी पढ़ाई की दिनचर्या बदलते रहें। आपकी किसी एक खास जगह पर पढ़ने की आदत पड़ गई है तो अगले चरण की पढ़ाई के लिए वह जगह बदल दें। याद करने या रटनेवाला काम बिस्तर पर जाने से ठीक पहले करें। इससे याद की गई जानकारियों को आपका मस्तिष्क एक व्यवस्थित क्रम में सँजोकर स्मृति में बैठा लेता है। शोधकर्ताओं का

यह भी मानना है कि अगर आप रात में सोने से पहले अपनी समस्या पर चिंतन करें और फिर सोने के लिए जाएँ तो अगले दिन उस समस्या के हल पर पहुँचने की संभावना बढ़ जाती है।

स्मरण-शक्ति में सुधार लाने के लिए यह आसान-सा तरीका अपनाएँ—

- शांतचित्त हो जाएँ।
- जो चीजें आपको याद करनी हैं, उन्हें एक कागज पर लिख लें।
- (संभव हो तो) उसे जोर-जोर से बोलकर पढ़ें और दो या तीन बार दोहराएँ।
- अब मन से सारी चिंताएँ निकाल दें और सोने के लिए चले जाएँ।
- इससे पढ़ी गई बातें आपको ज्यादा समय तक याद रहेंगी और जरूरत पड़ने पर आप उनका उपयोग कर सकेंगे।

नींद जरूरी है—रात भर जागकर ज्यादा-से-ज्यादा पढ़ने या याद करने की रणनीति कोई अच्छी रणनीति नहीं है, क्योंकि इसका विपरीत प्रभाव भी पड़ सकता है। पर्याप्त नींद लिये बिना अगर आप लगातार पढ़ते रहते हैं तो आपकी ऊर्जा का इतना ह्रास हो जाएगा कि आप परीक्षा में कुछ अच्छा नहीं कर पाएँगे। अतः परीक्षा से पहलेवाली रात में याद करने या दोहराने का काम जरूर करें, लेकिन नींद पूरी करने के लिए पर्याप्त समय निकालकर। अगर आपको पढ़ने के लिए कुछ और समय की जरूरत ही है तो रात में जल्दी सोकर अगले दिन सुबह जल्दी उठ जाएँ और अपना पढ़ने या दोहराने का काम पूरा कर लें। एक दैनिक पत्र में प्रकाशित एक लेख के अनुसार, नींद की कमी से हमारे मस्तिष्क में 'बीटा एमिलॉयड' नामक टॉक्सिन प्रोटीन की मात्रा बढ़ जाती है, जो हमारे मस्तिष्क में अवरोध पैदा करता है। नींद पूरी न होने से याद की जानेवाली चीजें जल्दी भूल जाती हैं। हाल के अध्ययन से पता चला है कि कोई चीज पढ़ने के बाद एक झपकी ले लेने से उसे याद रखने में बहुत मदद मिलती है। एक अन्य अध्ययन के अनुसार, कुछ नया पढ़ने या सीखने के बाद सोने से हमारे मस्तिष्क में कुछ भौतिक बदलाव आते हैं, जो हमारी स्मरण-शक्ति को बढ़ाने में सहायक होते हैं।

अवलोकन कौशल

अवलोकन कौशल में पूरे मस्तिष्क की संलग्नता होती है। यदि आपका अवलोकन कौशल औसत या निम्न स्तर पर है तो इसका आपके व्यक्तित्व के साथ-साथ जीवन में आपकी सफलता पर भी बहुत असर पड़ता है।

चीजों को देखने-समझने और उनकी बारीकियों को जानने-समझने के लिए अपने मस्तिष्क के विविध अवयवों का उपयोग करना पड़ता है। कुछ लोग खुशकिस्मत होते हैं, जिनमें यह कौशल जन्मजात होता है, लेकिन ज्यादातर मामलों में प्रशिक्षण और उपयुक्त परिवेश के द्वारा इसका विकास किया जाना होता है।

अवलोकन कौशल से युक्त व्यक्ति अपने आसपास की चीजों को देख-समझकर पूरे माहौल को आसानी से समझ लेता है तथा उससे जुड़ी सभी सामान्य और असामान्य बातों को याद कर लेता है। बात चाहे पढ़ाई की हो या फिर नौकरी-व्यवसाय की, अच्छी अवलोकन क्षमता आपकी सफलता की संभावनाओं को बढ़ा देती है। हालाँकि बहुत से लोग इसे बहुत हलके में लेते हैं। उच्च कोटि की अवलोकन क्षमतावाला व्यक्ति चीजों के अनुलोम और विलोम—दोनों पक्षों तथा उनसे जुड़ी बारीकियों को देखता है। वह सामनेवाले व्यक्ति के हाव-भाव को देख-समझ सकता है, समस्याओं के स्वरूप को समझकर उनका उपयुक्त हल निकाल सकता है। किसी चीज को बेहतर ढंग से समझने के लिए उसके महत्त्वपूर्ण पहलुओं की एक से अधिक बार समीक्षा करनी पड़ सकती है। 'स्नैच एंड चिकन चा चा चा' (Snatch and Chicken Cha Cha Cha) जैसे मेमोरी गेम आपके अवलोकन कौशल को बढ़ाने में सहायक हो सकते हैं।

अवलोकन कौशल में निखार लाने के लिए कुछ महत्त्वपूर्ण तरीके इस प्रकार हैं—

- चीजों पर ध्यान दें।
- माइंड मैप (मानसिक मानचित्र) का प्रयोग करते हुए महत्त्वपूर्ण बिंदुओं को लिख लें।
- मित्रों के साथ मेमोरी और ऑब्जरवेशन गेम खेलें। उदाहरण के लिए, एक-दूसरे को अपने आसपास या कमरे में मौजूद चीजों को एक बार देखकर लिखने और याद करने के लिए कहें। इसी तरह के कुछ पिक्चर गेम भी खेले जा सकते हैं।
- अच्छे श्रोता बनें। बोलनेवाले की बातों पर ध्यान दें और महत्त्वपूर्ण बिंदुओं को लिख लें।
- खूब पढ़ें—समाचार-पत्रों, पत्रिकाओं एवं किताबों को ध्यानपूर्वक पढ़ें और माइंड मैप के आधार पर देखें कि आपने कितना सीखा।

पेशागत विकृति या पूर्वग्रह

एक आदमी ऋण लेकर एक कंपनी शुरू करता है, लेकिन उसमें उसे नुकसान होता है और वह दिवालिया हो जाता है। वह अवसाद में डूब जाता है और निराश होकर अंत में आत्महत्या कर लेता है।

इस कहानी से आपने क्या समझा? आप जानना चाहेंगे कि आखिर उसका व्यवसाय कामयाब क्यों नहीं हुआ? क्या उसके अंदर व्यावसायिक या नेतृत्व कौशल की कमी थी? क्या उसकी रणनीति ठीक नहीं थी? या फिर उसे बाजार नहीं मिला और प्रतिस्पर्धा बहुत कड़ी थी? यह तो हुआ व्यावसायिक दृष्टि से विश्लेषण। अब, अगर आप बाजार विशेषज्ञ हैं तो यह जानना चाहेंगे कि क्या उसकी बाजार और विज्ञापन रणनीति दोषपूर्ण थी और वह अपने लक्षित उपभोक्ता वर्ग तक नहीं पहुँच पाया? अगर आप फाइनेंशियल यानी वित्त विशेषज्ञ हैं तो आप जानना चाहेंगे कि क्या ऋण उसके लिए उपयुक्त साधन था? अगर आप स्थानीय पत्रकार या संवाददाता हैं तो आप पूरी कहानी को अलग ही नजर से देखेंगे—अच्छा हुआ, कम-से-कम हमें एक सनसनीखेज कहानी तो मिली। अगर आप लेखक हैं तो आप सोचेंगे कि किस प्रकार इसे एक दु:खांत कथा का रूप दिया जा सकता है। अगर आप बैंकर हैं तो आपको लगेगा कि ऋण डिपार्टमेंट में कुछ गड़बड़ हुई होगी। अगर आप समाजवाद के पक्षधर हैं तो इसे आप पूँजीवाद की असफलता बताएँगे। अगर आप धर्म-कर्म में ज्यादा विश्वास रखनेवाले हैं तो आप इसे भगवान् का दंड बताएँगे। इसी तरह, अगर आप मनोरोग विशेषज्ञ हैं तो आप इसका कारण उस आदमी के मस्तिष्क में सेटोटोनिन लेवल का कम होना बताएँगे। अब इन सब में से कौन सा दृष्टिकोण सही है?

एक भी नहीं। मार्क ट्वेन (Mark Twain) के अनुसार, ''अगर हथौड़ा आपका एकमात्र औजार है तो आपकी समस्या कीलों से ही जुड़ी होगी।'' यह 'डिफॉर्मेशन प्रोफेशनेल' (Deformation Professionnelle) से उद्धृत एक अंश है। वॉरेन बफेट (Warren Buffett) के बिजनेस पार्टनर चार्ली मंगर (Charlee Munger) ने इसे 'मैन विद द हैमर टेंडेंसी' (Man with the Hammer Tendencay) नाम दिया—''लेकिन इस तरह सोचना और काम करना बहुत घातक हो सकता है। तो आपके पास विविध मॉडल होने चाहिए और वे मॉडल अलग-अलग संकाय से हों, क्योंकि दुनिया का सारा ज्ञान एक ही शैक्षिक संकाय से तो नहीं मिल सकता।''

डिफॉर्मेशन प्रोफेशनेल यानी पेशागत विकृति के कुछ उदाहरण इस प्रकार हैं—कोई सर्जन है तो वह सब बीमारियों का इलाज चीर-फाड़ से ही करना चाहेगा, भले ही मरीज के दवाई से ठीक होने की संभावना मौजूद हो। सेना का झुकाव समस्या के सैन्य समाधान की ओर होगा। इंजीनियर का झुकाव ढाँचागत हल की ओर होगा। प्रवृत्तियों का विश्लेषण करनेवाले विशेषज्ञ हर चीज में एक प्रवृत्ति देखेंगे। कुल मिलाकर बात यह है कि हर कोई समस्या को अपने पेशे से जोड़कर देखता है और उसके अनुसार ही उसका हल निकालना चाहता है।

तो इसमें गलत क्या है ? कोई व्यक्ति जो कुछ जानता है, उसी का उपयोग तो करना चाहेगा। पेशागत पूर्वग्रह उस स्थिति में घातक बन जाता है, जब कोई व्यक्ति उस क्षेत्र में भी अपनी दक्षता का इस्तेमाल करने लगता है, जो उसके पेशे से जुड़ा नहीं होता है। निश्चित रूप से आपका सामना ऐसे लोगों से हुआ होगा—अध्यापक, जो अपने मित्रों को भी अपने शिष्यों/विद्यार्थियों की तरह डाँटने-डपटने लगते हैं; नई-नई माँ बनी कोई महिला, जो अपने पति के साथ अपने बच्चे जैसा बरताव करने लगती है या एक्सल स्प्रेड शीट, जो हर कंप्यूटर पर दिखाई देती है, भले ही उसकी जरूरत न हो। उदाहरण के लिए, दस वर्षीय फाइनेंशियल प्रोजेक्शन तैयार करने में या डेटिंग साइट से संभावित दोस्तों या प्रेमी/प्रेमिकाओं की तुलना करने में एक्सल स्प्रेड शीट को आज के जमाने का सबसे खतरनाक आविष्कार माना जा सकता है।

कई बार लोग अपने स्वयं के क्षेत्र में भी इस पेशागत विकृति या पूर्वग्रह में फँस जाते हैं। साहित्यिक समीक्षक विभिन्न लेखकों के संदर्भ ग्रंथों, प्रतीकों और निहित संदेशों को ढूँढ़ निकालने में कुशल होते हैं। एक उपन्यासकार होने के नाते मुझे लगता है कि साहित्यिक समीक्षक और बिजनेस जर्नलिस्ट सब एक जैसा काम करते हैं। वे शब्दों को तोड़-मरोड़कर उन्हें अलग रंग देने में दक्ष होते हैं।

निष्कर्ष यह है कि अगर आप अपनी समस्या किसी विशेषज्ञ के पास लेकर जाते हैं तो ऐसी अपेक्षा न करें कि उसके द्वारा सुझाया गया हल ही सर्वोत्तम हल होगा। हाँ, उससे आपको समस्या के समाधान का एक तरीका जरूर मिल सकता है। मस्तिष्क कोई सेंट्रल कंप्यूटर नहीं, बल्कि स्विस आर्मी की तलवार जैसा है, जिसमें अलग-अलग काम के लिए अलग-अलग टूल होते हैं। दुर्भाग्य की बात है कि हमारे 'पॉकेट नाइब्ज' (चाकू, जिसे हम जेब में रखते हैं) अधूरे होते हैं। अपने जीवन के अनुभवों और व्यावसायिक कुशलता के अनुरूप हमारे पास कुछ ब्लेड (पत्तियाँ) भी होते हैं। लेकिन स्वयं को और सुसज्जित करने के लिए हमें दो-तीन और हथियार अपने पास रखने चाहिए। उदाहरण के लिए, पिछले कुछ वर्षों से

मैं दुनिया का एक जैविक स्वरूप देख रहा हूँ और इस प्रकार, दुनिया की जटिल व्यवस्थाओं की एक नई समझ मैंने विकसित की है। अपनी कमजोरियों का पता लगाएँ और उनमें सुधार व संतुलन लाने के लिए उपयुक्त तकनीकें निकालें। किसी नए क्षेत्र की अवधारणाओं के साथ तालमेल बैठाने में लगभग एक वर्ष का समय लग जाता है; लेकिन इससे आपकी चिंतनशीलता में निखार आता है।

□

अध्याय-5

आधारभूत पढ़ाई

[हमारी सोच में कमी के कारण हमारे मस्तिष्क का रास्ता अवरुद्ध हो जाता है, जो हमारी निर्णय लेने की क्षमता को प्रभावित करता है। आप इन अवरोधों से आगे निकल सकते हैं। ऐसा मानकर न चलें कि किसी नए विषय पर आपको जो पहली जानकारी मिलती है, वह बिल्कुल सही है। इसलिए पढ़ना, सुनना, पूछना जारी रखें।]

आज का समाज ऐसा है, जिसमें पढ़ाई के बिना काम नहीं चलता। कई वयस्क आपको ऐसे मिल जाएँगे, जो दवाई की शीशी पर लिखी जानकारी भी नहीं पढ़ सकते। यह एक दुर्भाग्यपूर्ण स्थिति है, खासकर उनके बच्चों के लिए। ऐसे में कोई आवेदन-पत्र भरना है या सड़क पर अंकित यातायात संकेतों या सूचनाओं को पढ़ना है तो उन्हें दूसरे की मदद लेनी पड़ती है। इस प्रकार, ऐसे लोगों के लिए रोजमर्रा के काम भी मुश्किल हो जाते हैं।

- अच्छी नौकरी के लिए पढ़ाई एक जरूरी कौशल है। नौकरी में आपको रिपोर्ट पढ़ने, मेमो पढ़ने और उनका उत्तर देने की जरूरत पड़ सकती है, जिसके लिए आपमें पढ़ने यानी वाचन का कौशल होना जरूरी है। वैसे भी, अगर आप पढ़ने-लिखने में कुशल हैं तो आप चीजों को जल्दी समझ सकेंगे और इस प्रकार कार्यस्थल पर काम करने में आपको आसानी होगी।
- पढ़ाई से मस्तिष्क का विकास होता है। हमारे मस्तिष्क को भी व्यायाम की जरूरत होती है। पढ़ने से मस्तिष्क का अच्छा व्यायाम हो जाता है। छोटे बच्चों को पढ़ना सिखाया जाए तो उनमें भाषा कौशल का विकास होता है। इससे उन्हें सुनना सीखने में भी मदद मिलती है। बोलना हर

कोई चाहता है, लेकिन सुनने की क्षमता बहुत कम लोगों में होती है। सुनने की क्षमता कम होने से लोगों को नौकरी, वैवाहिक संबंधों आदि मामलों में कई बार नुकसान उठाना पड़ जाता है।

- तो पढ़ना इतना महत्त्वपूर्ण क्यों है? पढ़कर ही हम विभिन्न नई-नई चीजों की जानकारी प्राप्त कर पाते हैं। पुस्तकें, पत्र-पत्रिकाएँ और इंटरनेट—सब ज्ञान का खजाना हैं; लेकिन इसका लाभ तभी उठाया जा सकता है, जब आपके पास पढ़ने का कौशल हो। अगर आपके पास पढ़ने का कौशल है तो आप जीवन के किसी भी क्षेत्र में स्वयं को शिक्षित कर सकते हैं। आज हमारे पास सूचना के अनगिनत माध्यम उपलब्ध हैं; लेकिन ये सब आपके लिए तभी उपयोगी सिद्ध हो सकते हैं, जब आप पढ़ना जानते हों।
- पढ़ने से हमारी कल्पना-शक्ति का विकास होता है। टी.वी. और कंप्यूटर गेम भी मस्तिष्क के विकास में सहायक हैं; लेकिन इनका ज्यादा उपयोग मनोरंजन के साधन के रूप में ही होता है, जिसमें चिंतन या कल्पना की जरूरत नहीं होती। पढ़ने में रुचि रखनेवाले लोग पुस्तकों, उपन्यासों, पत्र-पत्रिकाओं के माध्यम से पूरी दुनिया की सैर कर सकते हैं; जबकि न पढ़ पानेवाले लोग इस सुख से वंचित ही रह जाते हैं।
- पढ़ने से आत्मविश्वास भी बढ़ता है। कम पढ़ने या न पढ़नेवाले लोगों में प्राय: आत्मविश्वास की कमी देखी जाती है।

हमारा मस्तिष्क प्रश्नों का उत्तर देनेवाला एक शक्तिशाली इंजन है, जो हमारे द्वारा पूछे जानेवाले प्रश्नों का उत्तर देता है; लेकिन यहाँ हमें यह ध्यान रखने की जरूरत होती है कि हम उससे किस तरह के प्रश्नों का उत्तर माँग रहे हैं। अगर आप अपने मस्तिष्क से बार-बार पूछें कि 'आखिर मैं असफल क्यों हुआ?' या 'आखिर मेरे साथ क्या गड़बड़ है?' तो आपका मस्तिष्क आपको उत्तर देगा। इसी तरह, अगर आप पूछें कि 'सफलता प्राप्त करने के लिए मुझे क्या करना चाहिए?' या 'इस कोर्स में 'ए' ग्रेड लाने के लिए मुझे क्या करना चाहिए?' तो आपका मस्तिष्क इसका उत्तर भी आपको बताएगा।

अगर आप अपने मन को सफलता के रास्ते की तलाश में लगा दें तो आप पाएँगे कि सफलता तक ले जानेवाले कई रास्ते आपके सामने मौजूद हैं। यह कोई जादू या चमत्कार नहीं है, बल्कि हमारे मस्तिष्क की विशेषता ही यही है कि इसे

आप पूरे मनोयोग से जिस काम में लगा दें, उससे जुड़ी हर तरह की बातों की जानकारी वह आप तक उपलब्ध कराएगा।

दिन भर अनगिनत बौद्धिक और भावनात्मक गतिविधियाँ या घटनाक्रम हमारे सामने आते-जाते रहते हैं। उन सबको अपने चेतन मन में अंकित करके रखना संभव नहीं होता। आपका मस्तिष्क उनमें से 11 प्रतिशत की स्क्रीनिंग करता है और आपकी सोच व प्राथमिकताएँ यह तय करेंगी कि वह 1 प्रतिशत भाग कौन सा है, जो चेतन मन तक पहुँचनेवाला है। इस पर विचार करें।

उदाहरण के लिए, अगर आप गोल्फ में दिलचस्पी नहीं लेते हैं और उसके बारे में आपके मन में कोई खयाल नहीं आता है तो आप गोल्फ के बारे में कुछ भी नहीं जान पाएँगे। परंतु अगर किसी दिन आपका कोई मित्र आए और आपको अपने साथ गोल्फ खेलने के लिए ले जाए तो एक राउंड गोल्फ खेलने के बाद आप स्वयं को एक अलग ही दुनिया में महसूस करेंगे। अब आपका ध्यान एकदम ही अपने आसपास के गोल्फ कोर्सों की ओर जाने लगेगा, जिनके बारे में पहले कभी आप सोचते तक नहीं थे; साथ ही विभिन्न गोल्फिंग स्कूलों, गोल्फिंग स्टोरों और ड्राइविंग रेसों में भी आपकी दिलचस्पी बढ़ने लगेगी। ऐसा नहीं है कि ये सब चीजें पहले वहाँ मौजूद नहीं थीं; मौजूद थीं, लेकिन अब तक आपके मस्तिष्क ने उनकी ओर ध्यान नहीं दिया था।

जीवन के संदर्भ में भी सबकुछ ऐसा ही होता है। अगर आपको लगता है कि आप नाकामयाब हैं और सारी दुनिया आपके खिलाफ है तो आपका मस्तिष्क इसकी पुष्टि के लिए ढेर सारे प्रमाण आपके सामने लाकर रखने लगेगा। इसके विपरीत, अगर आपको लगता है कि आप कामयाब हैं या कामयाबी को लेकर प्रतिबद्ध हैं तो आपका मस्तिष्क ऐसी अनेक बातें आपके सामने लाकर रखने लगेगा, जिनसे आपको लगेगा कि आप सचमुच सबकुछ कर सकते हैं।

परंतु सबकुछ इतना आसान नहीं है। अवसर आपके सामने होता है, लेकिन उसका फायदा उठाने के लिए आगे तो आपको ही बढ़ना पड़ेगा। अगर आप आजीवन सीखने की प्रक्रिया में संलग्न होकर उससे उत्पन्न होनेवाले अवसरों का लाभ उठाते हुए कामयाबी के रास्ते पर आगे बढ़ना चाहते हैं तो इसके लिए आपको अपने अंदर निष्ठा, लगन और आत्मविश्वास का सहारा लेना होगा।

केजन (Kaizen)—केजन जापानी उद्योग की सफलता का प्रतीक माना जाता है। इस सिद्धांत के अंतर्गत दिन-प्रतिदिन सतत और वृद्धिमान सुधार पर बल दिया जाता है। इसका संबंध मार्शल आर्ट में सफल युद्ध प्रशिक्षण के लिए आवश्यक

दृष्टिकोण से है। सफलता एक दिन में नहीं आती है। यह एक सतत प्रक्रिया है, जिस पर दिन-प्रतिदिन काम करना होता है। ये दिन-प्रतिदिन के प्रयास जब इकट्ठे हो जाते हैं तो उनकी परिणति एक बड़े बदलाव या सफलता के रूप में होती है।

समस्याओं के अध्ययन या समाधान के लिए क्विकफिक्स जैसी कोई चीज नहीं होती है, जो हर स्थिति-परिस्थिति में स्थायी रूप से काम आए। हाँ, कुछ ऐसे आधार-बिंदु या संकेत-बिंदु जरूर मिल सकते हैं, जो तात्कालिक स्थिति-परिस्थिति में सहायक हों। इस प्रकार, हर रोज, हर सप्ताह, हर माह अपने अध्ययन की आदत में सुधार लाते हुए आप एक दिन बड़े बदलाव तक पहुँच सकते हैं।

नियमितता—आपको धीरे-धीरे ही सही, लेकिन अपनी पढ़ाई की आदत में नियमितता लानी होगी। हर रोज जो भी अवसर आपके सामने उपस्थित होते हैं, उसे नियमित रूप से अपने अनुकूल उपयोग में लाते रहना होगा, तभी धीरे-धीरे आप सफलता तक पहुँच पाएँगे।

सफलता कोई सामाजिक या आपात्कालिक चीज नहीं है; इसलिए पुस्तक में बताई गई तकनीकों का प्रयोग इस आधार पर न करें कि किसी विशेष परिस्थिति में इन्हें अपनाकर चलें और बाद में फिर अपनी उसी पुरानी आदत पर आ जाएँ। पढ़ाई से जुड़े हर काम में इनका एक समान रूप से उपयोग करें, आपको वांछित परिणाम जरूर मिलेगा।

जुनून—सफलता जब एक जुनून बन जाती है तो आपके अंदर एक ऐसी ऊर्जा पैदा करती है कि आप स्वयं ही गतिशील होने लगते हैं। पढ़ने या सीखने के संदर्भ में भी यही बात लागू होती है। यह सोचकर कि आप कुछ भी सीख सकते हैं—आपके अंदर एक जज्बा पैदा होता है, जो हर छोटी-छोटी सफलता के साथ बढ़ता ही जाता है।

सफलता को अपने उत्साहवर्धन का माध्यम बना लें। सीखने या पढ़ने की सफलता परीक्षा या कोर्स विशेष तक ही सीमित नहीं होती, क्योंकि सीखने की प्रक्रिया आजीवन सतत रूप से चलती रहती है। अत: पढ़ने और सीखने को एक आदत बना लें। पढ़ना कई तरह का होता है—आप किसी रेस्तराँ में जाते हैं, वहाँ मेन्यू में पढ़कर जानते हैं कि क्या-क्या चीजें उपलब्ध हैं—यह भी पढ़ना हुआ; किसी का नाम और फोन नंबर तलाशने के लिए आप फोन बुक में पढ़ते हैं—यह भी पढ़ना हुआ; डॉक्टर के क्लीनिक में अपनी बारी की प्रतीक्षा करते हुए वहाँ पड़ी पत्रिका को पढ़ना भी पढ़ना हुआ। आप कोई बेस्ट सेलिंग पुस्तक पढ़ते हैं, उसका एक-एक शब्द पढ़ते हैं, भले पुस्तक पूरी होने के बाद उसमें से

एक भी शब्द आपको याद न रहे—यह भी पढ़ना हुआ। इसी तरह अलग-अलग प्रकार की प्रकाशित सामग्री भी हम पढ़ते हैं—यह भी पढ़ना हुआ। इस प्रकार, यह सब पढ़ने यानी अध्ययन के अंतर्गत आता है; लेकिन इन सबका उद्देश्य और परिणाम अलग-अलग होता है। वास्तविक अर्थों में पढ़ना तब होता है, जब आप शब्दों या सामग्री को पढ़ें और उन्हें समझकर कुछ सीखें। पुस्तक के पृष्ठों पर जल्दी-जल्दी नजर दौड़ा लेने से पढ़ाई का उद्देश्य पूरा नहीं होता। पढ़ने का उद्देश्य तब पूरा होता है, जब आप पढ़ी जानेवाली सामग्री को पढ़कर उसमें निहित संदेश को समझ सकें।

एक आदर्श या सफल विद्यार्थी के रूप में आपके लिए अलग-अलग तरह की पढ़ाई और उनके उद्देश्यों के बारे में जानना जरूरी हो जाता है; क्योंकि उन सबकी उपयोगिता अलग-अलग समय पर और अलग-अलग रूप में होती है। फोन बुक को आप अपनी पाठ्य पुस्तक की तरह नहीं पढ़ते हैं; रेस्तराँ में आप जो मेन्यू पढ़ते हैं, उसे उस गहनता से नहीं पढ़ते हैं, जिस गहनता से किसी राजनेता की जीवनी पढ़ते हैं। अगर आप अपनी पाठ्य पुस्तक को फोन बुक की तरह पढ़ेंगे तो उस पढ़ाई से आप स्वयं को परीक्षा के लिए तैयार नहीं कर पाएँगे।

अध्ययन पढ़ाई का एक सबसे गहन रूप है, जिसमें पाठ्य पुस्तक या अन्य विभिन्न प्रकार की सामग्री को पढ़कर आत्मसात् किया जाता है। जब आप कुछ पढ़ते या देखते हैं तो आपका मस्तिष्क ढेर सारी सामग्री को समझकर उसे अपने पटल पर अंकित करता है; लेकिन इस प्रकार की सामग्री आपकी अल्पकालिक स्मृति में संचित होती है, जो स्थायी नहीं होती। उदाहरण के लिए, फोन बुक में आप दर्जनों नाम और उनके फोन नंबर देखते हैं। उनमें से सात अंकों का वांछित फोन नंबर निकालते हैं, जो आपके मस्तिष्क पटल पर आ जाता है। लेकिन डायल करने के दस मिनट बाद भी क्या वह नंबर आपको याद रह पाता है? नहीं, वह आपकी अल्पकालिक स्मृति से निकल चुका होता है।

अगर आप अपनी पाठ्य पुस्तक को उपन्यास की तरह तेज गति से पढ़ने लगें तो जाहिर-सी बात है कि आप पढ़ी गई सामग्री को ठीक से आत्मसात् नहीं कर पाएँगे। परिणामस्वरूप परीक्षा में आपका प्रदर्शन प्रभावित होगा। अतः पाठ्य पुस्तक को धीरे-धीरे और मनोयोग से पढ़ने की आदत डालें।

स्कूल में पाठ्यक्रम के अंतर्गत आपको ढेर सारी पुस्तकें या सामग्री पढ़नी होती है तो इसका मतलब यह बिल्कुल नहीं होना चाहिए कि आप जल्दी-जल्दी पढ़ते हुए अपना पाठ्यक्रम पूरा कर लें। अगर कोई प्रशिक्षक या प्रशिक्षण संस्थान

या फिर कोई पुस्तक आपकी पढ़ने की गति बढ़ाकर एक हजार शब्द प्रति मिनट करने का दावा करती है तो उसके चक्कर में न पड़ें; क्योंकि अगर आप समझकर पढ़ते हैं तो पढ़ाई की औसत गति 400 से 500 शब्द प्रति मिनट से ज्यादा नहीं हो सकती। औसत विद्यार्थी 250 से 300 शब्द प्रति मिनट तक की गति से पढ़ सकता है। अगर आप अपनी पढ़ने की गति इससे ज्यादा रखते हैं तो उसे अध्ययन नहीं कहा जाएगा, क्योंकि उस स्थिति में आप पढ़ी गई सामग्री को समझकर आत्मसात् नहीं कर पाएँगे।

अतः ऐसे दावों के चक्कर में न पड़ें, जिनमें आपकी पढ़ने की गति को अस्वाभाविक रूप से बढ़ाने की बात की जाती है। उसमें आप अपना पैसा और समय ही गँवाएँगे। हाँ, अगर आप पढ़ने में सुस्त हैं तो कुछ आसान तकनीकें अपनाकर आप अपनी पढ़ने की आदत में सुधार ला सकते हैं। इस प्रकार, आप अपने अध्ययन कौशल का उपयुक्त विकास कर सकते हैं। याद रखें कि जल्दी-जल्दी पढ़ना और याद रखना—दोनों काम एक साथ नहीं हो सकते।

ध्यान देनेवाली एक और बात यह है कि अध्ययन कौशल से जुड़ी अलग-अलग तकनीकें और अलग-अलग सिद्धांत वास्तव में अलग-अलग विषयों और अलग-अलग स्थितियों-परिस्थितियों के लिए अनुकूल हैं। कुछ लोग ऐसा दावा करेंगे कि उनकी तकनीक हर विषय और हर स्थिति-परिस्थिति के लिए अनुकूल है; लेकिन ऐसा व्यावहारिक रूप से संभव नहीं है।

अपना एक रूट मैप तैयार कर लें

प्रायः देखा जाता है कि लोग अध्ययन के लिए पुस्तक खोलते हैं और पहले ही पेज से पूरी गहनता से पढ़ना शुरू कर देते हैं—पहले से कोई भूमिका बनाए बिना ही। यह सबसे खराब आदत होती है। यह तो वैसे ही हुआ, जैसे मैप का अध्ययन किए बिना किसी लंबी यात्रा पर निकल जाना—आपको कहाँ जाना है और रास्ते में कहाँ-कहाँ से होकर गुजरना है, यह सबकुछ जाने बिना या जैसे पहले से कोई नक्शा या ब्लूप्रिंट तैयार किए बिना कोई बड़ी इमारत खड़ी करने की कोशिश करना।

गहन अध्ययन शुरू करने से पहले पाठ्य पुस्तक के बारे में और उसके अध्याय के बारे में—जिसे आप पढ़ने जा रहे हैं—कुछ मूलभूत बातें जान-समझ लेना जरूरी होता है। इससे आपको एक उपयुक्त रोड मैप तैयार करके प्रभावी ढंग से अध्ययन करने में मदद मिलेगी और आप अध्ययन की एक अच्छी आदत विकसित कर पाएँगे।

विभिन्न वस्तुओं या सामग्री के बारे में पढ़कर समझना और उन्हें याद करना तब आसान हो जाता है, जब आप पहले से उनकी श्रेणी के बारे में जानते हों; क्योंकि उस स्थिति में आपका मस्तिष्क पहले से ज्ञात जानकारियों को नई जानकारियों से जोड़कर उन्हें दीर्घकालिक या स्थायी स्मृति में संयोजित कर सकेगा। अतः किसी भी पाठ्य पुस्तक का गहन या विस्तृत अध्ययन शुरू करने से एक उपयुक्त रोडमैप या भूमिका जरूर तैयार कर लें।

यहाँ एक उदाहरण दिया जा रहा है, जिसके माध्यम से आप किसी पाठ्य पुस्तक के अध्याय के गहन अध्ययन के लिए उसकी समीक्षा करते हुए एक उपयोगी रोडमैप तैयार कर सकते हैं।

- शीर्षक पढ़कर जानने की कोशिश करें कि प्रस्तुत अध्याय में किस विषय-बिंदु पर चर्चा की जानेवाली है। आदर्श अध्ययन के लिए यह पहला कदम होता है; लेकिन प्रायः लोग इस ओर कम ध्यान देते हैं। इससे आप पढ़ना शुरू करने से पहले विषय-बिंदु की एक उपयुक्त भूमिका अपने मन में तैयार करके उसे अपने पूर्व ज्ञान से संबद्ध कर सकते हैं।
- विषय-सामग्रीवाले पेज पर देखें; यदि उसमें अध्याय की रूपरेखा दी गई है तो उसे ध्यानपूर्वक पढ़ें और एक या आधा मिनट का समय देकर उस पर मनन करें।
- अगर समीक्षा या चर्चा पर आधारित प्रश्न दिए गए हैं तो उन्हें जरूर पढ़ें। इससे आपको अंदाजा लग जाएगा कि लेखक की दृष्टि में अध्याय के कौन-कौन से बिंदुओं पर विशेष रूप से अपना ध्यान केंद्रित कर सकेंगे।
- अध्याय के आरंभ और अंत के अनुच्छेदों को विशेष रूप से ध्यानपूर्वक पढ़ें। इससे भी आपको अध्याय के महत्त्वपूर्ण बिंदुओं को जानने-समझने में मदद मिलेगी।
- अध्याय के अंतर्गत शीर्षकों व उपशीर्षकों को पढ़ें और देखें कि किस प्रकार अध्याय की पूरी सामग्री को मौलिक विभागों में व्यवस्थित किया गया है।
- प्रत्येक अनुच्छेद का पहला वाक्य अवश्य पढ़ें। उसमें प्रायः पूरे अनुच्छेद की सामग्री का एक संकेत बिंदु मिल जाता है।
- चित्रों-रेखाचित्रों को ध्यानपूर्वक देखें और उनके नीचे दिए गए उनके विवरण को भी पढ़ें। इससे आपको लिखित सामग्री को बेहतर ढंग से समझने में मदद मिलेगी।

- अध्याय को पूरा पढ़ लेने के बाद एक या डेढ़ मिनट का समय उसके मुख्य-मुख्य बिंदुओं को दोबारा देखने में लगाएँ। अच्छा होगा कि उन्हें लिख लिया जाए। पूरे-पूरे वाक्य लिखने या बहुत ज्यादा सफाई से लिखने के चक्कर में न पड़ें, क्योंकि यह सबकुछ आप स्वयं को विस्तृत अध्ययन के लिए तैयार करने के उद्देश्य से कर रहे हैं।

पढ़ने का सबसे अच्छा तरीका यही है कि जो कुछ आप पढ़ रहे हैं, उस पर स्वयं प्रश्न बनाएँ और पठित सामग्री के आधार पर उनका उत्तर निकालें। जितना ज्यादा-से-ज्यादा प्रश्न बनाकर उनके उत्तर निकाल सकें, उतना ही अच्छा है। इस प्रकार, उन स्तरों को आप आसानी से याद कर पाएँगे। बहुत तेज गति से पढ़ने के बजाय धीरे-धीरे पढ़ें और जो कुछ आप पढ़ रहे हैं, उसे आत्मसात् करने की कोशिश करें। पढ़ी जानेवाली सामग्री की प्रकृति और जरूरत के अनुसार अगर पढ़ने की गति कम-ज्यादा करनी पड़े तो कर सकते हैं।

अगर आपको लगता है कि आपकी पढ़ने की गति जरूरत से ज्यादा धीमी है तो कुछ मिनट रुककर विश्लेषण करें ओर देखें कि किस कारण आपकी एकाग्रता में रुकावट आ रही है। कहीं आपका मस्तिष्क और आँखें अलग-अलग दिशा में तो नहीं चल रहे हैं। कई बार आप महसूस करते होंगे कि पढ़ते समय आपकी आँखें इधर-उधर भटकती हैं, जिससे आपको बार-बार पीछे से पढ़ना शुरू करना पड़ता है। इस तरह की समस्या पढ़ने की खराब आदत के कारण उत्पन्न होती है, जो आपकी एकाग्रता और पढ़ने की गति को प्रभावित करती है।

इस तकनीक का अभ्यास कर लेने के बाद जब आप इसके साथ सहज महसूस करने लगेंगे तो आप अपनी पढ़ने की गति को धीरे-धीरे बढ़ा सकते हैं; लेकिन ध्यान रहे कि पढ़ने की गति बढ़ाने के चक्कर में आपको भाव-ग्रहण के साथ समझौता नहीं करना है। पढ़ते समय अगर आप शब्दों पर पेंसिल रखते हुए चल रहे हैं तो उसे एक शब्द से दूसरे शब्द तक खिसकाने के समय को थोड़ा सा कम करते हुए अपनी पढ़ने की गति को बढ़ाएँ। एक बात और ध्यान रखें कि एक बार में आप जितना कुछ पढ़ें, उसे अंत में एक बार जरूर दोहरा लें; चाहे जल्दी-जल्दी ही दोहराएँ, लेकिन दोहराएँ जरूर। इससे पढ़ी गई सामग्री आपकी दीर्घकालिक स्मृति में आसानी से संयोजित हो जाएगी।

- परिणाम के लिए स्वयं को जिम्मेदार मानें—यह इस पुस्तक का सबसे महत्त्वपूर्ण सबक है। आपके पास एकाग्रता और स्मृति को बढ़ाने की दुनिया की सबसे अच्छी तकनीक क्यों न हो, लेकिन इस एक सबक को अगर आप नहीं समझ

सके तो आपकी सफलता दुविधा में पड़ जाएगी। जब आप यह मानकर चलने लगते हैं कि दोषी जो कोई भी हो या गलती जैसी भी हो, लेकिन इस सबके लिए अंततः आप स्वयं जिम्मेदार हैं तो यह सफलता की ओर आपका पहला सबसे बड़ा कदम होता है। यह सफलता का पहला रहस्य है। स्कूल-कॉलेज के साथ जीवन के अन्य क्षेत्रों के लिए भी यह समान रूप से प्रासंगिक है।

अपनी पढ़ाई में जो कुछ प्रयास आप कर रहे हैं, अगर उसके परिणाम से अब तक आप संतुष्ट नहीं हैं तो बहुत आसानी से आप परिस्थितियों को इसके लिए जिम्मेदार बना सकते हैं—किताबों को, क्लास रूम को, सहपाठियों को, माता-पिता को, अध्यापक को। लेकिन आप स्वयं देख सकते हैं कि इन्हीं खराब परिस्थितियों में पढ़ते हुए कुछ लोग सफल भी हो रहे हैं। तो क्या अब भी आप अपने असंतोषजनक परिणाम के लिए परिस्थितियों को जिम्मेदार बताएँगे?

क्या सचमुच आप अपने असंतोषजनक परिणाम के लिए दुनिया को, परिस्थितियों को और अपने अध्यापक को जिम्मेदार नहीं ठहरा सकते? क्या विद्यार्थी की सफलता या असफलता उसके अध्यापक की अच्छाई-बुराई पर निर्भर नहीं होती?

नहीं, बिल्कुल नहीं। जूनियर हाई स्कूल के स्तर पर पहुँचते-पहुँचते विद्यार्थी स्वयं स्वतंत्र रूप से पढ़ने और सीखने में सक्षम हो जाता है। मेरी इस बात का गलत अभिप्राय नहीं लगाया जाना चाहिए। मैं अध्यापिकाओं का बहुत सम्मान करता हूँ और सीखने-सिखाने की प्रक्रिया में उनकी बड़ी भूमिका होती है। मैं स्वयं कई करिश्माई अध्यापकों के संपर्क में रहा हूँ। अध्यापक विद्यार्थियों के लिए प्रेरणा और मार्गदर्शन का स्रोत होते हैं। लेकिन सूचना क्रांति के इस युग में ज्ञान के हस्तांतरण में अध्यापकों की भूमिका अब पहले जैसी नहीं रही।

यहाँ समझने की बात यह है कि पढ़ाना और पढ़ना या सीखपन दो अलग-अलग बातें हैं। पढ़ाने की दुनिया की सबसे अच्छी तकनीक भी यह गारंटी नहीं दे सकती कि उससे हर विद्यार्थी निश्चित रूप से सीखने में सक्षम होगा। वस्तुतः सीखने की प्रक्रिया सीधे विद्यार्थी से जुड़ी होती है। विद्यार्थी में यदि सीखने का कौशल है तो अध्यापन की औसत या खराब तकनीक से भी वह पढ़ाई जानेवाली बातों को सीख लेगा, बल्कि यह कहें कि बिना पढ़ाए भी सीख लेगा।

निष्कर्ष यह है कि सीखना पूरी तरह से विद्यार्थी के हाथ में होता है। अगर आप अपने मन में यह ठान लें कि अपनी सीखने की प्रक्रिया को अपने हाथ में रखना है तो विविध बाधाओं के बावजूद आप सफलतापूर्वक सीख सकेंगे। हाँ, यह बात सही है कि अच्छा अध्यापन आपकी सीखने की प्रक्रिया

को आसान और मजेदार बना सकता है; लेकिन एक बार फिर मैं कहूँगा कि आपके असंतोषजनक प्रदर्शन के लिए खराब अध्यापन या अध्यापक किसी भी तरह से जिम्मेदार नहीं होता।

सीखने की रणनीतियाँ

अगर आप ऑडियो या वीडियो माध्यम से सीखना-पढ़ना चाहते हैं तो कुछ दिशा-निर्देशों का पालन करें—

- प्रत्येक लर्निंग सेशन, जिसमें पहले से रिकॉर्ड की गई सामग्री होती है, को एक सजीव माध्यम के रूप में देखें। पढ़ने-सीखने तथा नोट बनाने की जो तकनीकें और रणनीतियाँ इस पुस्तक में बताई गई हैं, उनका इस्तेमाल करें। ध्यान रहे, नोट बनाना एक रिकॉर्डिंग फंक्शन भर नहीं है, बल्कि सीखने की प्रक्रिया का एक हिस्सा है।
- पढ़ने या व्याख्यान सुनने के साथ-साथ ही नोट बनाने की आदत डालें। 'बाद में बना लेंगे'—इस तरह के रवैए से बचें, क्योंकि इससे समय और ऊर्जा की बरबादी होती है, जिसका सदुपयोग करके आप सीखने की प्रक्रिया के दूसरे काम कर सकते हैं; जैसे—पुनरावृत्ति नोट में सुधार आदि।
- एकाग्रता और स्मृति के विषय पर चर्चा में हमने जाना कि किसी विषय-बिंदु पर ध्यान केंद्रित करने की कोशिश के दौरान अगर आप कोई और काम कर रहे हैं तो आपकी एकाग्रता में बाधा आती है; इसलिए ऐसी स्थिति से बचें। रिकॉर्डेड सामग्री को देखते-सुनते समय मन को उसी पर केंद्रित रखें। अगर आप जॉगिंग करते हुए रिकॉर्डेड व्याख्यान या अन्य सामग्री को सुनकर सीखने की कोशिश कर रहे हैं तो स्वाभाविक है कि इससे आपकी एकाग्रता प्रभावित होगी, जो आपकी सीखने की प्रक्रिया पर भी प्रभाव डालेगी।

साझा मूल्यों से लोगों में अपनापन आता है—बँगलादेश में ग्रामीण बैंक की अवधारणा का सूत्रपात करनेवाले मुहम्मद यूनुस ने एक ऐसी सामुदायिक बैंकिंग संस्था की आधारशिला रखी, जो स्वयं में बेजोड़ है। अमेरिका से अर्थशास्त्र में पी-एच.डी. की उपाधि प्राप्त मुहम्मद यूनुस गाँवों में लोगों की निर्धनता के कारणों को जानने के उद्देश्य से बँगलादेश के एक गाँव जोबरा में पहुँचे। उन्होंने महसूस किया कि अर्थशास्त्र के बड़े-बड़े सिद्धांत, जो वह अपने विद्यार्थियों को पढ़ा रहे

हैं, उनसे आम लोगों का कहीं कोई हित नहीं हो रहा है। वह अपने देश के विकास में यथार्थ योगदान देना चाहते थे।

जोबरा गाँव में यूनुस की मुलाकात बाँस की फज्जियों से स्टूल बनानेवाली एक ग्रामीण महिला सूफिया खातून से हुई। सूफिया अपने काम में कुशल होने के बावजूद एक दिन में मात्र 2 अमेरिकी सेंट ही कमा पाती थी। दरअसल काम करने के लिए उसे एक महाजन से 10 प्रतिशत की ब्याज दर पर पैसे उधार लेने पड़ते थे और वह इस शर्त पर कि तैयार माल कम कीमत पर उसी महाजन को देगी। यूनुस को समझ में आ गया कि सूफिया जैसे लोग पूँजी—जो मात्र 20 अमेरिकी सेंट थी—की कमी के चलते साहूकारों के चंगुल में बुरी तरह से फँस जाते हैं। उन्होंने ऐसे बयालीस लोगों की एक सूची तैयार की और हिसाब लगाया कि उन्हें इस शोषण से बचाने के लिए कुल मिलाकर 27 अमेरिकी डॉलर की जरूरत है।

यूनुस मौजूदा आर्थिक मशीनरी को बदलने की तैयारी में जुट गए, जिसमें लोग गरीबी के दुष्चक्र में बुरी तरह से फँसे हुए थे। इस प्रकार, वर्ष 1983 में ग्रामीण बैंक का सूत्रपात हुआ, जिसके दो मूल उद्देश्य रखे गए थे—अत्यधिक निर्धन ग्रामीण महिलाओं को काम करने के लिए उधार के रूप में पूँजी उपलब्ध कराना और उन्हें सामुदायिक रूप से साख को कायम रखने के लिए प्रोत्साहित करना। यूनुस ने पाया कि गरीबी के खिलाफ लड़ाई में महिलाएँ पुरुषों की अपेक्षा ज्यादा सक्षम थीं। वे गरीब जरूर थीं, लेकिन इससे उनकी साख या विश्वसनीयता पर कोई प्रभाव नहीं पड़ता था।

ऋण के लिए पाँच-पाँच महिलाओं का समूह बनाया गया था, जिनमें से सबसे गरीब दो महिलाओं को पहले ऋण दिया जाता था; जब उनके ऋण की वापसी की प्रक्रिया शुरू हो जाती थी, तब समूह की शेष तीन महिलाओं को ऋण दिया जाता था। इस प्रक्रिया से महिलाओं में एक जबरदस्त सामुदायिक भावना का विकास हुआ। साझा मानदंडों पर आधारित इसी सामुदायिक सशक्तीकरण के माध्यम से साख को कायम रखा जा रहा था।

आज बँगलादेश के 40 हजार गाँवों में ग्रामीण बैंक काम कर रहा है। अभी कुछ वर्ष पहले प्रकाशित आँकड़ों के अनुसार, यह लाभ अर्जित करनेवाला एक वाणिज्यिक बैंक है, जो प्रतिमाह 3.5 करोड़ अमेरिकी डॉलर की उधारी देता है, बैंक के 25 लाख ऋण खाताधारकों में से 94 प्रतिशत गरीब महिलाएँ हैं। इसमें सामुदायिक उत्तरदायित्व की भावना इतनी अच्छी है कि इसकी भुगतान दर, जो 97 प्रतिशत है, ज्यादातर ऋण प्रदाता संस्थाओं से कहीं ज्यादा है।

ग्रामीण बैंक की इस प्रेरक कहानी से हमें सीख मिलती है कि गरीब-से-गरीब महिलाओं का भी अगर सामुदायिक रूप से सशक्तीकरण किया जाए तो उनकी साख और विश्वसनीयता किसी से कम नहीं होती। इस प्रकार, मुहम्मद यूनुस ने बैंकिंग की एक नई परिभाषा तैयार की है—वित्तीय उद्देश्यों की दृष्टि से नहीं, बल्कि सामाजिक पूँजी की दृष्टि से, जो गरीबों को भी उद्यमी बनाने की क्षमता रखती है। ग्रामीण बैंक का स्टाफ इस सोच के साथ काम करता है कि 'देनदार ज्यादा जानता है।' वह गरीब महिलाओं को पूँजी के रूप में केवल साधन उपलब्ध कराता है; व्यावसायिक योजना तैयार करने का काम स्वयं महिलाओं को करने देता है, ताकि वे स्वयं को अपनी संभाव्यता के अधिकतम स्तर तक ले जा सकें।

व्यक्तिगत उद्देश्य लोगों को अपनेपन से दूर ले जाता है, जबकि साझा मूल्य लोगों को अपनेपन की ओर ले जाता है, जिससे सामूहिक संभाव्यता के विकास को बल मिलता है। इस प्रकार, संगठनात्मक स्तर पर भी स्थायित्व और उद्यमिता का विकास होता है।

□

अध्याय-6

मानसिक स्वास्थ्य

[जो कुछ आप अपने मन में देखते हैं, उसी को कार्यरूप दे पाते हैं; जिसके बारे में सोचते हैं, वही आपको मिल पाता है और जो कुछ बोलते हैं, उसी को कार्यरूप दे पाते हैं। आप एक उच्च कोटि की मानसिक दृष्टि कायम कर सकते हैं, जो आपको पीछे ले जानेवाली भाषा और विचारों को प्रभावहीन करने में सक्षम हो।]

पचहत्तर वर्षीय एक महिला को अपनी स्मरण-शक्ति पर बहुत गर्व था। शुरू में दूसरे लोगों की तरह वह भी चीजों को कभी-कभी भूल जाया करती थी, लेकिन उसने कभी इस ओर ध्यान नहीं दिया। लेकिन बाद में उसने इस ओर ध्यान देना शुरू किया। जब भी वह कोई चीज भूलती तो मन-ही-मन सोचने लगती, 'उम्र बढ़ने के कारण मेरी स्मरण-शक्ति कमजोर हो रही है।'

नकारात्मक सोच का परिणाम यह हुआ कि अब वह और भी ज्यादा भूलने लगी। वह निराश होने लगी। लेकिन तभी उसे लगने लगा कि वह स्वयं अपना नुकसान कर रही है। अब उसने ठान लिया कि मन में इस तरह की नकारात्मक सोच नहीं आने देगी कि 'मेरी याददाश्त कमजोर हो रही है।' वह बार-बार अपने मन में कहने लगी, 'अब मेरी याददाश्त में सुधार हो रहा है। अब मैं हर समय और हर स्थिति में अपनी याददाश्त का खयाल रखूँगी। मेरी याददाश्त इतनी तेज होगी कि जो कुछ भी मैं याद करना चाहूँगी, वह तुरंत मेरे दिमाग में आ जाएगा। मेरी याददाश्त में तेजी से सुधार आ रहा है। जल्दी ही यह पहले से कहीं बहुत अच्छी हो जाएगी।' इस प्रकार तीन सप्ताह में ही उसकी याददाश्त पहले की तरह हो गई।

जब तक दिमाग की घंटी नहीं बजती, तब तक व्यक्ति स्वयं को भी नहीं समझ पाता कि वह कौन है और कहाँ से आया है। हालाँकि याददाश्त में एकदम इतनी ज्यादा कमी नहीं आती, लेकिन याददाश्त की समस्या एक हद तक प्रायः

लोगों को प्रभावित करती है। याददाश्त में ह्रास के कई कारण हो सकते हैं। आज की भाग-दौड़ भरी जिंदगी में तनाव, चिंता, अनिद्रा, दर्द आदि तरह-तरह की बीमारियाँ और परेशानियाँ लोगों को घेरे रहती हैं, जिनसे राहत पाने के लिए उन्हें दवाइयों का सेवन करना पड़ता है। ये दवाइयाँ याददाश्त को नुकसान पहुँचाती हैं। स्मरण-शक्ति में ह्रास के कुछ अन्य कारण इस प्रकार हैं—

- शराब का ज्यादा सेवन याददाश्त को नुकसान पहुँचाता है।
- धूम्रपान से मस्तिष्क तक पहुँचनेवाली ऑक्सीजन की मात्रा कम हो जाती है, जिसके कारण व्यक्ति की याददाश्त प्रभावित होती है। अध्ययन से पता चला है कि धूम्रपान करनेवाले लोगों को चेहरा देखकर किसी व्यक्ति का नाम याद करने या नाम से उसका चेहरा याद करने में ज्यादा कठिनाई होती है। नशीली दवाएँ मस्तिष्क में रासायनिक संतुलन को बदल देती हैं, जिससे व्यक्ति की याददाश्त पर बुरा प्रभाव पड़ता है।
- **अनिद्रा**—स्मरण-शक्ति के लिए भरपूर नींद बहुत जरूरी है। रात में बहुत कम सोने या सोते समय बीच-बीच में बार-बार जागने से शरीर और मस्तिष्क में थकावट महसूस होती है, जिससे मस्तिष्क की ग्रहण क्षमता और स्मरण-शक्ति दोनों प्रभावित होती हैं।
- **तनाव और अवसाद**—तनाव या अवसाद की स्थिति में ध्यान को केंद्रित या एकाग्र करना मुश्किल हो जाता है, जिससे स्मरण-शक्ति प्रभावित होती है। भावनात्मक आघात के कारण भी याददाश्त पर बुरा प्रभाव पड़ता है।
- **पोषण की कमी**—मस्तिष्क सुचारु रूप से काम करे, इसके लिए उसे उपयुक्त प्रोटीन और वसा के साथ-साथ अन्य पोषक तत्त्वों की जरूरत होती है। विटामिन बी$_1$ और बी$_{12}$ की कमी का स्मरण-शक्ति पर विशेष रूप से प्रभाव पड़ता है।
- **सिर में चोट**—ऊँचाई से गिरने या वाहन दुर्घटना में यदि सिर में गंभीर चोट लग जाती है तो उससे मस्तिष्क को आघात पहुँचता है, जिससे अल्पकालिक और दीर्घकालिक दोनों तरह की स्मरण-शक्ति का ह्रास होता है। बाद में धीरे-धीरे याददाश्त में सुधार आ सकता है।
- **स्ट्रोक**—मस्तिष्क तक रक्त पहुँचानेवाली रक्त-नलिका के बंद हो जाने या उसमें छेद हो जाने के कारण मस्तिष्क तक रक्त नहीं पहुँच

पाता है और वह अपना काम बंद कर देता है, जिसे 'स्ट्रोक' के नाम से जाना जाता है। स्ट्रोक के कारण व्यक्ति की अल्पकालिक याददाश्त चली जाती है। ऐसे व्यक्ति को अपने बचपन की बातें तो याद रह सकती हैं, लेकिन उसने सुबह नाश्ते में या दोपहर को लंच में क्या खाया, यह उसे याद नहीं रहता।

पागलपन या उन्माद

पागलपन की अवस्था में व्यक्ति की सोचने-समझने और याद रखने की क्षमता चली जाती है, जिससे उसका दैनिक जीवन प्रभावित होता है। वैसे तो पागलपन के कई कारण हो सकते हैं, जैसे—शराब या नशीली दवाओं का सेवन, रक्त-नलिका की बीमारी आदि, जिनसे मस्तिष्क की क्रिया-प्रणाली प्रभावित होती है; लेकिन इसका सबसे आम कारण अल्जाइमर बीमारी है, जिसमें मस्तिष्क की कोशिकाएँ निष्क्रिय हो जाती हैं और इस प्रकार, मस्तिष्क सुचारु रूप से काम नहीं कर पाता है।

इसके अलावा, गले की थायरॉइड ग्रंथि के कम या अधिक सक्रिय होने (यानी उसमें स्राव की क्षमता कम या अधिक हो जाने) और एच.आई.वी. संक्रमण, टी.बी. एवं सिफिलिस जैसी बीमारियों के कारण भी याददाश्त पर बुरा प्रभाव पड़ता है।

मस्तिष्क को भोजन दें

क्या आप जानते हैं कि आपके मस्तिष्क को ऊर्जा की जरूरत होती है ? इसका वजन वैसे तो आपके शरीर के कुल वजन का मात्र 2 प्रतिशत होता है, लेकिन यह आपकी कुल दैनिक ऊर्जा का 20 प्रतिशत उपभोग करता है। इसलिए पौष्टिक आहार का महत्त्व जितना आपके शरीर के स्वास्थ्य के लिए है, उतना ही मस्तिष्क के स्वास्थ्य के लिए भी है। आखिर आहार के बल पर ही तो आप चल रहे हैं। मस्तिष्क को नियमित रूप से ग्लूकोज की जरूरत होती है, जो आपको कार्बोहाइड्रेट वाले खाद्य पदार्थों, जैसे—अनाज, फल और साग-सब्जियों, से मिलता है। जब आपका ग्लूकोज लेवल कम हो जाता है तो उससे आपकी सोचने-समझने की क्षमता प्रभावित होती है। लेकिन इसका मतलब यह नहीं हुआ कि आप शर्करा-युक्त पेय पर ही टूट पड़ें। दिन में नियमित रूप से इस तरह की चीजों का सेवन करते रहें, लेकिन न बहुत ज्यादा, न बहुत कम। मस्तिष्क को शक्तिशाली बनाने के लिए अनाज, पके फल, हरी व पत्तेदार साग-सब्जी का सेवन करें, जो आपके मस्तिष्क को हानिकारक बीमारियों से सुरक्षा प्रदान करते हैं। प्रोटीन के लिए मछली

का सेवन करें और दिन में कम-से-कम आठ गिलास पानी पिएँ, क्योंकि शरीर में पानी की कमी से भी मस्तिष्क की सोचने-समझने और याद रखने की क्षमता प्रभावित होती है।

मस्तिष्क के कुल वजन का 50 से 60 प्रतिशत हिस्सा वसा होता है, जो उसकी करोड़ों कोशिकाओं में इंसुलेट किया जाता है। मस्तिष्क की कोशिकाओं का जितना अच्छा इंसुलेशन होगा, उतनी ही तेज गति से वे शरीर के अन्य अंगों तक संदेश प्रेषित कर पाएँगी और आपकी सोचने की शक्ति भी उतनी ही तेज होगी। इसीलिए छोटे बच्चों को दूध का ज्यादा सेवन करने और डाइटिंग न करने की सलाह दी जाती है। उनके मस्तिष्क के विकास के लिए वसा की जरूरत होती है।

भोजन में वसा की मात्रा कम होने से वयस्कों के मस्तिष्क के स्वास्थ्य पर भी बुरा असर पड़ता है। अतः मस्तिष्क को स्वस्थ बनाए रखने के लिए भोजन में वसा की उपयुक्त मात्रा का समावेश जरूर करें। इसके लिए मछलियों (खासकर एंकोवीज, मैकरल और वाइल्ड सैल्मन) तथा हरी व पत्तेदार साग-सब्जियों का सेवन सबसे अच्छा माना जाता है। फ्राई किए हुए भोजन में वसा होता है, लेकिन वह आपके मस्तिष्क के लिए लाभदायक होता है।

अमेरिकी शोधकर्ताओं का मानना है कि तैलीय मछलियों और कड़े छिलके वाले फलों, जिनमें ओमेगा-3 वसायुक्त एसिड पाया जाता है—के सेवन से याददाश्त बढ़ाने और पागलपन के खतरे को कम करने में बहुत मदद मिलती है। 'न्यूरोलॉजी' नामक पत्र की ओर से 64 वर्ष की औसत उम्रवाले 17,478 लोगों के आहार का अध्ययन किया गया, जिसमें यह बात सामने आई कि समुद्री भोजन (मछलियों आदि) का सेवन करनेवाले लोगों की याददाश्त की समस्या का खतरा 19 प्रतिशत कम होता है।

नोट—वृद्धावस्था में ज्यादा खाने से याददाश्त में कमी की समस्या दोगुनी तक बढ़ सकती है। अमेरिकी शोधकर्ताओं द्वारा किए गए अध्ययन से पता चला है कि अधिक कैलोरी से माइल्ड कॉग्निटिव इंपेयरमेंट (Mild Cognitive Impairment—MCI) का खतरा बढ़ जाता है, जिससे याददाश्त पर बुरा असर पड़ता है और पागलपन तक की स्थिति आ सकती है।

मस्तिष्क के लिए सबसे अच्छा भोजन वही है, जिससे उसके अंदर रक्त-संचार की प्रक्रिया को सुचारु बनाया जा सके। हाल ही में किए गए एक अध्ययन से पता चला है कि बढ़ती उम्र में मस्तिष्क को तेज व सक्रिय बनाए रखने के लिए

मेडीटरेनियन डाइट (समुद्री मछली आदि) बहुत लाभदायक होती है और इससे मस्तिष्क का कॉग्निटिव सिस्टम बेहतर होता है तथा उसकी सजगता एवं स्मरण-शक्ति में वृद्धि होती है।

- **चॉकलेट खाएँ**—ऑक्सफोर्ड यूनिवर्सिटी के वैज्ञानिकों द्वारा 2,000 लोगों पर किए गए एक परीक्षण से पता चला है कि चॉकलेट खाने से स्मरण-शक्ति में सुधार होता है। नॉर्थम्ब्रिया यूनिवर्सिटी (Northumbria Univercity) में कराए गए एक अन्य अध्ययन में पाया गया कि फ्लेवोलॉल्स (Flavolols)—चॉकलेट में पाया जानेवाला एक तत्त्व—की अधिक मात्रा का सेवन करनेवाले लोग मानसिक गणित के सवाल ज्यादा आसानी से हल कर लेते हैं।
- **दूध का ज्यादा सेवन करें**—आहार के आधार पर सीखने, याद करने की शक्ति और एकाग्रता के स्तर का पता लगाने के लिए वैज्ञानिकों ने 972 लोगों पर परीक्षण किया, जिसमें यह बात सामने आई कि जो लोग सप्ताह में कम-से-कम पाँच या छह बार दूध या उससे बनी चीजों का सेवन करते हैं, उनकी स्मरण-शक्ति ऐसे लोगों से ज्यादा अच्छी होती है, जो कभी-कभार दूध पीते हैं या दूध से बनी चीजों का कम सेवन करते हैं।
- **ग्रीन टी का सेवन करें**—ग्रीन टी में 'ईजीसीजी' (Epigallocate chin-3 गैलेट) नामक एक एंटीऑक्सीडेंट पाया जाता है, जो बढ़ती उम्र के कारण होनेवाली बीमारियों से हमारी रक्षा करता है। चीनी शोधकर्ताओं का मानना है कि नियमित रूप से ग्रीन टी का सेवन करने से स्मरण-शक्ति में सुधार होता है और अल्जाइमर नामक रोग की रोकथाम में मदद मिलती है।
- **विटामिन सी और विटामिन बी**—विटामिन सी खट्टे फलों में पाया जाता है, जो मानसिक चुस्ती के लिए उपयोगी होता है। विटामिन बी को बढ़ती उम्र के कारण होनेवाली मानसिक कमजोरी से बचानेवाला माना जाता है। अतः मानसिक शक्ति को बढ़ाने के लिए काले अंगूर, मछली, हरी-पत्तेदार सब्जियों, मशरूम, मूँगफली, तिल और अंडे का सेवन करें।
- **कड़े छिलकेवाले फल**—कड़े छिलकेवाले फल और बीज स्मरण-शक्ति को बढ़ाने में बहुत सहायक होते हैं। कद्दू के बीज में जिंक

पाया जाता है, जो स्मरण-शक्ति बढ़ाने में बहुत लाभदायक होता है। अखरोट ओमेगा-3 और अन्य पोषक तत्त्वों का एक अच्छा स्रोत है, जो मस्तिष्क को स्वस्थ बनाए रखने और स्मरण-शक्ति को बढ़ाने के लिए आवश्यक होते हैं। सूरजमुखी के बीजों में विटामिन ई प्रचुर मात्रा में पाया जाता है। इसे सलाद में मिलाकर खाने से दिमागी ताकत बढ़ती है। मूँगफली में भी विटामिन ई प्रचुर मात्रा में पाया जाता है। बांदाम और पिंगल फल के सेवन से भी स्मरण-शक्ति बढ़ती है।

- **बेरी**—'ब्लूबेरी एंथॉसियानिंस' (Anthocyanins) नामक एंटीऑक्सीडेंट का एक अच्छा स्रोत है, जो दिमागी ताकत को बढ़ाने में सहायक होता है। नियमित रूप से ब्लूबेरी का सेवन करने से अल्पकालिक या अस्थायी स्मृति में ह्रास से बचने में मदद मिलती है। स्ट्रॉबेरी के नियमित सेवन से भी बढ़ती उम्र के कारण होनेवाले स्मृति-ह्रास की रोकथाम में मदद मिलती है।
- **हरी साग-सब्जियाँ**—फूलगोभी, बंदगोभी, पालक आदि हरी साग-सब्जियों में आयरन, विटामिन ई, विटामिन के, विटामिन बी और विटामिन सी पाया जाता है, जो मस्तिष्क की कोशिकाओं के विकास में बहुत लाभदायक हैं। विटामिन के मस्तिष्क की ज्ञान-शक्ति और सजगता को बढ़ाने में सहायक होता है।
- **एवोकैडो** (Avocados)—विटामिन ई से युक्त एवोकैडो में प्रचुर मात्रा में एंटीऑक्सीडेंट पाया जाता है। मलाईदार एवोकैडो के सेवन से अल्जाइमर का खतरा भी कम होता है।
- **टमाटर**—टमाटर लाइकोपीन (Lycopene) का अच्छा स्रोत होता है, जो मस्तिष्क में पुरानी कोशिकाओं की मरम्मत और नई कोशिकाओं के निर्माण में सहायक होता है।
- **अनाज**—अनाज को ऊर्जा की आपूर्ति करनेवाला पावर हाउस माना जाता है। यह मस्तिष्क की एकाग्रता में सहायक होता है। फाइबर-युक्त अनाज के सेवन से शर्करा के रूप में ऊर्जा मिलती है, जो मस्तिष्क के सुचारु रूप से काम करने में सहायक होती है।
- **मछली**—ओमेगा-3 वसायुक्त एसिड और डी.एच.ए. तथा ई.पी.ए. मस्तिष्क के सुचारु रूप से कार्य करने के लिए आवश्यक होते हैं। अत: अगर उच्च मांसाहारी हैं तो अपने भोजन में सैल्मन, मैकरल, ट्यूना

और अन्य मछलियों का समावेश जरूर करें। अगर शाकाहारी हैं तो इसकी जगह पर सोयाबीन और पटसन (पटुआ) के बीज के तेल का सेवन कर सकते हैं।

दिमाग को सक्रिय रखें

क्रॉसवर्ड पजल यानी वर्ग पहेली और सुडोकू को अपना साथी बनाएँ। कभी-कभी कुछ अलग हटकर काम करने या कुछ सीखने की आदत डालें; कोई नई भाषा सीखें; अखबार का जो पेज आप अकसर बिना पढ़े छोड़ देते हैं, उसे पढ़ें; रोज के काम के लिए कोई नया तरीका इस्तेमाल करें। मानसिक गतिविधियों में स्वयं को व्यस्त रखें। इससे मस्तिष्क को सक्रिय बनाए रखने और स्मरण-शक्ति के ह्रास से बचने में मदद मिलती है। अतः मस्तिष्क को सक्रिय बनाए रखने और स्मरण-शक्ति के विकास के लिए प्रश्न पहेलियों के रूप में दिमागी कसरत का अभ्यास करें। रात में 7-8 घंटे की नींद अवश्य लें। नींद के दौरान हमारा मस्तिष्क सूचनाओं को स्मृति में संयोजित करने का काम करता है, जिससे उन्हें लंबे समय तक स्मृति में बनाए रखने में मदद मिलती है। दिन में थोड़ी-थोड़ी देर की झपकी—खासकर कुछ नया सीखने या पढ़ने के बाद—भी मस्तिष्क को तरोताजा करने में सहायक होती है, जिससे पढ़ी या सीखी गई बातें जल्दी याद हो जाती हैं।

स्मरण-शक्ति में ह्रास का इलाज

स्मरण-शक्ति में ह्रास का इलाज उसके कारणों पर निर्भर करता है। कई मामलों में इसे इलाज से ठीक किया जा सकता है। उदाहरण के लिए, दवाइयों के कारण होनेवाला स्मृति-ह्रास दवाइयों में बदलाव करके ठीक किया जा सकता है। पोषक तत्त्वों की कमी के कारण होनेवाले स्मृति-ह्रास को पूरक पोषक तत्त्वों के प्रयोग द्वारा ठीक किया जा सकता है। अगर मानसिक अवसाद के कारण याददाश्त चली जाती है तो वह इलाज से ठीक होती है। स्ट्रोक जैसे मामलों में थैरेपी द्वारा व्यक्ति को कुछ खास-खास काम—जैसे चलना या जूते बाँधना—याद रखने में मदद मिलती है। कुछ अन्य मामलों में गई हुई याददाश्त धीरे-धीरे स्वयं वापस आ जाती है।

साथ ही अलग-अलग परिस्थितियों में अलग-अलग इलाज का सहारा लेना पड़ता है। उदाहरण के लिए, अल्जाइमर के कारण होनेवाले स्मृति-ह्रास के इलाज के लिए दवाएँ उपलब्ध हैं। रक्तचाप को कम करने में सहायक दवाओं के इस्तेमाल

से उच्च रक्तचाप के कारण होनेवाले उन्माद या पागलपन से मस्तिष्क को और नुकसान होने के खतरे को कम किया जा सकता है।

शोधकर्ताओं का अनुमान है कि कोलाइन (Choline) लेवल मस्तिष्क को प्रभावित करता है। अल्जाइमर बीमारी से ग्रस्त लोगों को कोलाइन देने से उनकी याददाश्त में अस्थायी सुधार देखा गया। कोलाइन से मनोदशा (मूड) को भी नियंत्रित करने में मदद मिलती है। कुछ मामलों में इससे मूड या मनोदशा में जल्दी-जल्दी होनेवाले विकार या बदलाव को नियंत्रित करने में भी मदद मिली है। लेसिथिन (Lecithin) के रूप में कोलाइन का इस्तेमाल एंटीसाइकोटिक दवाइयों के साइड इफेक्ट से होनेवाले डिस्कीनेसिया (Diskinesia) के इलाज के रूप में भी किया जाता है।

हार्वर्ड मेडिकल स्कूल से संबद्ध चिल्ड्रंस हॉस्पिटल में किए गए एक अध्ययन से पता चला है कि कोलाइन से युवाओं में मस्तिष्क विकास से जुड़ी कुछ समस्याओं के इलाज में मदद मिलती है। कैलीफोर्निया स्थित वालनट क्रीक में प्राइवेट प्रैक्टिस करनेवाले मनोरोग चिकित्सक डॉ. मार्गरिटा एम. वुडबरी ने चार वर्षीय दो बच्चों—जिन्हें बोलने और सीखने में दिक्कत थी—को कोलाइन की नियमित खुराक देने के बाद पाया कि उनकी बोलने और सीखने की क्षमता में काफी सुधार हो रहा है। चार साल बाद भी वे कोलाइन की खुराक ले रहे थे और उनकी स्थिति में लगातार सुधार हो रहा था।

बच्चों में इस तरह की समस्याओं के इलाज में कोलाइन का पहली बार प्रयोग किया गया। डॉ. वुडबरी के अनुसार, ''मैं इसे एक खास औषधि के रूप में मानता हूँ।''

आपके मस्तिष्क को इसकी जरूरत है

ग्रांड फोर्क्स, नॉर्थ डैकोटा स्थित यू.एस. डिपार्टमेंट ऑफ एग्रीकल्चर्स (USDA) ह्यूमन न्यूट्रिशन रिसर्च सेंटर द्वारा किए गए प्रयोगों से पता चला है कि हमारे मस्तिष्क के लिए जिंक भी बहुत महत्त्वपूर्ण है। शोधकर्ताओं ने ग्यारह युवा और स्वस्थ व्यक्तियों के आहार में जिंक की मात्रा प्रतिदिन 10 मि.ग्रा. से कम करके देखा तो पाया कि उनकी अस्थायी याददाश्त और एकाग्रता की क्षमता पहले से कम हो गई। एक अन्य प्रयोग में 34 युवा महिलाओं के आहार में जिंक और आयरन की मात्रा बढ़ाने पर पाया कि उनकी अस्थायी याददाश्त और एकाग्रता की शक्ति पहले से बढ़ गई। इसी तरह, लेक्सिंग्टन (केंटुकी) स्थित वेटरंस एडमिनिस्ट्रेशन

मेडिकल सेंटर (Veterans Administration Medical Center) में सिर में चोट लगने से याददाश्त खोनेवाले मरीजों को एक महीने तक जिंक की पर्याप्त मात्रा देने पर पाया गया कि उनके मस्तिष्क की कार्य करने की शक्ति में तेजी से सुधार हो रहा है।

यू.एस.डी.ए. (USDA) के शोधकर्ता जेम्स पेनलैंड (James Penland) के अनुसार, "हम जानते हैं कि जिंक हमारे मस्तिष्क में एंजाइम प्रतिक्रिया में सहायक होता है, जो मस्तिष्क के कार्य करने की शक्ति पर प्रभाव डालता है। जिंकगो बिलोबा (Ginkgo biloba) स्मरण-शक्ति से जुड़ी समस्याओं का एक लोकप्रिय हर्बल ट्रीटमेंट है।" लेकिन अध्ययन से इस बात का पता नहीं चला है कि जिंकगो बिलोबा स्मरण-शक्ति में सुधार लाने या पागलपन को रोकने में सहायक है। याददाश्त से जुड़ी समस्याओं का इलाज शुरू करने से पहले अपने डॉक्टर से उसके लाभ और हानि के बारे में जरूर बात कर लें।

याददाश्त का सरल परीक्षण

- आपकी स्मरण-शक्ति दूसरे लोगों की अपेक्षा कैसी है, इसे जानने के लिए इन आसान परीक्षणों का प्रयोग किया जाता है। ये न्यूरोसाइकोलॉजिकल परीक्षण का विकल्प नहीं हैं, जो केवल मान्यता प्राप्त चिकित्सकों द्वारा किए जाते हैं। इनमें खराब स्कोर का आवश्यक रूप से यह मतलब नहीं होता कि आपकी याददाश्त में सचमुच कोई गंभीर समस्या है, क्योंकि संपूर्ण परीक्षण के बाद ही इसका सही-सही निर्धारण हो सकता है।
- अन्य कौशलों की तरह स्मरण-शक्ति का विकास भी अभ्यास द्वारा होता है। आप इन परीक्षणों का जितनी बार चाहें, उतनी बार अभ्यास कर सकते हैं। अभ्यास से आपके स्कोर में सुधार होगा।

इसका मतलब यह नहीं है कि आपकी स्मरण-शक्ति अच्छी हो रही है; अभ्यास से तो बस, यही होगा कि आपको प्रश्नों के उत्तर याद हो जाएँगे। अत: पहली बार इन परीक्षणों को गंभीरता से लें, क्योंकि पहली बार के स्कोर से ही आपकी योग्यता का सही-सही अंदाजा लग पाएगा।

नियमित रूप से मेडिकल चेकअप कराते रहें। चिंता या तनाव के कारण आपकी स्मरण-शक्ति और एकाग्रता प्रभावित हो सकती है। ब्रेन ट्यूमर के कारण भी दिमागी शक्ति प्रभावित होती है। धमनियों में सख्ती आने से मस्तिष्क तक पहुँचनेवाले रक्त और ऑक्सीजन की मात्रा कम हो जाती है, जिससे मस्तिष्क की

कार्य करने की शक्ति पर बुरा प्रभाव पड़ता है। ऐसे मामलों में 10 प्रतिशत लोगों को याददाश्त संबंधी समस्या का खतरा बना रहता है। वैसे, इस तरह की समस्या का खतरा कम करने के लिए हममें से ज्यादातर लोगों को केवल जीवन-शैली में बदलाव लाने की जरूरत होती है।

मस्तिष्क को नियमित आराम दें

शोध के आधार पर शोधकर्ताओं ने पाया कि तनाव की स्थितियों में जब व्यक्ति का मस्तिष्क पर नियंत्रण नहीं रह जाता, मस्तिष्क में 'प्रोटीन किनेस सी' (Protein Kinase C) नामक एक एंजाइम सक्रिय हो जाता है, जो मस्तिष्क की निर्णय लेने की क्षमता और अल्पकालिक स्मरण-शक्ति को प्रभावित करता है। जीवन के कितने क्षेत्रों में आपको लगता है कि नियंत्रण आपके हाथ में नहीं है। चीजों पर मानसिक नियंत्रण महसूस करना बहुत महत्त्वपूर्ण होता है।

तनाव और चिंता को कम करने के लिए अपनी व्यस्त जिंदगी की गति को अपने नियंत्रण में रखें। अगर आपकी दिनचर्या बहुत व्यस्त है तो इसका मतलब है कि आप बहुत ज्यादा काम कर रहे हैं, जो आपके मस्तिष्क पर दबाव पैदा करता है। लगातार देर तक प्रयोग में लाते रहने के बाद कुछ देर के लिए कंप्यूटर को भी बंद कर देना पड़ता है। अपने विभिन्न कामों की एक सूची बना लें और अगर आपको लगे कि काम का दबाव बहुत ज्यादा है और सारे काम जरूरी हैं तो उसमें किसी की मदद लें। आखिर सब कामों की जिम्मेदारी आप ही क्यों अपने ऊपर रखकर चलें? रात में पूरी नींद लें या संभव हो तो बीच-बीच में थोड़ी-थोड़ी देर के लिए सोएँ। इससे 20 मिनट में मस्तिष्क तरोताजा हो जाता है। रात में 7 से 9 घंटे की नींद तनाव से बचने और शरीर व मस्तिष्क दोनों को तरोताजा बनाए रखने के लिए जरूरी है। दिन में थोड़ी देर की झपकी लेने से एक तो स्मरण-शक्ति अच्छी बनी रहती है और दूसरे, इससे हृदय संबंधी बीमारियों का खतरा भी कम हो जाता है।

नींद की मात्रा के बजाय उसकी गुणवत्ता ज्यादा महत्त्वपूर्ण होती है। अगर रात में आपने अच्छी नींद ली है तो दिन भर आप तरोताजा महसूस करेंगे।

अतः अपनी व्यस्त दिनचर्या में से कुछ समय अवकाश के लिए भी निकालें, जिसमें आप काम की चिंता से मुक्त महसूस करें। कुछ समय अकेले में बिताएँ और अपने बचपन के दिनों की याद ताजा करने की कोशिश करें—बाइक चलाना, कुत्ते को घुमाने के लिए ले जाना। प्रकृति के सान्निध्य में, पेड़-पौधों व हरी-हरी घासों के बीच कुछ समय बिताएँ, तन-मन को आनंदित कर देनेवाली शीतल-मंद

हवाओं को महसूस करें, खुली धूप का आनंद लें। प्रकृति के पास वे सब चीजें हैं, जो आपके शरीर, मन और आत्मा के पोषण के लिए जरूरी होती हैं।

मस्तिष्क हमारे शरीर के सेंट्रल नर्वस सिस्टम का एक महत्त्वपूर्ण अंग है, जो हमारी चेतन—जैसे बोलना, चलना आदि—और अचेतन—जैसा श्वास लेना और दिल का धड़कना आदि—दोनों प्रकार की गतिविधियों को नियंत्रित करता है। हमारी सोचने-समझने, भाव-संप्रेषण की शक्ति और मनोदशा को नियंत्रित करनेवाला हमारा मस्तिष्क ही होता है। सिर में गहरी चोट लगने या खोपड़ी में फ्रैक्चर होने से दिमाग काम करना बंद कर सकता है।

सावधानियाँ

सिर की चोट बहुत घातक हो सकती है, जिसके कारण शरीर के किसी अंग में या पूरे शरीर में लकवा मार सकता है, व्यक्ति की जानने-पहचानने एवं याद रखने की क्षमता खत्म हो सकती है और कुछ मामलों में मरीज की मौत तक हो सकती है। दिमाग की चोट शरीर और मस्तिष्क की कार्य करने की शक्ति को बुरी तरह प्रभावित कर सकती है; उसकी चेतना जा सकती है, उसके व्यवहार और व्यक्तित्व में बड़ा बदलाव आ सकता है और उसकी याददाश्त हमेशा के लिए जा सकती है। इसके अलावा, ऐसे में मरीज अवसाद, चिंता, आत्मविश्वास की कमी और कुछ मामलों में आत्म-सजगता की कमी जैसी समस्याओं से भी ग्रस्त हो जाते हैं, जो उनका जीवन और भी मुश्किल बना देती हैं। हमारे मस्तिष्क में जो कोशिकाएँ होती हैं, वे जन्म से ही हमारे मस्तिष्क में मौजूद होती हैं। क्षतिग्रस्त कोशिकाओं को पुन: सक्रिय करना आसान नहीं होता है। यहाँ मस्तिष्क के अच्छे स्वास्थ्य के लिए कुछ सुझाव दिए जा रहे हैं—

- **सीट बेल्ट पहनें**—कार, ट्रक या हवाई जहाज में अपनी सीट बेल्ट जरूर पहनें। इससे दुर्घटना की स्थिति में सिर और मस्तिष्क को चोट से बचाने में मदद मिलती है। मस्तिष्क में चोट लगने के ज्यादातर 37-50 प्रतिशत मामले वाहन दुर्घटना के कारण होते हैं।
- **हेलमेट पहनकर रखें**—बाइक चलाते समय, स्केटिंग करते समय या स्केटबोर्डिंग के समय अपना हेलमेट पहनकर रखें। इससे गिरने पर सिर को चोट से बचाया जा सकता है। दुपहिया वाहन दुर्घटना से होनेवाली मौतों में से लगभग 62 प्रतिशत मौतें सिर में चोट लगने से होती हैं।

- **नशीली दवाओं से दूर रहें**—इसमें कोई दो राय नहीं कि दवाएँ मस्तिष्क की कार्य-प्रणाली में उलटफेर कर देती हैं। कुछ दवाएँ दिमाग पर अपना अस्थायी प्रभाव छोड़ती हैं, जो ठीक हो सकता है; लेकिन कुछ अन्य दवाएँ मस्तिष्क की कार्य-प्रणाली में स्थायी रूप से उलटफेर कर देती हैं तो जोखिम क्यों लिया जाए?
- **खेलों से संभावित खतरों के बारे में जानें**—बॉक्सिंग, फुटबॉल और मार्शल आर्ट में चोट लगने का डर ज्यादा रहता है। सॉसर (Soccer), पर्वतारोहण, घुड़सवारी, गोताखोरी और स्कीइंग (Skiing) में भी चोट लगने का खतरा रहता है। अत: खेलते समय आवश्यक सुरक्षात्मक सावधानियाँ जरूर बरतें। क्या आप जानते हैं कि खेलकूद के दौरान हर वर्ष लगभग 3 लाख लोग मस्तिष्क आघात का शिकार होते हैं?
- **पूर्व सावधानी बरतें**—लोग अकसर स्विमिंग पूल में कूद तो पड़ते हैं, लेकिन यह नहीं देखते कि उसमें पर्याप्त पानी है भी या नहीं। हमेशा स्विमिंग पूल के गहराईवाले हिस्से में डुबकी लगाएँ, जहाँ डुबकी लगाने के लिए पर्याप्त पानी हो। साथ ही यह भी देख लें कि कहीं पानी के अंदर कोई बड़ी चट्टान तो नहीं है। अमेरिका में हर वर्ष लगभग एक हजार लोग स्विमिंग पूल या झील आदि में तैराकी के दौरान रीढ़ की चोट का शिकार होते हैं।
- **सड़क पार करने से पहले दोनों ओर देख लें**—इसमें कोई शक नहीं कि इस नियम को आप पहले से जानते हैं। लेकिन फिर भी दुर्घटनाएँ हो जाती हैं—और जरूरी तो नहीं कि हमेशा आप हेलमेट ही पहने रहें।

मस्तिष्क आघात

एक अनुमान के अनुसार, हर वर्ष मस्तिष्क आघात (Traumatic Brain Injuries—TBI) के लगभग 20 लाख मामले सामने आते हैं, जिनमें से 5 लाख मामलों में मरीज को अस्पताल में भरती कराने की जरूरत पड़ती है। चौदह से चौबीस आयु वर्ग के युवाओं में इसकी दर सबसे ज्यादा देखी जाती है। महिलाओं की अपेक्षा पुरुषों के लिए मस्तिष्क आघात का खतरा ज्यादा होता है।

- मस्तिष्क आघात के 50 प्रतिशत मामले वाहन दुर्घटना के कारण होते हैं, जिसमें कार, ट्रक, साइकिल, मोटरसाइकिल और पैदल यात्री—सभी से जुड़ी दुर्घटनाएँ शामिल हैं। मस्तिष्क में घातक या जानलेवा

चोट के ज्यादातर मामले (43 प्रतिशत) वाहन दुर्घटना के कारण होते हैं; जबकि 34 प्रतिशत मामले आग्नेयास्त्र के कारण और 9 प्रतिशत मामले गिरने के कारण होते हैं।

- अस्पताल में भरती होनेवाले ऐसे मरीजों में से 32 से 73 प्रतिशत मरीजों के रक्त में अल्कोहल की मात्रा ज्यादा पाई गई। महिलाओं की अपेक्षा पुरुषों के मामले में ऐसा ज्यादा देखा जाता है। ऐसे 57 प्रतिशत मामलों में दुर्घटना के शिकार लोग अधिक मात्रा में शराब पीनेवाले होते हैं; जबकि 31 प्रतिशत मामले ऐसे होते हैं, जिनमें दुर्घटना का शिकार व्यक्ति कम मात्रा में शराब पीनेवाला होता है।

मस्तिष्क आघात के परिणाम

शारीरिक प्रभाव—बोलने में अक्षमता, सुनने व देखने की क्षमता में ह्रास, सिरदर्द, लकवा आदि।

मानसिक प्रभाव—याददाश्त कम होना; एकाग्रता में कमी; समझने और भाव-संप्रेषण की क्षमता में कमी; पढ़ने, लिखने, योजना बनाने और निर्णय लेने की क्षमता का ह्रास।

मनो-सामाजिक/व्यावहारिक/भावनात्मक अक्षमता—थकावट, नकारात्मकता, चिंता, तनाव, संभोग संबंधी विकार, आत्मविश्वास में कमी और अंतर्वैयक्तिक कौशल से संबंधित समस्याएँ।

व्यायाम

व्यायाम सिर्फ शरीर के लिए नहीं, बल्कि मस्तिष्क के लिए भी उपयोगी होता है। अध्ययन से पता चला है कि एरोबिक एक्सरसाइज से मस्तिष्क की कार्य-प्रणाली में सुधार होता है और स्मरण-शक्ति का विकास होता है। इसके अलावा, व्यायाम से मस्तिष्क के हिप्पोकैंपस—मस्तिष्क का वह भाग, जो सीखने और याद रखने की प्रक्रिया के लिए महत्त्वपूर्ण होता है—में नई कोशिकाओं के विकास को बल मिलता है।

मोटापा और उससे जुड़ी तरह-तरह की बीमारियाँ भी मस्तिष्क के लिए गंभीर रूप से घातक हो सकती हैं। वैसे भी, नियमित व्यायाम न करने से धमनियों में मैल जमा होने लगता है, जिसके कारण रक्त नलिकाओं से रक्त-प्रवाह सुचारु रूप से होने में बाधा आती है। इससे मस्तिष्क में ऑक्सीजन और पोषक तत्त्वों में कमी आने

लगती है, जो हार्ट अटैक का कारण बन सकता है। मस्तिष्क को जब पोषक तत्त्व नहीं मिल पाते तो उसकी कार्य करने की क्षमता प्रभावित होती है। इससे बचने के लिए सुबह टहलना और हलका-फुलका व्यायाम करना बहुत जरूरी है। टहलना, तैराकी करना और डांस करना—ये सब अच्छे व्यायाम हो सकते हैं।

चिंता और तनाव जैसे कारक मस्तिष्क की कार्य-क्षमता को प्रभावित करते हैं, जो अंततः स्मरण-शक्ति में ह्रास का कारण बनते हैं। मानसिक अवसाद मस्तिष्क को सबसे ज्यादा नुकसान पहुँचानेवाला कारक है, जो व्यक्ति के ध्यान लगाने की क्षमता को प्रभावित करता है। जब आप चीजों पर ध्यान केंद्रित नहीं कर पाएँगे तो आप पाएँगे कि चीजें आपके दिमाग या स्मृति से निकलती जा रही हैं। अवसाद से हमारे रक्त में कॉर्टिसॉल (Cortisol) का स्तर बढ़ जाता है, जिससे मस्तिष्क में भी कॉर्टिसॉल का स्तर बढ़ जाता है। डॉक्टरों का मानना है कि कॉर्टिसॉल का स्तर बढ़ने से मस्तिष्क के कुछ हिस्सों में—खासकर हिप्पोकैंपस में, जिसका संबंध अल्पकालिक स्मृति से होता है—शिथिलता आ जाती है। इस प्रकार, लंबे समय तक अवसाद में रहने से व्यक्ति नई चीजों को याद रख पाने में अक्षम महसूस करने लगता है। अतः अवसाद की स्थिति से निपटने के लिए प्रोफेशनल मदद लें, ताकि आप अपने मस्तिष्क को नुकसान पहुँचने से बचा सकें।

ध्यान योग महत्त्वपूर्ण है—ध्यान योग से मस्तिष्क में सकारात्मक ऊर्जा का संचार होता है, जो सीखने, याद रखने और सजग बने रहने के लिए जरूरी होता है। इसके अलावा, ध्यान से तनाव को कम करने में भी मदद मिलती है।

तेल और जड़ी-बूटियाँ उपयोगी हैं—अश्वगंधा एक आयुर्वेदिक औषधि है, जो मस्तिष्क की कोशिकाओं को नुकसान से बचाने में मदद करती है। मछली का तेल भी बहुत लाभकारक माना जाता है। यह मस्तिष्क में न्यूरॉन के विकास को बल देता है और पागलपन के खतरे को कम करता है। मछली के तेल में डी.एच.ए. (DHA) एक ओमेगा-3 वसायुक्त एसिड पाया जाता है, जो स्मरण-शक्ति को ठीक रखने में सहायक होता है।

सरल जीवन-शैली मस्तिष्क की कार्य-क्षमता पर प्रभाव डालती है—मनोचिकित्सा में पाया गया है कि जीवन-शैली में व्यायाम, खान-पान, फिजिकल फिटनेस और तनाव नियंत्रण से संबंधित बदलाव लाकर मस्तिष्क की कार्यशीलता में सुधार लाया जा सकता है। "वर्षों से हम मानते आ रहे हैं कि आहार और व्यायाम से शरीर को स्वस्थ रखने और लंबा जीवन जीने में

मदद मिलती है; लेकिन इसके लिए शारीरिक स्वास्थ्य के साथ-साथ मानसिक स्वास्थ्य भी उतना ही महत्त्वपूर्ण है; पौष्टिक आहार और शारीरिक व्यायाम के साथ मस्तिष्क के व्यायाम और तनाव नियंत्रण के संयोग से ही स्वस्थ और दीर्घायु जीवन जिया जा सकता है।''

जिम में माइंड हैकिंग

- यह कोई नई बात नहीं है कि मनुष्य और प्राइमेट (नर वानर) के नर्वस सिस्टम की विकास प्रक्रिया में आनुवंशिकी बदलाव बहुत तेजी से आते हैं।
- क्या आप अपने मन के स्वर का प्रयोग किए बिना पढ़ सकते हैं?
- आप पढ़ तो रहे होते हैं, लेकिन उसका मतलब समझ में नहीं आ रहा होता है। जो कुछ आप पढ़ रहे होते हैं, उसे (मन के स्वर के रूप में) सुन नहीं पाते हैं। मन के स्वर को सुने बिना क्या आप पढ़-समझ सकते हैं?

पढ़ते समय जब पॉइंटर का इस्तेमाल किया जाता है तो आँखों को शब्दों पर केंद्रित रखने में मदद मिलती है। इससे आँखों को जल्दी-जल्दी एक स्थान से दूसरे स्थान पर ले जाना कम हो जाता है।

दूसरी ओर, अगर पढ़ते समय पॉइंटर का इस्तेमाल नहीं किया जाता है तो आँखें अपनी स्थिति बदलते रहने के लिए स्वतंत्र रहती हैं। इस प्रकार आप जिस शब्द को पढ़ना चाहते हैं, आँखें उसी पर केंद्रित हो जाती हैं। ''हमें ऐसा लगता है कि हमारी आँखें स्वाभाविक रूप से पेज पर एक स्थान से दूसरे स्थान तक चलती रहती हैं; लेकिन सच यह है कि इसमें अंतरालों की एक श्रृंखला होती है, जिसके अनुसार आँखों की गतिशीलता और स्थिरता तय होती है। एक कुशल पाठक के लिए यह अंतराल 7-9 शब्द होता है; पढ़ते समय 10-15 प्रतिशत समय वह वापस पिछले टेक्स्ट को पढ़ने में लगाता है।''

होलोसिंक की मदद से स्मरण-शक्ति में सुधार

होलोसिंक मस्तिष्क में न्यूरो-इलेक्ट्रिक क्रिया में वृद्धि करता है। इससे स्मरण-शक्ति में सुधार होता है। होलोसिंक इस्तेमाल करनेवाले लोग बताते हैं कि इसके कुछ सप्ताह के इस्तेमाल से उनकी मानसिक ताकत, स्मरण-शक्ति और एकाग्रता में वृद्धि हुई। होलोसिंक मस्तिष्क में तरंगीय व्यवस्था को अनुकूल बनाता है।

इस प्रकार, होलोसिंक मस्तिष्क के दोनों पक्षों के बीच न्यूरोइलेक्ट्रिकल क्रिया में वृद्धि करता है और साथ ही यह नर्वस सिस्टम को भी सुदृढ़ बनाता है, जिससे मस्तिष्क की ज्ञान-प्रणाली में सुधार होता है, जिसके अंतर्गत सीखने, याद रखने, ध्यान केंद्रित करने की शक्ति और रचनाशीलता आती है।

स्वयं-सुधार के लिए कुछ कारगर तकनीकें

क्या आपने कभी सोचा है कि स्वयं-सुधार की कुछ खास तकनीकें अपनाकर आप अपने जीवन को और संतुष्ट एवं बेहतर बना सकते हैं? यहाँ ऐसी कुछ तकनीकें दी जा रही हैं, जिन्हें अपनाने का निर्णय आपका और केवल आपका है।

पहला कदम—यह तकनीक आपको बहुत आसान-सी लग सकती है, लेकिन कुछ लोगों को इसमें थोड़ी मेहनत करनी पड़ सकती है। सुबह जल्दी उठने की बात कई लोगों का मूड बिगाड़ सकती है। लेकिन यहाँ आपको अपनी नींद खराब नहीं करनी है। आपको सुबह आधा घंटा पहले उठने के लिए रात में बस, आधा घंटा पहले सोना है। अब आप सोचने लगे होंगे कि आखिर इस अतिरिक्त आधे घंटे में करना क्या होगा और उसका आपके इस स्वयं-सुधार कार्यक्रम से क्या लेना-देना है?

आलस छोड़कर सुबह उठ जाएँ; जरूरी समझें तो ठंडे पानी का शॉवर भी ले सकते हैं या अगर चेहरा और आँखें ठंडे पानी से धोने से आप ताजगी महसूस करें तो यह भी ठीक रहेगा। चाहें तो थोड़ी देर गहरी-गहरी साँसें भर सकते हैं और हाथ-पैरों का थोड़ा सा व्यायाम कर सकते हैं। इस प्रकार पूरी तरह तरोताजा महसूस करते हुए घर से बाहर निकलें; अगर सूर्योदय का समय है तो सूर्य को निकलते हुए देखें।

यह साधारण सी, किंतु कारगर तकनीक आत्म-सुधार में आपकी बहुत मदद करेगी। अगर इतना नहीं कर सकते तो धीरे-धीरे टहलने, जॉगिंग करने या दौड़ने की आदत डाल सकते हैं। इस प्रकार 20 मिनट तक बाहर रहने के बाद घर आएँ और अपनी नित्य क्रिया आदि करें।

दूसरा कदम—अपना नाश्ता लें। दिन की अच्छी शुरुआत और आत्म-विकास के कार्यक्रम के सुचारु रूप से आगे बढ़ाने के लिए यह जरूरी है। इससे आपको अपने दैनिक कार्य के लिए ऊर्जा मिलेगी। अगर समय का अभाव है तो अंकुरित अनाज और दूध या कुछ ताजे फल ले सकते हैं।

सुबह का नाश्ता कतई न छोड़ें। यह सलाह मोटापे से निजात पाने की कोशिश में लगे लोगों के लिए खासकर उपयोगी है; क्योंकि अगर वे सुबह नाश्ता करके नहीं

जाएँगे तो जाहिर सी बात है कि दिन में उन्हें इधर-उधर की चीजें खानी पड़ेंगी। मोटापे की स्थिति में आपको आत्म-विकास की प्रक्रिया में भी दिक्कत आएगी।

तीसरा कदम—जब भी आप कहीं जाएँ, दूसरे लोगों को देखकर मुसकराएँ। शुरू में आपको थोड़ा अटपटा लगेगा, लेकिन इससे एक ओर आपका मूड तो अच्छा होगा ही, दूसरी ओर सामनेवाले व्यक्ति के चेहरे पर भी बरबस मुसकराहट आ जाएगी। इससे उन लोगों के चेहरे पर भी एक स्वाभाविक मुसकराहट देखी जा सकेगी, जो स्वभाव से बहुत शरमीले होते हैं। ''गतिमान व्हील पर व्यायाम करने से नई कोशिकाओं का विकास होता है।''

घर और कार्यस्थल पर शरीर में संतुलन बनाए रखने की कोशिश करें। मैं व्यक्तिगत रूप से और टेलीफोन द्वारा शरीर के संतुलन और समरसता का काम करता हूँ।

व्यायाम से शरीर और मन की सजगता व सक्रियता बढ़ती है। ये व्यायाम सरल हैं, जिन्हें आप स्वयं कर सकते हैं। अपने अंदर के ऊर्जा क्षेत्र तथा परिवेश के बीच संतुलन को उत्कृष्ट स्तर पर स्थापित करने की जरूरत होती है।

परिवेश पर काम करते समय मैं शरीर और उसके विविध आंतरिक अवयवों में संतुलन और समरसता पर बल देता हूँ—घर में भी और कार्यस्थल पर भी। घर को मैं विविध अंगों—हृदय, फेफड़े, मुँह, आँखें आदि—से युक्त एक शरीर के रूप में देखता हूँ और महसूस करने की कोशिश करता हूँ कि किस प्रकार घररूपी इस शरीर के विविध क्षेत्र अपने परिवेश के साथ संतुलन और सामंजस्य स्थापित करते हैं। हमारी ऊर्जा उस स्थान की ऊर्जा से संबद्ध और प्रभावित होती है, जहाँ हम रहते हैं, काम करते हैं।

हमारी पृथ्वी भी सजीव है, जिसमें अनगिनत शिराएँ और क्रियाशील अंग-प्रणालियाँ हैं। इसके अंदर कुदरती आंतरिक चैनल और केंद्र हैं, जिनसे जबरदस्त जीवनी शक्ति मिलती है। मानव शरीर की तरह पृथ्वी भी एक इलेक्ट्रोमैग्नेटिक प्राणी है, जिसमें जीवनदायी ऊर्जा का प्रवाह होता है। पृथ्वी के ग्रिड सिस्टम में जब असंतुलन आ जाता है तो पूरी प्रणाली काम करना बंद कर देती है, प्रवाह रुक जाता है और पृथ्वी तथा प्रकृति के बीच का संतुलन बिगड़ जाता है। टॉक्सिन—चाहे वह इलेक्ट्रोमैग्नेटिक हो या फिर शारीरिक या मानसिक—पृथ्वी के ग्रिड सिस्टम को प्रभावित करता है। ऐसे स्थान पर रहनेवाले लोग प्रायः थकावट, चिंता और तनाव अनुभव करते हैं।

मानव शरीर की तरह ही तनावग्रस्त जियोपैथिक क्षेत्रों में भी संतुलन और

सामंजस्य स्थापित करने के लिए विविध तरीके अपनाए जाते हैं। अर्थ एक्यूपंक्चर से जीवनदायी ऊर्जा का प्रवाह पुनः शुरू किया जाता है। इस प्रकार प्रकृति के साथ और उसके अंदर संतुलन और समरसता संभव हो पाती है। मेहनत कम हो जाती है, रचनाशीलता वापस आ जाती है और उत्पादकता बढ़ जाती है। इस प्रकार जीवन एक बार फिर से सुंदर बन जाता है। इस प्रकार के संतुलन एवं समरसता के लिए मैं जो तरीके अपनाता हूँ, उनमें व्यक्ति, दंपती, परिवार, कंपनी या कंपनी पार्टनरशिप के निजी उद्देश्यों और इच्छाओं का खयाल रखा जाता है।

व्यायाम से शरीर के नर्वस सिस्टम में सकारात्मक बदलाव आते हैं, जिनका मस्तिष्क की जानने-समझने की क्षमता पर सीधा प्रभाव पड़ता है।

संगीत सुनने से भी मस्तिष्क की ज्ञान यानी जानने-समझने की क्षमता पर सकारात्मक प्रभाव पड़ता है। इस प्रकार, व्यायाम और संगीत का मेल मस्तिष्क की ज्ञान क्षमता को बढ़ाने में बहुत सहायक हो सकता है।

एक बार एक महिला ने थॉमस अल्वा एडीसन से पूछा, ''मि. एडीसन, यह बिजली क्या होती है?''

एडीसन ने जवाब दिया, ''मैडम, बिजली होती है। इसका प्रयोग कीजिए। बिजली उस शक्ति का नाम है, जिसे हम न देख पाते हैं और न ही उसे ठीक से समझ पाते हैं। फिर भी हम बिजली के सिद्धांतों और प्रयोगों के बारे में यथासंभव जानने की कोशिश करते हैं। इसका हम अनगिनत तरीके से प्रयोग करते हैं।''

वैज्ञानिक इलेक्ट्रॉन को अपनी आँखों से नहीं देख पाए हैं, लेकिन वे इसे एक वैज्ञानिक तथ्य के रूप में स्वीकार करते हैं; क्योंकि यही एकमात्र ऐसा मान्य निष्कर्ष है, जो अन्य प्रायोगिक प्रभावों से मेल खाता है। हम जीवन को देख नहीं सकते, फिर भी हम इतना जानते हैं कि हमारे अंदर जीवन है। तो, जीवन है; हमें इसके सौंदर्य और महत्ता को प्रकट रूप देने की जरूरत होती है।

दोनों व्यवस्थाएँ अलग-अलग या एक साथ काम कर सकती हैं। उदाहरण के लिए, जब छोटे दिमाग (Cerebellum) में किसी खतरे की आहट होती है तो मस्तिष्क के चेतन और अवचेतन दोनों भागों में उसका संदेश प्रेषित हो जाता है। उस समय व्यक्ति की रक्षात्मक या प्रतिरोधक शक्ति उस खतरे से निपटने के लिए तैयार हो जाती है।

आपके चेतन मन में जो भी विचार आते हैं, वे आपके बाह्य मस्तिष्क द्वारा दिमाग के अन्य अंगों को प्रेषित किए जाते हैं; बाह्य मस्तिष्क आपके अवचेतन मन को आधार देता है।

प्राचीन काल में प्रचलित मानसिक उपचार (हीलिंग)

प्राचीन काल में अवचेतन मन की अद्‌भुत शक्ति को काम में लाने और हीलिंग में उसका उपयोग करने के लिए लोग कई तरह के कारगर तरीके अपनाते थे। उनके ये तरीके कारगर तो थे और वे स्वयं भी यह बात जानते थे, लेकिन उन्हें यह नहीं पता था कि यह सब कैसे काम करता है। आज हम यह जान सकते हैं कि वे अवचेतन मन के लिए सशक्त संदेश का इस्तेमाल करते थे। विभिन्न प्रकार के कर्मकांड, पीने की औषधियों और यंत्रों या ताबीजों का प्रयोग किया जाता था, जो लोगों को बहुत आकर्षित करते थे। लोगों का अवचेतन मन भी इस प्रकार के नुस्खों को स्वीकार करता था। हालाँकि हीलिंग यानी उपचार का काम रोगी के अपने अवचेतन मन द्वारा ही होता था।

कुल मिलाकर देखें तो ऐसे मामलों में—जहाँ आधुनिक या अधिकृत चिकित्सा कौशल असफल हो चुका होता है और रोगी भी उम्मीद खो चुका होता है—इन अनधिकृत या परंपरागत हकीमों ने कई बार बहुत अच्छे परिणाम दिए हैं। यहाँ हम सोचने के लिए विवश हो जाते हैं कि आखिर इन हकीमों के पास ऐसा क्या होता है, जो इनके उपचार को इतना कारगर बना देता है? इसका उत्तर यह है कि इन हकीमों के पास रोगी का विश्वास जीतने की शक्ति होती है, जो उनके अवचेतन मन के साथ मेल खाती है। दरअसल, ऐसे मरीजों के अवचेतन मन में यह धारणा बैठ जाती है कि उपचार जितना जटिल और असाधारण होता है, उसका प्रभाव भी उतना ही ज्यादा होता है। मरीजों की यह धारणा ही उन्हें इस प्रकार के नुस्खों की ओर आकर्षित करती थी और उनका चेतन व अवचेतन मन भी उन्हें स्वीकार करता था।

निष्कर्ष

- विभिन्न मंदिर, मसजिद, गुरुद्वारों या अन्य देवस्थानों पर कर्मकांड के जरिए जो उपचार किया जाता है, वह कल्पना और अंधविश्वास से जुड़ा होता है, जो रोगी के अवचेतन मन को प्रभावित करता है।
- बीमारी मन से पैदा होती है। बीमारी का प्रभाव शरीर पर तब तक दिखाई नहीं देता है, जब तक मन में इस तरह का विश्वास नहीं बैठता है।
- सम्मोहन के द्वारा आपके अंदर किसी भी बीमारी के लक्षण उत्पन्न किए जा सकते हैं। इससे पता चलता है कि आपकी सोच में कितनी शक्ति है।

- हीलिंग या उपचार की एक ही प्रक्रिया होती है, जो आपके विश्वास से जुड़ी होती है। हीलिंग या उपचार की शक्ति भी एक ही होती है और वह शक्ति है—आपका अवचेतन मन।
- कोई चीज सही हो या गलत, लेकिन अगर उसे लेकर आपके मन में विश्वास है तो आपको फायदा होगा। आपका अवचेतन मन उन्हीं विचारों पर काम करता है, जो आपके चेतन मन में उत्पन्न होते हैं।

मानसिक उपचार (हीलिंग) की आधुनिक पद्धति

एक पुरानी कहावत है—'डॉक्टर घाव पर मरहम-पट्टी करता है, लेकिन घाव भरने का काम ईश्वर करता है।' कोई भी हकीम, वैद्य, धर्मगुरु, डॉक्टर आपको तब तक ठीक नहीं कर सकता, जब तक आपका चेतन और अवचेतन मन उसके उपचार को विश्वासपूर्वक स्वीकार न करे। सच यह है कि डॉक्टर, सर्जन, मनोरोग विशेषज्ञ अपने इलाज द्वारा मरीज के अंदर के मानसिक अवरोध को हटाकर उसमें एक सकारात्मक बदलाव लाते हैं, जो उपचार के एक सिद्धांत के रूप में काम करते हुए मरीज को स्वस्थ महसूस कराता है। एक सर्जन अपनी शल्य-क्रिया द्वारा मरीज के शारीरिक अवरोध को हटाने का काम करता है, जिससे मरीज की शारीरिक हीलिंग की प्रक्रिया सुचारु रूप से चलने लगती है और मरीज स्वस्थ व सामान्य महसूस करता है तो कोई भी फिजीशियन, सर्जन या मनोरोग चिकित्सक यह दावा नहीं कर सकता कि उसने मरीज को ठीक किया। इस हीलिंग पावर या उपचार शक्ति को हम अलग-अलग नामों से जानते हैं—प्रकृति, ईश्वर, आत्मा, परब्रह्म आदि; लेकिन वास्तव में ये सब हमारे अंदर की अवचेतन शक्ति के ही स्वरूप हैं।

विश्वास का नियम

दुनिया के सभी धर्म विश्वास या आस्था के अलग-अलग स्वरूपों का प्रतिनिधित्व करते हैं। जीवन का नियम आस्था या विश्वास ही है। आप अपने जीवन के बारे में, इस ब्रह्मांड के बारे में और अपने स्वयं के बारे में क्या सोचते हैं? यह आपके विश्वास पर निर्भर करता है। विश्वास आपके मन में उत्पन्न होनेवाला एक विचार या भाव है, जो आपकी अवचेतन शक्ति को जीवन की विविध अवस्थाओं में वितरित करता है। अगर कोई चीज आपको नुकसान पहुँचानेवाली है तो उसमें विश्वास करना मूर्खतापूर्ण है। ध्यान रहे, कोई चीज आपको नुकसान नहीं पहुँचाती

है, बल्कि उस चीज या सिद्धांत के लिए आपके मन में जो विश्वास है, वही आपको नुकसान या फायदा पहुँचाता है। जीवन में आप जो कुछ भी काम करते हैं, जो भी अनुभव करते हैं और जिन स्थितियों-परिस्थितियों का सामना करते हैं, वे सब और कुछ नहीं, बस आपके अपने ही विचारों या विश्वासों का प्रतिरूप होते हैं।

इस प्रकार, आज आप अपने अवचेतन मन के अंदर की हीलिंग पावर यानी आरोग्य शक्ति की ओर रुख करते हैं। आप उसकी असीम शक्ति और हर दुःख-दर्द को दूर करने की उसकी अद्‌भुत क्षमता को अपने ध्यान में लाते हैं। जब इस तरह का विश्वास आपके मन में आ जाता है तो आपके अंदर का डर गायब होने लगता है और आप सामान्य व स्वस्थ महसूस करने लगते हैं।

इसका श्रेय आप उपचार को देते हैं। इस प्रकार, आप उस रोग या कठिनाई की ओर से अपना ध्यान या मन हटा लेते हैं और ऐसा तब तक रहता है, जब तक कि आप अंदर से प्रेरित महसूस करते हैं। एक अंतराल के बाद फिर प्रार्थना की प्रक्रिया शुरू होती है और जब आप प्रार्थना कर रहे होते हैं, उस समय आप अपने मन में ऐसा कोई नकारात्मक विचार नहीं आने देते कि आपकी परेशानी दूर नहीं होगी। आपके मन का यह विश्वास ही आपके चेतन और अवचेतन मन को मिलाने का काम करता है, जिसके परिणामस्वरूप आरोग्य शक्ति का संचार होता है। इस प्रकार की मानसिक आरोग्यता के लिए विशुद्ध विषयगत विश्वास की जरूरत होती है। इसके लिए वस्तुगत या चेतन मन में उत्पन्न होनेवाले सक्रिय विरोध या विरोधाभासी विचार को समाप्त कर देना होता है।

मानसिक आरोग्य की व्यावहारिक तकनीकें

प्रार्थना हमारी उस इच्छा को दरशाती है, जो हम जीवन में करना या पाना चाहते हैं। इस प्रकार, यह हमारी आत्मा की सच्ची प्रकृति होती है। आपकी इच्छा या प्रकृति ही आपकी प्रार्थना होती है। आपकी प्रार्थना यह दरशाती है कि आप जीवन में क्या चाहते हैं। धन्य हैं वे लोग, जो धर्म के लिए भूख और प्यास को भी दबा देते हैं, इसलिए कि उनकी प्रार्थना सुनी जाएगी। यही प्रार्थना की वास्तविक प्रकृति है—शांति, समरसता, आनंद, स्वास्थ्य और जीवन के अन्य पुरुषार्थों के लिए जीवन की भूख और प्यास की अभिव्यक्ति।

जीवन में आप जो कुछ अनुभव प्राप्त करते हैं और जिन चीजों से अपने जीवन को जोड़कर रखते हैं, वह सबकुछ आपके मनरूपी उस नींव पर आधारित होता है, जिस पर आप अपने मन की इमारत का निर्माण करते हैं। अगर इस मानसिक

इमारत में आप भय, चिंता, दुविधा या अभाव आदि के रूप में घटिया सामग्री का इस्तेमाल करेंगे तो उससे तैयार होनेवाली इमारत की गुणवत्ता घटिया किस्म की ही होगी। जीवन की सबसे महत्त्वपूर्ण और दूरगामी रचना होती है, जो आप अपनी जाग्रत् अवस्था में अपने मन में बुनते हैं। आपके शब्द मूक और अदृश्य होते हैं, लेकिन यह मानसिक रचना यथार्थ होती है।

आपका मन हर समय इस इमारत के निर्माण में लगा रहता है, जिसमें वह कल्पना और धारणा को ब्लूप्रिंट के रूप में इस्तेमाल करता है। अपने मन के पटल पर आप जो दृश्य तैयार करते हैं, जो विश्वास और विचार स्थापित करते हैं, उसके द्वारा आप हर क्षण अपने लिए स्वास्थ्य, सफलता और खुशहाली प्राप्त कर सकते हैं।

'विज्ञान' का शाब्दिक अर्थ होता है—विशेष ज्ञान, जो समन्वित हो, व्यवस्थित हो। आइए, सच्ची प्रार्थना के पीछे के कला और विज्ञान के पहलुओं पर थोड़ा बारीकी से विचार करें।

आपको पता नहीं कि आप किसकी अनदेखी कर रहे हैं (ध्यान-भ्रम)

दक्षिणी इंग्लैंड के एक छोटे से गाँव से होकर बहनेवाली नदी में भारी वर्षा के कारण बाढ़ आ गई। पुलिस ने घाट को यातायात के लिए बंद कर दिया। लेकिन कोई-न-कोई कारवाला रोज उधर से आ ही जाता था, जो चेतावनी की ओर ध्यान दिए बिना कार को बहते पानी में से चलाता हुआ निकल जाता। दरअसल, उन कारचालकों का ध्यान अपनी कार के नेवीगेशन सिस्टम पर इतना ज्यादा केंद्रित होता था कि वे चेतावनी की अनदेखी कर बैठते थे।

'90 के दशक में हार्वर्ड के दो मनोविज्ञानियों—डेनियल साइमंस और क्रिस्टोफर चाबरिस ने एक वीडियो बनाया था, जिसमें छात्रों की दो टीमें बास्केटबॉल को आगे-पीछे ले जाते हुए दिखाई गई हैं। एक टीम के छात्र काली टी-शर्ट पहने हुए हैं, जबकि दूसरी टीम के छात्र सफेद। 'द मंकी बिजनेस इल्यूजन' (The Monkey Business Illusion) शीर्षक से यह क्लिप (You Tube) पर उपलब्ध है (संभव हो तो अपने पढ़ने से पहले एक बार उसे देख लें)। वीडियो में दर्शकों से पूछा जाता है कि सफेद टी-शर्टवाले खिलाड़ी कितनी बार बॉल को पास करते हैं। दोनों टीमें गोलाई में घूमती हुई बॉल को अंदर-बाहर और आगे-पीछे ले जाती हैं। इसी बीच वीडियो में एक अजीब दृश्य आता है। गोरिल्ला की वेशभूषा बनाए एक छात्र कमरे

के मध्य में आता है, अपनी छाती पीटता है और तुरंत गायब हो जाता है। अंत में आपसे पूछा जाता है कि क्या आपने कुछ अटपटा देखा? आधे दर्शक तो आश्चर्य में पड़ जाते हैं। गोरिल्ला? कैसा गोरिल्ला?

मंकी बिजनेस टेस्ट को मनोविज्ञान का एक सबसे प्रसिद्ध प्रयोग माना जाता है, जो ध्यान-भ्रम के उदाहरण पर आधारित है—हम मन में ऐसा विश्वास रखकर चलते हैं कि हम वह सबकुछ देख लेते हैं, जो हमारी आँखों के सामने घटित होता है, जबकि वास्तविकता यह है कि अकसर हम उन्हीं चीजों को देख पाते हैं, जिनकी ओर हमारा ध्यान होता है। इस प्रकार, वे चीजें हमारे लिए अनपेक्षित और अनदेखी रह जाती हैं, जिनकी ओर हमारा ध्यान नहीं होता है, जैसे इस वीडियो में गोरिल्ला।

ध्यान-भ्रम कई बार खतरनाक साबित होता है। उदाहरण के लिए, जब आप ड्राइविंग करते हुए फोन पर बात कर रहे हों। सामान्य परिस्थिति में तो ऐसा चल जाता है, क्योंकि गाड़ी सीधी और सामान्य गति से चल रही होती है; लेकिन अचानक कुछ अप्रत्याशित हो जाए—जैसे सड़क पार करता हुआ कोई बच्चा अचानक गाड़ी के सामने आ जाए तो उस स्थिति में आप एकदम स्वयं को सावधान नहीं कर पाते हैं। अध्ययन से पता चलता है कि गाड़ी चलाते हुए सेलफोन का इस्तेमाल करने और नशे की हालत में गाड़ी चलाने—दोनों ही स्थितियों में चालक का सावधानी का स्तर समान रूप से निम्न या मंद होता है।

आप मोबाइल को चाहे हाथ में लेकर बात कर रहे हों या कनपटी और कंधे के बीच में दबाकर बात कर रहे हों, या फिर हैंड्सफ्री किट का प्रयोग करके बात कर रहे हों, अप्रत्याशित स्थिति में सावधानी का स्तर कम हो जाता है।

आपने 'दि एलीफेंट इन द रूम' (The Elephant in the Room) यानी 'कमरे में हाथी' वाली बात तो सुनी होगी। यह एक ऐसा विषय है, जिसके बारे में कोई बात नहीं करना चाहता है। इसी से मेल खाता विषय है—'कमरे में गोरिल्ला'। एक अत्यंत महत्त्वपूर्ण विषय, जिस पर चर्चा करने की सख्त जरूरत होने के बावजूद कोई चर्चा नहीं करना चाहता है।

स्विस एयर का उदाहरण लेते हैं, जिसने सारा ध्यान अपनी विस्तार की नीति पर लगा दिया और कम होती तरलता की ओर ध्यान ही नहीं दिया तथा अंततः वर्ष 2001 में दिवालिया हो गई। या ईस्टर्न ब्लॉक के प्रबंधन की चूक का उदाहरण, जो अंततः बर्लिन वॉल के पतन का कारण बना। ये सब ऐसे गोरिल्ले हैं, जो हमारी आँखों के सामने ही दनदनाते हुए आते हैं, लेकिन हम उन्हें देख नहीं पाते।

अभिप्राय यह है कि वह चीज हमारी नजर में नहीं आती, जिस पर हमारा ध्यान नहीं होता है। इसलिए हमें पता नहीं चल पाता कि हम किस चीज की अनदेखी कर रहे हैं।

तो, ध्यान-भ्रम के इस दोष से बचें और हर संभव-असंभव परिदृश्य पर दृष्टि बनाए रखें। किस तरह की अप्रत्याशित घटना घट सकती है? ज्वलंत मसले के आगे-पीछे या अगल-बगल क्या दिखाई दे रहा है? ऐसी क्या चीज है, जिस पर किसी का ध्यान नहीं जा रहा है? शोर के साथ-साथ शांति पर भी ध्यान दें। अंदर भी देखें, बाहर की ओर भी देखें। केंद्र के साथ-साथ परिधि पर भी ध्यान दें। जो संभव नहीं लगता है, उस पर भी विचार करें, उसके पीछे कोई बड़ी या संभावित बात छिपी हो सकती है, जो आपको दिखाई न दे रही हो।

□

अध्याय-7

क्षमता-निर्माण

[जो कुछ आप अपने मन में देखते हैं, उसे ही कार्यरूप दे पाते हैं; जिसके बारे में सोचते हैं, वही आपको मिल पाता है और जो कुछ बोलते हैं, वही कार्यरूप में आपके सामने होता है। आप एक उच्च कोटि की मानसिक दृष्टि कायम कर सकते हैं, जो आपको पीछे ले जानेवाली भाषा और विचारों को प्रभावहीन करने में सक्षम हो।]

क्षमता का अर्थ उस योग्यता से लगाया जाता है, जिसकी जरूरत किसी कार्य को पूर्णता के साथ करने के लिए होती है। इसके लिए पहले प्रतिभा की पहचान करनी होती है, जिसका बाद में ज्ञान और कौशल के साथ परिष्कार किया जाता है। लेकिन क्षमता का विकास क्यों किया जाता है ? प्रतिभा को कार्य-क्षमता के रूप में विकसित करने के पीछे दो कारण होते हैं—

- एक तो उस पर आपकी उपलब्धि निर्भर होती है।
- दूसरे, आपकी व्यक्तिगत संतुष्टि इस पर निर्भर होती है।

ये दो बहुत अच्छे कारण हैं, आपको नहीं लगता ?

आप तब तक उत्कृष्टता हासिल नहीं कर सकते, जब तक—

(i) आपके पास उसके लिए आवश्यक प्रतिभा न हो।

(ii) आप उस प्रतिभा को क्षमता के रूप में विकसित न करें।

(iii) आप उस क्षमता का उपयोग न कर सकें।

इसके अलावा, आपकी प्रतिभा और आपकी व्यक्तिगत संतुष्टि के बीच एक सीधा संबंध होता है। जैसे-जैसे आप अपनी प्रतिभा को पहचानते हैं और उसे अपनी क्षमता के रूप में विकसित करते हुए अपने सार्थक उद्देश्यों की पूर्ति के लिए उसे उपयोग में लाते हैं, वैसे-वैसे आपके अंदर व्यक्तिगत संतुष्टि का भाव पैदा होता है।

यहाँ हम आपको अपनी प्रतिभा को पहचानकर उस पर काम करने के लिए प्रेरित व प्रोत्साहित करने पर बल देते हैं। तो अब तैयार हो जाइए अपनी प्रतिभा को अपनी क्षमता के रूप में विकसित करने के लिए। पहले आइए, देखें कि आपके क्षमता-निर्माण की प्रक्रिया और आपके अभिप्रेरण के बीच क्या संबंध है ?

- क्षमता-निर्माण का संबंध आपके मन में उठनेवाली जिज्ञासा से है, जिसमें आप किसी चीज या विषय के बारे में जानने, सीखने, शोध करने या प्रश्नों के उत्तर तलाशने की इच्छा रखते हैं।
- जिज्ञासा ही नई-नई खोज या आविष्कार का जरिया बनती है, इसलिए यह आपके लिए अभिप्रेरक का काम करती है। जिज्ञासा को शांत करने के रास्ते में आपको कई पड़ाव पार करने होते हैं, जिनमें से पहला पड़ाव है—अपनी प्रतिभा की खोज करना; लेकिन यह सिर्फ एक शुरुआत भर है। आगे चलकर जीवन में जैसे-जैसे आप नई-नई खोज और अभिदृष्टि की ओर प्रवृत्त होते जाते हैं, वैसे-वैसे आपको अपनी प्रतिभा और अपनी पूर्व की उपलब्धियों के बीच का संबंध समझ में आने लगता है।
- जिज्ञासा आपके मन में आशावादी सोच पैदा करती है। जैसे-जैसे आप अपनी प्रतिभाओं को पहचानते जाते हैं, वैसे-वैसे आप आशावादी होते जाते हैं; क्योंकि आपके अंदर यह विश्वास आने लगता है कि आपके पास वह योग्यता मौजूद है, जिससे आप अपने लक्ष्य तक पहुँच सकते हैं।
- जिज्ञासा प्रेरक या मार्गदर्शक का काम करती है। क्षमता-निर्माण की प्रक्रिया में एक सबसे महत्त्वपूर्ण पहलू है—प्रेरणा या मार्गदर्शन का वह भाव, जो स्वयं को जानने-पहचानने के साथ आपके अंदर स्वयं आने लगता है।
- जिज्ञासा आपके अंदर आत्मविश्वास पैदा करती है। जैसे-जैसे आप अपनी प्रतिभा को पहचानते जाते हैं और उसे अपनी क्षमता या खूबी के रूप में विकसित करते जाते हैं, वैसे-वैसे आपको अपनी अंतर्निहित संभाव्यता का पता चलता जाता है; और इस प्रकार, आपके अंदर एक आत्मविश्वास आता है।

क्षमता-आधारित कॅरियर प्लानिंग के लिए सिद्धांत–

ऐसा कोई फॉर्मूला, टेस्ट या कंप्यूटर इन्वेंटरी नहीं है, जो आपको यह बता दे कि कौन सा कॅरियर आपके लिए सबसे अच्छा रहेगा। हाँ, ऐसे कुछ सिद्धांत जरूर हैं, जो विभिन्न विकल्पों के बारे में सोचने और निर्णय लेने में आपका मार्गदर्शन कर सकते हैं।

- कॅरियर प्लानिंग में सबसे पहले आपको कॅरियर के बजाय स्वयं पर ध्यान देना चाहिए। हमारे सामने कोई एक लाख कॅरियर प्रोफेशन और विशेषज्ञता क्षेत्र मौजूद हैं, यानी आपके पास कॅरियर विकल्पों की कमी नहीं है। लेकिन इन विकल्पों पर विचार करने से पहले आपको कॅरियर प्लानिंग के सबसे महत्त्वपूर्ण पहलू, यानी स्वयं पर विचार करना चाहिए।
- कॅरियर प्लानिंग की शुरुआत आपके आंतरिक जीवन के एक-एक महत्त्वपूर्ण पहलू पर गंभीर चिंतन से होनी चाहिए—कुछ लोगों का आंतरिक जीवन उनके बाह्य संसार की तरह ही जटिल और भ्रमोत्पादक होता है। कुछ अन्य लोगों के लिए यह विरोधाभासी आवश्यकताओं, इच्छाओं और उद्‌देश्यों के एक अज्ञेय 'ब्लैक बॉक्स' की तरह होता है। इसी तरह, कुछ अन्य लोग यह सोचकर ही डर जाते हैं कि आंतरिक जीवन की बहुत बारीकी से जाँच-पड़ताल करूँगा तो पता नहीं क्या निकलकर आएगा।
- आपकी प्रतिभा में वह संभाव्यता होती है, जो आपको अनेक कॅरियर विकल्पों और पेशों तक पहुँचा सकती है और अगर एक ही कॅरियर विकल्प उपलब्ध है तो भी आपको परेशान होने की जरूरत नहीं है।
- ऐसा कोई संपूर्ण कॅरियर या पेशा नहीं होता, जो पूरी तरह से आपकी प्रतिभा और योग्यता के अनुरूप हो। हालाँकि हममें से बहुत कम लोग इस सच्चाई को स्वीकार कर पाते हैं। हम ऐसा चाहते जरूर हैं कि हमारा कॅरियर हर तरह से हमारी प्रतिभा और योग्यता के अनुरूप हो, लेकिन व्यावहारिक तौर पर ऐसा होता नहीं है। हाँ, ऐसे अनेक कॅरियर हैं, जो आपको ज्यादा-से-ज्यादा क्षमता व संभाव्यता का विकास करने और उन्हें उपयोग में लाने का मौका देते हैं।

विभिन्न कॅरियर क्षेत्रों के शीर्ष स्तर के लोगों पर किए गए हमारे अध्ययन से पता चलता है कि शीर्ष स्तर के सफल लोग अपनी क्षमता व विशेषता का उपयोग

अपने काम में करते हैं। जब तक उन्हें अपने लिए ऐसा कॅरियर विकल्प नहीं मिलता, तब तक वे इसकी तलाश में लगे रहते हैं।

अब आपको अपनी फाइनल रणनीति की परख करनी है। ये खास रणनीतियाँ आपको अपनी मौजूदा या संभावित क्षमता के अनुरूप कॅरियर के बारे में जानने और उस पर विचार करने में मदद देने के लिए हैं। अब आपको इनमें से अपने अनुरूप रणनीति ढूँढ़ने का काम करना है। इस दौरान आपको मन में ऐसा सोचकर चलना है कि हमारी ये सब रणनीतियाँ एक शुरुआत भर हैं। इस प्रकार, आप कुछ अन्य ऐसे तरीके सोच पाएँगे, जिनसे आप अपनी प्रतिभा को क्षमता के रूप में विकसित करके अपने कॅरियर तथा जीवन के अन्य क्षेत्रों में उनका उपयोग कर सकें।

अब समय की यात्रा कर लें। कल्पना कीजिए उस दुनिया की, जिसमें हम अपनी प्रतिभा के बड़े-बड़े क्षेत्रों में अपना जीवन जी रहे होंगे। कल्पना कीजिए उस समाज की, जिसमें हम सब एक-दूसरे को उसकी विशिष्ट प्रतिभा और योग्यता से जानेंगे। कैसा लगेगा वह समाज? हमारी सामाजिक व्यवस्था और संगठन कैसे दिखेंगे? क्षमता आधारित उस दुनिया में विभिन्न संस्कृतियों के बीच के संबंधों का क्या होगा?

शुरुआत करते हैं व्यक्तिगत स्तर पर इन संभावनाओं की कल्पना से। उसके बाद इसमें हम परिवारों, संबंधों, संगठनों, संस्कृतियों और कार्य-जगत् को शामिल करेंगे।

क्षमता-क्रांति का प्रभाव

क्षमता-क्रांति का आप पर क्या प्रभाव हो सकता है, इसके बारे में जानने के लिए पहले ऐसी कल्पना करें कि आप अपनी प्रतिभा के सभी बड़े-बड़े क्षेत्रों से वाकिफ हैं। अपनी कल्पना को उस बिंदु तक ले जाइए, जहाँ आप स्वयं को अपनी विशिष्ट प्रतिभा के एक-एक स्वरूप से परिचित महसूस करें। जाहिर सी बात है कि इस तरह का आत्मज्ञान एक ऑनलाइन मूल्यांकन से या ढेर सारी किताबें पढ़ने से अथवा फिर कक्षाओं में बैठने से नहीं आएगा। इसमें पूरा जीवन लग जाता है।

हाँ, इतना जरूर है कि अगर आप क्षमता आधारित समाज में रह रहे हों तो अपनी विशिष्ट प्रतिभा को जानने में लोग आपकी मदद करते हुए दिखाई देंगे।

इस क्षमता-क्रांति की कल्पना को थोड़ा और यथार्थ बनाने के लिए कल्पना कीजिए कि बीस वर्ष की उम्र तक पहुँचते-पहुँचते आप अपनी हर बड़ी प्रतिभा के बारे में जान रहे होंगे और उनसे जो संभावित खूबी या क्षमता आपको मिलनेवाली है, उसकी भी कुछ जानकारी आपको होगी। इससे आप अपने अंदर एक आत्मविश्वास

महसूस करेंगे और इतना बड़ा उपहार पाकर गौरवान्वित भी महसूस करेंगे। यह सबकुछ आपको एक अलग पहचान देनेवाला होगा।

अगर आप ऐसे समाज में पले-बढ़े हैं, जहाँ युवाओं को अपनी प्रतिभा को पूरी तरह से जानने और समझने में मदद दी जाती है तो आपमें बहुत सारी चीजें अलग होंगी। अपनी संभाव्यता को यथार्थ रूप देने के लिए आपमें अपेक्षाकृत ज्यादा ऊर्जा होगी और हताशा या निराशा की भावना कम-से-कम होगी, क्योंकि अपनी प्रतिभा को पहचानने की प्रक्रिया से आपको नहीं गुजरना पड़ेगा। इस प्रकार, कुल मिलाकर आप अपेक्षाकृत ज्यादा ऊर्जावान होंगे।

आप एक नेता हैं। आप काम करने के लिए आते हैं और कार्यस्थल की दहलीज पर कदम रखते ही आपका सामना चुनौतियों से होना शुरू हो जाता है। इनमें से कुछ चुनौतियाँ आंतरिक होती हैं तो कुछ बाह्य। ये चुनौतियाँ भी आपके पूरे जीवन और कॅरियर के दौरान बदलती रहेंगी। इन चुनौतियों से निपटने के लिए आप क्या कर रहे हैं? क्या आप इन्हें अच्छी तरह समझ गए हैं? इनसे बेहतर ढंग से निपटने के लिए क्या आप कुछ और भी कर सकते हैं? आगे बढ़ने के लिए आप क्या कुछ करनेवाले हैं?

सफलता का वास्तविक अर्थ बहुत जटिल प्रतीत होता है। परंतु सफलता की अवधारणा बिल्कुल सरल है, जिसके अनुसार सफलता का मतलब आपके सपनों, उद्देश्यों का साकार या पूर्ण होना होता है। आप अपने उद्देश्य या लक्ष्य विशेष में सफल या असफल हो सकते हैं; लेकिन सफलता एक ऐसा बिंदु है, जहाँ यथार्थ में कोई भी नहीं पहुँच पाता है। दूसरे शब्दों में कहें तो सफलता कोई मंजिल नहीं, बल्कि मंजिल तक पहुँचने में आनेवाला पड़ाव होती है।

सफल होने के लिए हमें अपने सपनों एवं लक्ष्यों की ओर बढ़ते रहना होता है। इस क्रम में जो उपलब्धियाँ हम हासिल करते हैं, उन्हें सफलता की मंजिल की ओर ले जानेवाले कदम या पड़ाव के रूप में देखने की जरूरत होती है।

सफलता की ओर कदम बढ़ाते हुए असफलता में फँस जाने का डर भी बना रहता है; लेकिन आप इससे बच नहीं सकते। इसका सामना तो आपको करना ही पड़ता है। दरअसल सफलता और असफलता 'हाँ' और 'न' या पॉजिटिव और नेगेटिव की तरह के दो विकल्प हैं। थॉमस अल्वा एडीसन असफलता को भी सफलता के रूप में देखते थे; क्योंकि इससे हमें ऐसे एक और तरीके के बारे में जानने में सफलता मिलती है, जो हमें सफलता की ओर ले जानेवाला नहीं होता है। इस प्रकार, छोटी-छोटी असफलताओं से हर बार कुछ नया सीखते हुए एडीसन

अपने बड़े उद्देश्य की ओर बढ़ते जाते थे। सफलता को असफलता का दुश्मन नहीं कहा जाना चाहिए। वस्तुतः सफलता असफलता का विलोम है, जिसका मतलब है कि इसमें परिष्कार करके इसे सफलता का रूप दिया जा सकता है। सफलता के दुश्मन हैं—आत्मतुष्टि, आलस्य, अति-उत्साह।

आत्मतुष्टि का मतलब है—कोशिश न करना या फिक्र न करना। अगर हमें अपनी मंजिल तक सफलतापूर्वक पहुँचने की फिक्र न हो तो हमारे सपने, हमारे लक्ष्य सपने और लक्ष्य ही बनकर रह जाएँगे। और हमें अपनी मंजिल तक पहुँचने की चिंता तो हो, लेकिन उस पर आलस्य का परदा पड़ा रहे तो उस स्थिति में भी हमारे सपने और हमारे उद्देश्य सपने और उद्देश्य भर रह जाएँगे।

अति-उत्साह में कई बार हम जरूरत से ज्यादा काम कर जाते हैं, इससे भी हमारी सफलता प्रभावित होती है। अगर हम अपनी मंजिल को लेकर फिक्रमंद हों और उसके लिए कोशिश करने को भी तैयार हों, लेकिन अति-उत्साह में आकर हम कुछ ज्यादा ही कर बैठें तो उस स्थिति में भी हम अपने लक्ष्य तक नहीं पहुँच पाते हैं।

सपना चाहे ढेर सारा पैसा कमाने का हो या किसी खास मुकाम पर पहुँचने का, उसे पाने के लिए आपका फिक्रमंद होना और जरूरी कदम उठाना एक आवश्यक शर्त होती है। इस शर्त को पूरा करके ही आप अपने गंतव्य तक पहुँचने में सफल हो सकते हैं।

सफलता में दृष्टिकोण की बहुत बड़ी भूमिका होती है। अगर उपयुक्त दृष्टिकोण का अभाव है तो सफलता भी संदेह के घेरे में आ जाती है। गोल्फ के खेल में अगर आप गेंद को उछालने में अनमनापन दिखाते हैं तो परिणाम भी आधा-अधूरा ही मिलेगा, क्योंकि उस स्थिति में गेंद ज्यादा दूर तक नहीं जाएगी। यही नियम हमारे जीवन पर भी लागू होता है। अगर आप सतत रूप से सकारात्मक दृष्टिकोण कायम रखकर अपनी कोशिश को अंजाम नहीं देते तो आपका जीवन कमजोर बना रह जाएगा।

खेल चाहे जीवन का हो या फिर मनोरंजन के लिए खेला जानेवाला खेल हो, उसमें खिलाड़ी की जीत बहुत हद तक उसकी सोच पर निर्भर करती है। उसके दृष्टिकोण की क्षमता सीमित हो सकती है, लेकिन अपने सकारात्मक दृष्टिकोण से वह चाहे तो अपनी इस कमजोरी को निष्प्रभावी कर सकता है। दूसरी ओर, किसी खिलाड़ी में बहुत प्रतिभा है, लेकिन अगर उसकी सोच या दृष्टिकोण सही नहीं है तो वह अपने लक्ष्य तक नहीं पहुँच पाएगा। वस्तुतः उत्कृष्टता को निकृष्टता से अलग करनेवाली हमारी सोच ही होती है। सोच या दृष्टिकोण—वैसे तो यह एक

मामूली सी चीज है, लेकिन इसका काम बहुत बड़ा होता है। आप कितनी ऊँचाई तक स्वयं को ले जा सकते हैं, यह बात आपकी सोच ही तय करती है। इस तरह की विजयी सोच विकसित करने के लिए आपको अपने उद्देश्य को लेकर स्पष्ट होना पड़ता है और उसके अनुसार काम करने के लिए हिम्मत और लगन का इस्तेमाल करना पड़ता है। अतः अपने मन को कुछ इस तरह तैयार करें कि विपरीत परिस्थितियों में भी अपने लक्ष्य की ओर आगे बढ़ते हुए रास्ते में आनेवाली चुनौतियों को सकारात्मक सोच के साथ स्वीकार करें।

मन में यह सोच विकसित करें कि जहाँ सकारात्मक सोच है, वहाँ असफलता नहीं हो सकती। सबकुछ परिणाम पर निर्भर करता है। अगर आपको वांछित परिणाम नहीं मिला तो जानने की कोशिश करें कि कहाँ, क्या कमी रह गई और फिर, अगले प्रयास में उस कमी को दूर करें। इस प्रकार तब तक प्रयास करते रहें, जब तक आपको वांछित परिणाम प्राप्त नहीं होता। ऐसे परिवेश में असफलता का डर गायब हो जाता है और सकारात्मक परिणाम सामने होते हैं। याद रहे कि जीवन के खेल में काट-छाँट के लिए कोई मौका नहीं होता है। अपनी सोच या विश्वास को एक धारणा बना लें कि आप वांछित परिणाम तक पहुँच सकते हैं और पहुँचेंगे। अगर रास्ते में कोई बाधा आती है तो उसे दूर करें या दूसरा रास्ता अपनाएँ। साथ-ही-साथ यह मानकर चलें कि जितनी ज्यादा आप कोशिश करेंगे, उतना ही ज्यादा आपके कौशल का विकास होगा और आप जीवन के लक्ष्य के उतने ही करीब होंगे। इस विजयी सोच के साथ आगे बढ़ें और जीवन से ज्यादा-से-ज्यादा हासिल करने की कोशिश करें।

शुरुआती किस्मत से सावधान रहें

संबंध आधारित पूर्वग्रह की एक शाखा—अतीत के साथ एक मिथ्या कड़ी जोड़ना। कैसिनो वादक इसे अच्छी तरह से जानते हैं। वे इसे 'बिगिनर्स लक' (Beginner's luck), यानी खेल में नया-नया आनेवाला कोई खिलाड़ी जब शुरुआती राउंड में ही हारने लगता है तो वह पीछे हटना शुरू कर देता है। लेकिन जो टिक जाता है, वह आगे बढ़ता चला जाता है; क्योंकि जैसे-जैसे संभावनाएँ बढ़ती जाती हैं, वैसे-वैसे उसकी अंतःप्रेरणा भी बढ़ती जाती है।

'बिगिनर्स लक' की अर्थव्यवस्था में महत्त्वपूर्ण भूमिका होती है। मान लीजिए, 'अ' कंपनी ने तीन छोटी कंपनियों 'ब', 'स' और 'द' को खरीद लिया। अधिग्रहण सफल साबित होता है और डायरेक्टरों को लगता है कि उनके पास अधिग्रहण का

यथार्थ कौशल मौजूद है। इस प्रकार, आत्मविश्वास में आकर वे एक और कंपनी 'य' को भी खरीद लेते हैं, जो काफी बड़ी है। अब, चार-चार कंपनियों को एक साथ मिलाकर चलाना बहुत मुश्किल हो जाता है और उनका प्रबंधन सँभाल पाना असंभव-सा हो जाता है। सच पूछा जाए तो ऐसा तो होना ही था, क्योंकि पूर्व के अधिग्रहण में सबकुछ ठीक-ठीक हो गया था, इसलिए किस्मत की इस अनुकूलता ने उनके विवेक को दबा दिया।

स्टॉक एक्सचेंज में भी यही होता है। '90 के दशक में शुरुआती सफलता से प्रोत्साहित होकर कई निवेशकों ने अपने जीवन भर की जमा-पूँजी इंटरनेट स्टॉक में लगा दी। कुछ लोगों ने तो ऋण लेकर निवेश किया था। लेकिन निवेशक यहाँ की बारीकी नहीं समझ पाए। उस समय मार्केट तेजी पर था, इसलिए उन्हें अपने निवेश पर अच्छा मुनाफा मिल गया। इसका उनके बाजार कौशल से कोई लेना-देना नहीं था। उन्हें मुनाफा तो स्वाभाविक रूप से होना ही था। लेकिन बाद में बाजार मंदा हो गया; इसलिए उन्हें नुकसान उठाना पड़ा।

हाल ही में अमेरिका में हाउसिंग के क्षेत्र में आई तेजी के दौरान भी ऐसा ही कुछ देखने को मिला। डॉक्टर, वकील, अध्यापक और टैक्सी ड्राइवर—सब अपना-अपना नौकरी-पेशा छोड़कर मकान खरीदने-बेचने के धंधे में लग गए। शुरू में इसमें उन्हें मोटा मुनाफा हुआ; लेकिन यह उनके किसी खास कौशल के कारण नहीं था। इस तेजी के दौर में कोई बिल्कुल ही नौसिखिया दलाल होता तो वह भी अच्छा मुनाफा कमा सकता था; लेकिन अंत में जब मंदी का दौर शुरू हुआ तो लोग प्रॉपर्टी लेकर बैठे ही रह गए। कोई उन्हें खरीदने को तैयार नहीं था।

इतिहास में भी शुरुआती किस्मत के ऐसे अनेक उदाहरण मिलेंगे—मुझे तो लगता है कि नेपोलियन या हिटलर को शुरुआत में छोटी-छोटी लड़ाइयों में जीत हासिल करने के बाद रूसियों के खिलाफ बड़ा अभियान शुरू करने की हिम्मत मिली होगी।

लेकिन यहाँ सवाल उठता है कि इस शुरुआती किस्मत और वास्तविक कौशल में अंतर कैसे किया जाए? इसके लिए कोई स्थापित नियम तो नहीं है, लेकिन दो ऐसे टिप्स हैं, जिनसे इसमें कुछ मदद मिल सकती है—पहला, अगर लगातार लंबे समय तक आप दूसरे लोगों की अपेक्षा ज्यादा कामयाब बने रहते हैं तो आप कह सकते हैं कि यहाँ आपका कौशल काम कर रहा है। दूसरा, प्रतिस्पर्धा में जितने ज्यादा लोग होंगे, इस बात की संभावना भी उतनी ही ज्यादा होगी कि उनमें से कोई एक बार-बार खुशकिस्मत साबित होगा। वह खुशकिस्मत आप भी हो सकते

हैं। अगर कुल दस प्रतिस्पर्धी हैं और आप लगातार कई साल तक उनसे आगे बने रहते हैं तो आप इसे अपने कौशल का करिश्मा मान सकते हैं। लेकिन अगर दस लाख प्रतिस्पर्धियों में आप किसी वर्ष विशेष में आगे हैं (और उसके बाद आपका प्रदर्शन अचानक गिर जाता है) तो इसे आपका व्यावसायिक कौशल नहीं, बल्कि किस्मत का करिश्मा ही कहा जाएगा।

कोई भी निष्कर्ष निकालने से पहले अच्छी तरह से देख-परख लें। शुरुआती किस्मत के प्रभाव में अपना नुकसान हो सकता है, इसलिए गलत धारणा से बचें। मेरा पहला उपन्यास 'थर्टी फाइव' तैयार था। मैंने उसे एक प्रकाशक के पास भेजा जो तुरंत उसे छापने के लिए तैयार हो गया। एक बार को मैं स्वयं को साहित्य जगत् की सनसनी मान बैठा। लेकिन उसके बाद मैंने उस पांडुलिपि को दस अन्य बड़े प्रकाशकों के पास भेजा—और दसों ने अस्वीकृत कर दिया। इस प्रकार, मेरी धारणा गलत साबित हुई।

□

अध्याय-8

समय-प्रबंधन

[समय-प्रबंधन एक कौशल है, जिसे सीखने का तरीका वैसा ही है जैसे कोई नई भाषा सीखना। अगर आप इसमें स्वयं को कुशल बनाना चाहते हैं तो ऐसा पूरी तरह संभव है।]

समय-प्रबंधन के बारे में जाननेवाली सबसे पहली बात यह है कि समय एक सैद्धांतिक चीज या भाववाचक संज्ञा है, इसलिए व्यावहारिक तौर पर आप इसका प्रबंधन नहीं कर सकते। तो जब समय-प्रबंधन की बात आती है तो आपको अपना स्वयं का प्रबंधन करना होता है। आपको तय करना होता है कि क्या करना है, क़ब करना है और कितने समय में करना है।

ध्यान रहे, विद्यार्थी के लिए आदर्श समय-प्रबंधन का अर्थ यह नहीं होता कि उसमें दिन के एक-एक पल का हिसाब-किताब रखा जाए। समय-प्रबंधन का उद्देश्य आपको व्यवस्थित, नियंत्रित रखना होता है। अगर आपका समय-प्रबंधन अच्छा नहीं है तो वह आपके लिए चिंता एवं निराशा का कारण बन सकता है, जो अंततः आपकी पढ़ाई पर नकारात्मक असर डालता है। अतः ऐसी स्थिति से बचने के लिए जरूरी है कि अपने समय का सावधानीपूर्वक नियोजन किया जाए।

पढ़ने के लिए बैठने के समय कुछ इस तरह के सवाल उठ सकते हैं—

सफलता और असफलता का सीधा संबंध इस बात से है कि आप अपने समय का उपयोग किस तरह करते हैं। दिन और रात में मिलाकर चौबीस घंटे ही हम सबके पास होते हैं, लेकिन हममें से जो कोई उन चौबीस घंटों का उपयोग बुद्धिमत्तापूर्वक करता है, वह बाकी लोगों की अपेक्षा ज्यादा कामयाब हो सकता है। अगर आप दूसरे लोगों की अपेक्षा रोज तीन गुना ज्यादा समय पढ़ाई पर देते हैं तो इसका मतलब हुआ कि आप दूसरे लोगों से तीन दिन आगे हैं। हालाँकि सिर्फ समय देना ही सफलता

की गारंटी नहीं है, यहाँ महत्त्वपूर्ण होती है समय की गुणवत्ता या उत्पादकता। जीवन का एक-एक क्षण कीमती है, इसलिए इसे व्यर्थ न गँवाएँ। पढ़ाई की अच्छी आदत विकसित करने के लिए समय-प्रबंधन बहुत जरूरी है। वस्तुतः पढ़ाई ही नहीं, बल्कि जीवन के हर क्षेत्र में समय-प्रबंधन का समान रूप से महत्त्व है।

सफलता और उत्पादकता सुनिश्चित करनेवाले फॉर्मूले का यह सबसे महत्त्वपूर्ण हिस्सा है।

स्वयं को समय का गुलाम न बनाएँ और इसके एक-एक पल का विवेकपूर्ण सदुपयोग सुनिश्चित करें। अगर आप समय का ठीक-ठीक प्रबंधन कर रहे हैं तो एक शब्द 'न' का प्रयोग प्रायः बहुत महत्त्वपूर्ण हो जाता है—खासकर उस समय, जब आपको काम करना है और आपके दोस्त आपको अपने साथ बाहर ले जाना चाहते हैं। ऐसी स्थिति में 'न' बोलने की आदत डालें। जब आप एक अच्छा समय-प्रबंधन कौशल विकसित कर लेंगे तो अन्य क्रियाकलापों का आनंद लेने के लिए भी आपके पास पर्याप्त समय होगा। समय का नियोजन करते समय अपनी जरूरत और क्षमता दोनों को ध्यान में रखें। इतना बोझ अपने ऊपर न रखें कि उसे लेकर चलना आपके लिए मुश्किल हो जाए। काम के साथ-साथ संबंधों को भी ध्यान में रखना है। अतः अपनी प्राथमिकताएँ तय करें और उसके अनुसार कार्य करें। अपनी पढ़ाई से जुड़ी प्राथमिकता सूची तो आप अभी और इसी वक्त तैयार कर लें, जिसमें आप शिक्षा, कॅरियर, परिवार, सामाजिक जीवन जैसे पहलुओं को शामिल कर सकते हैं।

समय-प्रबंधन क्यों किया जाए?

अच्छा समय-प्रबंधन आपको देता है—	सकारात्मक (+)	नकारात्मक (—)	खराब समय-प्रबंधन आपको देता है—
उत्पादकता	↓	↑	उत्पादकता
ऊर्जा स्तर			ऊर्जा स्तर
संगठनात्मकता			संगठनहीनता
पूर्ण कार्य			अपूर्ण कार्य
समय की किफायत			समय का अपव्यय
सकारात्मक संबंध			नकारात्मक संबंध
स्वास्थ्य			बीमारी

अब, शुरू कहाँ से किया जाए? थ्योरी से या प्रैक्टिकल से? यहीं आपकी साप्ताहिक कार्य-सारणी और समय-प्रबंधन की भूमिका महत्त्वपूर्ण हो जाती है। यहाँ आपके मार्गदर्शन के लिए कुछ सिद्धांत दिए जा रहे हैं—

- अपने अध्ययन कक्ष में चीजों को कुछ इस तरह व्यवस्थित करके रखें कि जब भी आपको किसी चीज की जरूरत पड़े, वह आपको आसानी से मिल जाए।
- चेक लिस्ट एवं टाइम टेबल बनाएँ और उसका कड़ाई से पालन करें।
- विभिन्न विषय, जो आपको पढ़ने हैं, उनकी एक सूची बनाएँ, जिसमें अलग-अलग विषय को उसके महत्त्व के अनुसार प्राथमिकता दें। ऐसी गलती न करें कि आसान लगनेवाले विषय या पाठ पढ़ते जाएँ और कठिन विषयों या पाठों को बाद में पढ़ने के लिए छोड़ते जाएँ। उसके बाद प्राथमिकता सूची के अनुसार पहला विषय या पाठ पढ़ना शुरू करें और उसके निर्धारित समय का पूरा-पूरा सदुपयोग करें। उसके बाद दूसरे, तीसरे और चौथे विषय या पाठ पर आएँ। अगर आप पहले से यह तय करके नहीं रखेंगे कि क्या पढ़ना है और कितना पढ़ना है तो आप एक पाठ से दूसरे पाठ के बीच घूमते रहेंगे और कुछ भी नहीं पढ़ पाएँगे।
- जब आप एक पीरियड की पढ़ाई पूरी कर लें तो कुछ मिनट का समय यह जाँच करने में लगाएँ कि आपने समय का कितना सदुपयोग किया। अगर आपको लगे कि समय का सदुपयोग नहीं हुआ तो उसके कारण का पता लगाएँ और उसमें सुधार करते हुए समय का सदुपयोग सुनिश्चित करें।
- अगर आप चाहते हैं कि कोई आगंतुक आपको डिस्टर्ब न करे तो अपने कमरे का दरवाजा बंद रखें। अगर कोई आगंतुक या दोस्त आता भी है तो उसके साथ आराम से बैठकर बातचीत करने के बजाय दरवाजे के पास ही खड़े होकर जरूरी बातें कर लें और उसके बाद उसे जाने दें। अगर आप उसके साथ आराम से बैठकर बातें करने लगेंगे तो बातचीत घंटों तक चल सकती है, जिसमें आपके कीमती समय की बरबादी होगी। इसलिए कभी-कभी—खासकर जब आप कोई जरूरी काम या पढ़ाई कर रहे हों—'न' कहने की आदत डालें।
- समय-सारणी तैयार करते समय यह बात भी ध्यान में रखें कि आपको रात में आठ घंटे सोने के लिए चाहिए और पढ़ाई के दौरान भी बीच-

बीच में नियमित विश्राम मिलना चाहिए। अगर आप स्वयं पर जरूरत से ज्यादा बोझ डालेंगे तो वांछित स्तर का परिणाम नहीं प्राप्त कर पाएँगे। बीच-बीच में विश्राम और मनोरंजन मिलते रहने से आप शरीर और मन दोनों से तरोताजा महसूस करेंगे।

अच्छा समय-प्रबंधक वह होता है, जो—

- अनियोजित का नियोजन करता है।
- ऐसी समय-सारणी तैयार करता है, जो जरूरत और बदलाव के अनुरूप लोचशील हो।
- कार्यों को उनकी प्राथमिकता के अनुसार करता है।
- कार्योत्पादक होता है।
- अलग-अलग क्रियाकलापों को सुनियोजित कर लेता है।
- अपने अल्पकालिक और दीर्घकालिक लक्ष्यों को सामने रखता है।
- अपने लिए दैनिक, साप्ताहिक और मासिक आधार पर अलग-अलग कार्य-सारणी बनाता है।

अगर इसमें आपको दिक्कत आती है तो स्वयं को दोषी न मानें। समय एक रेखीय अवधारणा है और कुछ लोग रेखीय आधार पर सोचना पसंद नहीं करते। इसके लिए सबसे पहले कुछ चीजों का इंतजाम करें—

- दीवार पर लगाने के लिए एक नोटिस बोर्ड।
- नोटिस बोर्ड पर एक ईयर-प्लानर; उस पर परीक्षा के विषयों और तिथियों को चमकदार रंग से चिह्नित करें।
- दैनिक आधार पर नोट बनाने के लिए एक डायरी।
- एक किचन टाइमर, जो आपको याद दिलाए कि कब आपको छुट्टी करनी है और कब कहीं जाना है।
- अगर आपके पास मोबाइल फोन है तो उसमें जरूरी काम के लिए अलार्म सेट कर सकते हैं।
- पूरे सप्ताह में आपको जो-जो काम करने हैं, उनके लिए समय निर्धारित कर लें।
- पोस्ट इट नोट का प्रयोग भी कर सकते हैं; जैसे—किसी विशेष दिन आपको कॉलेज या यूनिवर्सिटी के लिए क्या लेकर जाना है, उसका नोट बनाकर दरवाजे पर लगाना।

समय-प्रबंधन का संबंध एक तरह से व्यक्तिगत संगठन से है, इसलिए कुछ और चीजों की जरूरत भी हो सकती है—

- पेपर रखने के लिए स्टैकिंग ट्रे।
- एक फाइल सिस्टम।
- अलग-अलग विषय के लिए अलग-अलग कलर-कोडेड रिंग बाइंडर।

डायरी की उपयोगिता तभी है, जब आप समय-समय पर उसे देखते रहें; उसी तरह फाइलिंग सिस्टम की उपयोगिता भी तभी है, जब आप अपने पेपर उसमें रखने की आदत डालें। जब आप क्लास से निकलें तो अपने उस दिन के नोट्स पर तारीख डालकर उसे फाइल में डाल दें। अगर आप साप्ताहिक आधार पर समय-नियोजन कर रहे हैं तो कुछ समय इन चीजों के लिए भी रखें—

- विषय के बारे में सोच-विचार,
- सेमिनार की तैयारी,
- ट्यूटोरियल की तैयारी,
- निजी काम,
- अपने पेपर्स को व्यवस्थित करके उन्हें फाइल में लगाना,
- अपनी सीखने की प्रक्रिया पर चिंतन करना,
- विषय के बारे में किसी के साथ बातचीत करना,
- किसी प्रोजेक्ट/एसाइनमेंट पर शोध-अनुसंधान करना,
- निबंध का ड्राफ्ट तैयार करना,
- अपनी लिखी सामग्री का संपादन करना।

साथ ही, अपनी टाइम प्लानिंग (समय-नियोजन) में इन चीजों को भी शामिल करें—

- शॉपिंग,
- खेलकूद या जिम,
- जॉब,
- इष्ट मित्रों से मिलना।

लगातार कुछ देर पढ़ने के बाद थोड़ी देर के लिए अवकाश या मन-बहलाव भी जरूरी होता है। आदर्श समय-प्रबंधन वही होता है, जिसमें यह ध्यान रखा जाए कि कौन सा समय पढ़ने के लिए अच्छा है और कब कितनी देर का ब्रेक लेना

है। इसलिए लगभग 50 मिनट की पढ़ाई के बाद आपको 10 मिनट का ब्रेक लेना चाहिए, जिसमें आप चाय/कॉफी या चॉकलेट बार ले सकते हैं।

समय की बचत के लिए कुछ टिप्स—

नोट्स बनाते समय

- नोट्स बनाने के लिए छेदवाले फाइल पेपर का प्रयोग करें, जिन्हें आसानी से फाइल किया जा सके। इससे आपको दोबारा उसे नोटबुक में लिखने की जरूरत नहीं रह जाएगी और आपका समय बचेगा।
- नोट्स में लिखते समय कट या संक्षिप्त रूप में लिखें, जैसे—'परीक्षा' के लिए 'प.' और 'उपयोगी' के लिए 'उप.' आदि।
- शब्दों, वाक्यों और अनुच्छेदों के बीच पर्याप्त अंतर रखें। इससे उसे पढ़ने में भी आसानी होगी और बाद में जरूरत पड़ने पर उसमें कुछ और सामग्री भी जोड़ी जा सकेगी।
- अपने नोट्स को फाइल करते रहें।
- महत्त्वपूर्ण जानकारी को हाईलाइट करने के लिए हाईलाइटर पेन का इस्तेमाल करें।

पढ़ते समय

यह देखें कि कौन सी पुस्तक या सामग्री/लेख आदि पढ़ने की जरूरत है।

- वही सामग्री पढ़ें, जो उस समय के लिए जरूरी है।
- पढ़ते समय कहीं कोई बिंदु महत्त्वपूर्ण लगे तो उसे नोटबुक में लिखते चलें।
- पुस्तक के नाम तथा लेखक व प्रकाशक के नाम पर जरूर ध्यान दें। उसे लिख लें। इससे आपको संदर्भ-सूची तैयार करने में मदद मिलेगी और समय बचेगा।

चिंतन-मनन

जो कुछ आपने पढ़ा है, उस पर चिंतन-मनन करें। जरूरत पड़ने पर किसी अन्य के साथ उस पर बातचीत भी करें।

- डायरी अपने साथ रखें और जब भी कोई विचार मन में आए, उसे उसी समय डायरी में लिख लें।

- विभिन्न विचारों-अवधारणाओं को ज्यादा स्पष्ट रूप से समझने के लिए रेखाचित्रों का प्रयोग करें।

विद्यार्थियों के लिए समय-प्रबंधन तकनीक

- अपने पढ़ने का समय ऐसा निर्धारित करें, जिससे आपके रूममेट या परिवार के सदस्यों को दिक्कत न हो।
- दिन की समाप्ति पर एक बार सोचें कि क्या आज की तिथि में कोई एक काम और कर सकते हैं? अगर हाँ तो इससे आपकी उत्पादकता बढ़ेगी।
- विचार करें कि क्या आप जो काम अभी कर रहे हैं, वह आपकी प्राथमिकता के अनुरूप है? प्राथमिकता का ध्यान जरूर रखें।
- अगर कोई काम कठिन लग रहा है तो भी हिम्मत न हारें, उसे शुरू करें। समझ लीजिए कि आपने आधी लड़ाई जीत ली।
- मनोरंजन, मौज-मस्ती के लिए भी कुछ समय निकालें।
- काम के निर्धारित अंतिम मिनट की प्रतीक्षा करने के बजाय थोड़ा पहले ही काम शुरू कर दें।
- अपनी समय या कार्य-सारणी में आवश्यकता के अनुरूप बदलाव की गुंजाइश रखें।
- हमेशा व्यावहारिक लक्ष्य लेकर चलें, जिसे पूरा किया जा सके।

जरा सोचिए, आपके पास कुल 86,400 सेकंड का समय है। उसमें से किसी ने 10 सेकंड ले लिये। ऐसे में क्या आप परेशान हो उठेंगे और शेष बचे 86,390 सेकंड की ओर ध्यान न देते हुए 10 सेकंड लेनेवाले उस आदमी से उलझ पड़ेंगे? या फिर उस आदमी की ओर ध्यान न देते हुए अपने बाकी बचे 86,390 सेकंड के सदुपयोग में लगे रहेंगे? जी हाँ, यही अच्छा तरीका है। तो, आपके पास रोज के 86,400 सेकंड हैं। उनमें से नकारात्मक 10 सेकंड के कारण आप अपने बाकी 86,390 सेकंड को क्यों बरबाद करें? इस तरह की छोटी-छोटी चीजों में उलझने के बजाय हमें जीवन के बाकी बचे बड़े हिस्से पर ध्यान केंद्रित करके रखना चाहिए।

समय कहाँ जाता है?

कभी-कभी आपको ऐसा लग सकता है कि सप्ताह भर में आपको जितने काम करने हैं, उसके लिए आपके पास समय पर्याप्त नहीं है। यह बात सच भी हो

सकती है या फिर ऐसा भी हो सकता है कि आप समय का सही ढंग से उपयोग न कर रहे हों। अगर आप यह जानना चाहते हैं कि आपका समय कहाँ चला जाता है तो नीचे दी गई तालिका को भरिए। बिल्कुल सही-सही जानकारी भरें। कुछ काम जो रोज के हैं, उनकी साप्ताहिक गणना के लिए 7 से गुणा करने की जरूरत नहीं है। कुछ काम, जो सप्ताह में कई बार किए जानेवाले हैं, उन्हें उतने ही अंक से गुणा करें, जितनी बार वे सप्ताह में किए जा रहे हैं। सारे प्रश्नों के उत्तर भरने के बाद आपको पता लग जाएगा कि पढ़ाई के लिए सप्ताह में आपके पास कितना समय बचता है। इस प्रकार आप अपने समय का बेहतर उपयोग सुनिश्चित कर पाएँगे।

काम का विवरण	दिन में कितने घंटे	गुणा	सप्ताह में कितने दिन	सप्ताह में कितने घंटे
दिन-रात में मिलाकर कितने घंटे सोते हैं?		×		
शरीर की साफ-सफाई और बनाव-श्रृंगार में रोज कितने घंटे लगाते हैं?		×		
खाना खाने, तैयारी करने में कितना समय लगाते हैं?		×		
कहीं आने-जाने में कितना समय लगाते हैं? गाड़ी पार्क करने और पैदल चलने का समय भी शामिल करें।		×		
दिन भर में कितनी देर मौज-मस्ती करते हैं?		×		
अन्य क्रियाकलाप।				
अन्य सामाजिक गतिविधियों के लिए सप्ताह में कितने घंटे देते हैं?				
सप्ताह में कितने घंटे जॉब के लिए देते हैं।				

सप्ताह में कितने घंटे क्लास के लिए देते हैं?				
दोस्तों के साथ घूमने-फिरने, टी. वी. देखने आदि के लिए सप्ताह में कितने घंटे लगाते हैं?				
अन्य क्रियाकलाप।				
प्रति सप्ताह कुल घंटे।		×		
प्रति सप्ताह उपलब्ध समय (घंटे में)।				
सप्ताह के कुल घंटों में से अलग-अलग क्रियाकलापों पर खर्च किए जानेवाले घंटों को घटा दें।		×		
पढ़ने के लिए उपलब्ध घंटे।				

ध्यान रहे कि समय-प्रबंधन की ज्यादातर समस्याएँ तैयारी, लक्ष्य-निर्धारण, निष्ठा और एकाग्रता से जुड़ी होती हैं। उन अध्यायों को बार-बार पढ़ें, जिनमें इन विषयों के बारे में चर्चा हो; रणनीतियों व सिद्धांतों को कार्यरूप दें, फिर देखें कि किस तरह आपकी समय-प्रबंधन की समस्याएँ गायब हो जाती हैं। समय-प्रबंधन में अपने फॉर्मूले में निम्न रणनीति को जरूर शामिल करें।

जोखिम और अनिश्चय में अंतर

दो बॉक्स हैं—'अ' और 'ब'। 'अ' बॉक्स में 100 गेंदें हैं, जिनमें से 50 लाल और 50 काले रंग की हैं। 'ब' बॉक्स में भी 100 गेंदें हैं, लेकिन आपको मालूम नहीं है कि उनमें से कितनी लाल और कितनी काली हैं। बिना देखे किसी एक बॉक्स में हाथ डालकर एक लाल रंग की गेंद निकालने पर आपको 100 रुपए मिलनेवाले हैं। अब बताइए, आप कौन से बॉक्स में हाथ डालेंगे? 'अ' या 'ब'? निश्चित रूप से ज्यादातर लोग 'अ' बॉक्स में ही हाथ डालना चाहेंगे।

इसी तरह, बिना देखे एक काली गेंद निकालने पर आपको 100 रुपए मिलनेवाले हैं। अब बताइए, आप कौन से बॉक्स में हाथ डालना चाहेंगे? इस बार

भी ज्यादातर लोग बॉक्स 'अ' में ही हाथ डालना चाहेंगे। लेकिन यह तर्कसंगत नहीं है। पहले राउंड में आपने मान लिया कि बॉक्स 'ब' में लाल रंग की कम गेंदें होंगी (और काले रंग की ज्यादा) तो इस तर्क के अनुसार दूसरे राउंड में आपको बॉक्स 'ब' को चुनना चाहिए।

कोई बात नहीं; ऐसे आप अकेले व्यक्ति नहीं हैं। इस परिणाम को हार्वर्ड के पूर्व मनोविज्ञानी डेनियल एल्सबर्ग (Daniel Ellsberg) के नाम पर 'पैराडॉक्स' (Ellsberg Paradox) के नाम से जाना जाता है। (बाद में उन्होंने पेंटागन के अति गोपनीय कागजात प्रेस तक पहुँचा दिए थे, जो राष्ट्रपति निक्सन के पतन का कारण बना।) एल्सबर्ग पैराडॉक्स इस बात का प्रमाण प्रस्तुत करता है कि हम प्राय: अज्ञात संभावनाओं के बजाय ज्ञात संभावनाओं पर विश्वास करते हैं।

तो, अब हम आते हैं जोखिम और अनिश्चय के बीच अंतर के विषय पर। जोखिम की स्थिति वह होती है, जिसमें संभावनाएँ ज्ञात होती हैं; जबकि अनिश्चय या दुविधा की स्थिति में संभावनाएँ अनिश्चित होती हैं। जोखिम के आधार पर आप तय करते हैं कि जुआ खेला जाए या नहीं। परंतु अनिश्चय की स्थिति में निर्णय लेना मुश्किल हो जाता है। हालाँकि जोखिम और अनिश्चय को अकसर एक बात मान लिया जाता है। जोखिम की स्थिति में सकारात्मक या नकारात्मक परिणाम का आकलन किया जा सकता है; लेकिन अनिश्चय की स्थिति में इस तरह का आकलन नहीं किया जा सकता। जोखिम के 300 साल पुराने शास्त्र को ही 'सांख्यिकी' कहा जाता है, जिसे पढ़ानेवाले कितने सारे प्रोफेसर हैं; लेकिन अनिश्चय के विषय पर एक भी पाठ्य पुस्तक नहीं है। इसी के चलते हम अनिश्चय के विषय को जोखिम की श्रेणी में रखने की कोशिश करने लगते हैं, लेकिन मेल नहीं बैठता। दो अलग-अलग उदाहरण लेते हैं—एक चिकित्सा क्षेत्र से (जिसमें ऐसा चलता है) और एक अर्थ क्षेत्र से (जिसमें ऐसा नहीं चलता है)।

धरती पर करोड़ों-अरबों लोग रहते हैं। हमारे शरीर के आकार-प्रकार में बहुत ज्यादा अंतर नहीं होता है। ऐसा नहीं है कि हममें से कोई सौ फीट लंबा हो या कोई हजार साल तक जिंदा रहे। इसी तरह, हम सभी के दो आँखें, दो कान, बत्तीस दाँत, एक दिल है। इस प्रकार, हम बहुत हद तक एक-दूसरे के समान हैं। यही कारण है कि हमारी बीमारियाँ भी एक जैसी हैं। तभी तो हम कहते हैं— "आपके कैंसर से मरने का 30 प्रतिशत खतरा है।" दूसरी ओर, अगर हम यह कहें कि अगले पाँच साल में यूरो के गिरने की 30 प्रतिशत संभावना है तो इसका कोई मतलब नहीं निकलता। क्यों ? क्योंकि अर्थव्यवस्था में अनिश्चय की स्थिति

होती है। ऐसी करोड़ों-अरबों करेंसी नहीं हैं, जिनके इतिहास के आधार पर हम संभावनाएँ तय कर सकें। जोखिम और अनिश्चितता के बीच वही अंतर है, जो जीवन बीमा और क्रेडिट डिफॉल्ट स्वाप (Credit default swaps) के बीच होता है। क्रेडिट डिफॉल्ट स्वाप एक बीमा पॉलिसी है, जो कुछ खास तरह के डिफॉल्ट केस के लिए होती है। पहले केस, यानी जीवन बीमा के केस में हम जोखिम का आकलन करते हैं, जबकि दूसरे केस यानी क्रेडिट डिफॉल्ट स्वाप के केस में हम अनिश्चितता के आधार पर काम करते हैं। वर्ष 2008 के आर्थिक संकट में इस अनिश्चितता की भूमिका रही थी। जब इस तरह की बात हो कि 'मुद्रा स्फीति का जोखिम x प्रतिशत है' या 'हमारी इक्विटी में y प्रतिशत का जोखिम है तो हमारी चिंता वाजिब होती है।'

जल्दबाजी में (गलत) निर्णय लेने से बचने के लिए अनिश्चितता को झेलना सीखें। यह काम थोड़ा मुश्किल है, क्योंकि इस पर आप सक्रिय रूप से कुछ करने की स्थिति में नहीं होते हैं। हमारे मस्तिष्क का मध्य भाग, जो अखरोट के आकार का होता है, हमारी स्मृति और भावनाओं की प्रोसेसिंग करता है। इस भाग की शक्ति या क्षमता के आधार पर ही यह तय होता है कि आप अनिश्चितता को कितनी आसानी या मुश्किल से झेल पाते हैं। आपके राजनीतिक झुकाव की बात करें तो आप अनिश्चितता के प्रति जितने ज्यादा पराङ्मुखी (यानी विरोधी) होंगे, उतने ही ज्यादा परिवर्तन-विरोधी पार्टी का पक्ष लेनेवाले होंगे।

कुल मिलाकर बात यह है कि अगर आप अपनी सोच स्पष्ट रखना चाहते हैं तो जोखिम और अनिश्चितता के बीच के अंतर को समझें। स्पष्ट संभावना की बातें बहुत गिने-चुने मामलों में आती हैं—कैसिनो, टॉस और संभावना आधारित पाठ्य पुस्तकें। अकसर हम अनिश्चय या दुविधा की स्थिति में फँस जाते हैं, जो एक मुश्किल स्थिति होती है। इससे आगे बढ़ना सीखें।

□

अध्याय-9

अभ्यास और अभ्यास

['मैं कोशिश करूँगा' की जगह पर होना चाहिए—'मैं करूँगा'। 'मैं कोशिश करूँगा' इसका अर्थ यह निकलता है कि 'मैं ऐसा चाहता नहीं हूँ, लेकिन मजबूरी में ऐसा करना पड़ेगा।' कोशिश करने का मतलब यही होता है। जीवन में सफलता अच्छाई से नहीं आती, बल्कि उस अच्छाई के उपयोग से आती है।]

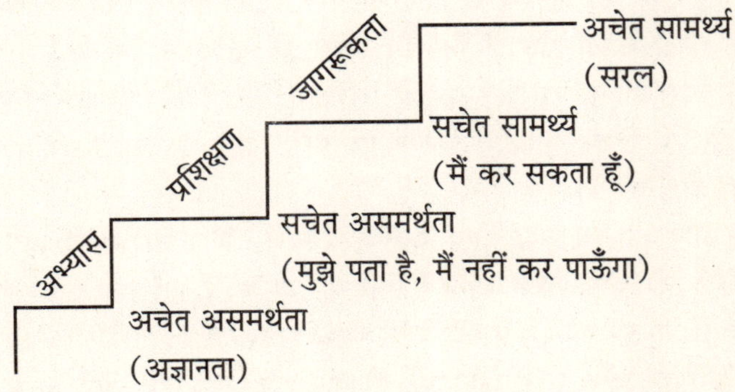

सफलता का कोई शॉर्टकट रास्ता नहीं होता। यह कोई ऐसी चीज नहीं है, जो आपको रास्ते में पड़ी मिल जाए। इसे पाने के लिए मेहनत, अनुशासन और त्याग की जरूरत होती है। जैसा कि हेनरी फोर्ड ने कहा था, ''आप जितना ज्यादा परिश्रम करेंगे, आपका भाग्य उतना ही ज्यादा चमकेगा।'' खेल में अपने कौशल को सुधारने के लिए अभ्यास बहुत महत्त्वपूर्ण होता है। खिलाड़ियों के लिए एक कहावत आपने सुनी होगी—'अच्छे खिलाड़ी के लिए तीन नियम—अभ्यास, अभ्यास, अभ्यास!'

सफलता के लिए कर्मठता सबसे पहली जरूरत है। इसके अभाव में आप व्यक्तिगत ठहराव की स्थिति में आ जाते हैं। माइकल जॉर्डन (Michael Jordan)

बास्केटबॉल की किताबें पढ़कर इतने बड़े बास्केटबॉल खिलाड़ी नहीं बने हैं। गैरी वायनर चुक (Vayner Chuk) मदिरा पर किताबें पढ़कर मदिरा विशेषज्ञ (Wine Expert) नहीं बने हैं। इसी तरह, स्टाइल (Style) कला पर किताबें पढ़कर इतने बड़े पिकअप आर्टिस्ट नहीं बने हैं।

अभ्यास और निजी अनुभव से बड़ी कोई चीज नहीं है। अगर हम सिर्फ पढ़कर सैद्धांतिक ज्ञान प्राप्त करते रहें और उसका व्यावहारिक अभ्यास न करें तो क्या होगा? 'अति-विश्लेषण के कारण उत्पन्न अकर्मण्यता।' इस स्थिति में हम इतना ज्यादा सोच-विचार में लग जाते हैं कि उस पर अमल ही नहीं कर पाते। कोई नया काम शुरू करने का एक आइडिया हमारे मन में आता है। उस पर हम विचार कर ही रहे होते हैं कि अगले दिन दो-तीन और संभावनाएँ हमारे दिमाग में आ जाती हैं। इस प्रकार, हमारे पास आइडिया-ही-आइडिया होते हैं—उन पर व्यावहारिक अमल का कोई विकल्प नहीं होता है।

आज जीवन के हर क्षेत्र में हमारे सामने एक नहीं, हजार विकल्प मौजूद रहते हैं—चाहे खाने की बात हो, लड़कियों के साथ दोस्ती की बात हो, कॅरियर की बात हो, घूमने की बात हो या फिर कोई और बात। कई बार तो विकल्प या संभावनाएँ इतनी ज्यादा होती हैं कि हम समझ ही नहीं पाते कि कहाँ से शुरू किया जाए। इस प्रकार, हम कुछ कर ही नहीं पाते, कोई निर्णय ही नहीं ले पाते। विकल्पों पर हम जितना ज्यादा चिंतन-मनन करेंगे, उतना ही ज्यादा अकर्मण्यता का शिकार होते जाएँगे।

जब आप कर्मठता दिखाते हुए काम शुरू कर देते हैं तो उस समय आप यह समझ जाते हैं कि आपको क्या करना है। कई बार हम स्वयं नहीं जान पाते कि हम क्या चाहते हैं, तो उसे पाने में हम कैसे कामयाब हो सकते हैं? इसीलिए नए-नए अनुभवों के साथ प्रयोग करना फायदेमंद हो सकता है। निस्संदेह, आगे बढ़ते हुए रास्ते में हमारा सामना कुछ अवांछित चीजों या स्थितियों से होगा; लेकिन कम-से-कम उससे हमें इतना तो पता चलेगा कि हमें जीवन में क्या चाहिए और क्या नहीं।

कभी-कभी अवांछित स्थिति को घटित होने से रोकने के बजाय उसे होने देना ज्यादा अच्छा होता है। हो सकता है, आपको बाद में लगे कि—

- वह स्थिति इतनी बुरी भी नहीं थी जितनी आप सोच रहे थे।
- उससे आपको कुछ नया सीखने को मिला, जो अन्यथा आप नहीं सीख सकते थे।
- उससे आपकी सहनशीलता बढ़ी और आपके अंदर और मजबूती आई।

निस्संदेह इस तरह की अज्ञात बातों या चीजों के बारे में सोचने में मजा आता है; लेकिन जब इसमें आपका समय और ऊर्जा इस हद तक खर्च होने लगे कि आप व्यावहारिक तौर पर अमल में लाने की स्थिति में न रह जाएँ तो उसे दिमाग से हटाकर व्यावहारिक तरीका अपनाना ज्यादा अच्छा हो जाता है।

मुहम्मद अली को अब तक के सबसे अच्छे हैवीवेट बॉक्सरों में से एक माना जाता है। ई.एस.पी.एन. (ESPN) की बीसवीं सदी के महानतम खिलाड़ियों की सूची में उनका माइकल जॉर्डन और बेब रूप के बाद तीसरा स्थान रहा। ट्रेनिंग कैंप में उनकी शैली और प्रदर्शन को देखकर ऐसा लगता ही नहीं था।

मुक्केबाजी को प्रशिक्षण का एक सबसे महत्त्वपूर्ण पहलू माना जाता है। ट्रेनिंग कैंप में बॉक्सर लगभग हर रोज मुक्केबाजी का अभ्यास करते हैं। परंतु मुहम्मद अली ने मुक्केबाजी की ओर कभी उतना ध्यान नहीं दिया। रिंग में वह अपने सह-खिलाड़ियों के साथ मुक्केबाजी करते तो थे, लेकिन इसमें वह बहुत ज्यादा संजीदगी नहीं दिखाते थे। उनके प्रशिक्षक एंजेलो डंडी (Angelo Dundee) के अनुसार, अली 10 या 15 सेकंड के लिए ही अपना कौशल दिखा पाते थे। उसके बाद वह दिलचस्पी नहीं रह जाती थी। ''जहाँ तक मैं जानता हूँ, अली ने जिम में एक भी राउंड नहीं जीता था।'' वर्ष 1980 में स्पोर्ट्स इलस्ट्रेटेड (Sports Illustrated) को उन्होंने बताया था, ''वह दुनिया के सबसे घटिया जिम फाइटर रहे थे। लेकिन हाँ, 10 या 15 सेकंड के लिए वह अपने कौशल का करिश्मा जरूर दिखा दिया करते थे।''

ट्रेनिंग में अली की दिलचस्पी भले न रही हो, लेकिन दौड़ में वह बराबर दिलचस्पी लेते थे, जिसे बॉक्सिंग का रोडवर्क माना जाता है। फाइट के लिए प्रशिक्षण के दौरान वह सप्ताह में तीन-चार दिन 3 से 5 मील की दौड़ लगाया करते थे। फाइट से दस सप्ताह पहले वह दौड़ का अभ्यास शुरू कर देते थे और फाइट से एक सप्ताह या दस दिन पहले बंद कर देते थे।

रिंग में अली को अपने हाथों की फुर्ती के लिए जाना जाता था। हैवीवेट बॉक्सिंग के इतिहास में खासकर उनका वामपक्षी प्रहार सबसे तेज माना जाता था। जब वह स्पीड बैग को हिट करते थे, उस समय पूरे ट्रेनिंग सेशन के दौरान उनके हाथों की तेजी देखते ही बनती थी। जिस तरह लेड जेप्लिन (Led Zeppelin) के जॉन ब्रॉहेम ड्रम पर हाथ चलाते थे, उसी तरह अली स्पीड बैग पर ताबड़तोड़ प्रहार करते थे; लेकिन हैवी बैग को हिट करने की बात आती थी तो अली का जज्बा वैसा नहीं रह जाता था। ज्यादातर हैवीवेट फाइटर एक अभ्यास सत्र में 15

से 20 मिनट तक हैवी बैग पर प्रहार करते हैं; जबकि अली 5 मिनट से ज्यादा नहीं रुक पाते थे। वह बोर हो जाते थे।

हाथों में तेजी लाने और स्वाभाविक खेल प्रतिभा विकसित करने के लिए बॉक्सरों द्वारा रस्सी-कूद का सहारा लिया जाता है। रस्सी-कूद में अली को सबसे अच्छा माना जाता था। एक ट्रेनिंग सेशन में वह 8 से 10 मिनट तक रस्सी-कूद करते थे।

इस प्रकार, निष्कर्ष यह निकलता है कि किसी भी काम में वांछित कुशलता प्राप्त करने के लिए अभ्यास की जरूरत होती है। इसलिए कुछ बातों का ध्यान रखें, जैसे—

- पहला अभ्यास जितनी जल्दी हो सके, कर डालें। अच्छा होगा कि क्लास के ठीक बाद ही अभ्यास शुरू कर दें।
- दिन की समाप्ति से पहले एक बार और अभ्यास करें।
- कुछ दिन के बाद तीसरा अभ्यास करें। इसमें हो सकता है कि आपको पूरे सप्ताह के क्लास लेक्चर (व्याख्यान) का दोहराव करना पड़े।
- धीरे-धीरे अभ्यास बढ़ाते रहें और याद रखनेवाले महत्त्वपूर्ण बिंदुओं को याद रखने की अवधि भी बढ़ाते रहने की कोशिश करें।
- कुछ विषय-बिंदु ऐसे भी मिलेंगे, जो स्पष्ट रूप से आपकी समझ में नहीं आ रहे होंगे। उन्हें स्पष्ट करने के लिए जो जरूरी हो, करें। चाहे पाठ्य पुस्तक का सहारा लें या फिर जरूरी हो तो अपने प्रोफेसर के साथ उस पर चर्चा करें।
- इस प्रकार, सारे विषय-बिंदु जब स्पष्ट हो जाएँगे तो परीक्षा के समय बस एक बार दोहराने की जरूरत पड़ेगी।

दृष्टिकोण

आपका क्षेत्र जो कोई भी हो, उसमें आपकी सफलता का आधार आपका दृष्टिकोण होता है। तो, अगर दृष्टिकोण इतना ही महत्त्वपूर्ण है तो क्यों न हम अपनी पढ़ाई, अपनी तैयारी के प्रति अपने दृष्टिकोण का विश्लेषण करें और जानने की कोशिश करें कि किस प्रकार हमारा दृष्टिकोण हमारे सपनों को साकार करने में सहायक हो सकता है। एक कहानी के माध्यम से इसे बेहतर ढंग से समझा जा सकता है।

एक आदमी था, जो गुब्बारे बेचा करता था। उसके पास लाल, हरे, नीले, पीले आदि हर रंग के गुब्बारे होते थे। जब कभी उसे लगता कि धंधा मंदा हो रहा

है तो वह एक गुब्बारे में हवा भरकर उसे आसमान में छोड़ देता। बच्चे उसे देखकर उसकी ओर आकर्षित होते और फिर वे गुब्बारे खरीदने लगते। ऐसे ही एक दिन वह गुब्बारे बेच रहा था, तभी उसे लगा कि कोई पीछे से उसकी जैकेट खींच रहा है। उसने पीछे मुड़कर देखा तो एक छोटी सी लड़की थी, जो उससे पूछ रही थी, ''अगर लाल रंग के गुब्बारे को आसमान में छोड़ा जाए तो क्या वह भी उड़ेगा?'' उसकी मासूमियत पर मुसकराते हुए गुब्बारेवाले ने जवाब दिया, ''गुब्बारे के अंदर जो चीज भरी जाती है, उसके कारण वह आसमान में उड़ता है। गुब्बारे के रंग से इसका कोई मतलब नहीं है।''

बिल्कुल यही बात हमारे जीवन में भी लागू होती है। जीवन में हमने क्या भरा है, यह बात महत्त्वपूर्ण होती है। एक टॉपर और एक औसत विद्यार्थी में अंतर सिर्फ पढ़ाई या ज्ञान के मामले में ही नहीं होता, बल्कि उनकी मानसिक तैयारी, उनकी सोच और उनकी अंतर्वृत्ति में भी अंतर होता है। याद रखें कि उत्कट इच्छा ही उपलब्धि की जड़ होती है।

आत्म-केंद्रित पूर्वग्रह

क्या आप वार्षिक रिपोर्ट पढ़ते हैं और उसमें सी.ई.ओ. (CEO) की टिप्पणियों पर विशेष रूप से ध्यान देते हैं? नहीं? तो यह अच्छी बात नहीं है, क्योंकि उसमें आपको इस दूसरी गलती के अनगिनत उदाहरण मिल जाएँगे, जो हम कभी-न-कभी करते ही हैं। उदाहरण के लिए, किसी वर्ष विशेष में अगर कंपनी का प्रदर्शन बहुत अच्छा रहा तो सी.ई.ओ. उसका सारा श्रेय स्वयं लेते हुए कैटलॉग तैयार करेगा—जबरदस्त निर्णय-कौशल, अथक प्रयास, शानदार कॉरपोरेट कल्चर वगैरह, वगैरह। लेकिन अगर कंपनी कुछ अच्छा नहीं कर पाई तो? तो सारा दोष बाह्य कारकों पर मढ़ दिया जाएगा—विनिमय दर की प्रतिकूलता, सरकारी हस्तक्षेप, चीनियों की पक्षपातपूर्ण व्यापार नीति वगैरह, वगैरह। यानी सफलता मिली तो सबकुछ हमने किया और असफलता मिली तो सबकुछ बाह्य कारकों के कारण हुआ। यह आत्म-केंद्रित पूर्वग्रह है। यह शब्द भले ही आपने पहले न सुना हो, लेकिन आत्म-केंद्रित पूर्वग्रह के बारे में आप हाई स्कूल से ही जानते होंगे। अगर टेस्ट में 'ए' ग्रेड मिला तो वह आपकी मेहनत और होशियारी का परिणाम और अगर टेस्ट में पीछे रह गए तो टेस्ट सही नहीं रहा।

परंतु अब ग्रेड के आपके लिए ज्यादा मायने नहीं रहे। उसका स्थान संभवत: स्टॉक मार्केट ने ले लिया है, जहाँ मुनाफा कमाने पर आप स्वयं अपनी प्रशंसा में

लग जाते हैं और नुकसान होने पर सीधे मार्केट को दोषी ठहरा देते हैं या फिर निवेश की सलाह देनेवाले परामर्शदाता को ही गलत ठहराने लगते हैं। मैं स्वयं भी कभी-कभी आत्म-केंद्रित पूर्वग्रह में फँस जाता हूँ। जब मेरा कोई नया उपन्यास बेस्ट सेलिंग लिस्ट में आ जाता है तो मैं खुद अपनी पीठ थपथपाने लगता हूँ; और दूसरी ओर, जब उसे सूची में स्थान नहीं मिलता तो सोचने लगता हूँ कि पाठकों को शायद अच्छे साहित्य की परख नहीं रही। और अगर आलोचक टिप्पणी करते हैं तो वह ईर्ष्या का मामला बन जाता है।

इस प्रकार के पूर्वग्रह का पता लगाने के लिए शोधकर्ताओं ने कुछ लोगों की एक व्यक्तित्व परीक्षा ली और प्रतिभागियों में से कुछ को अच्छे स्कोर मिले थे। उन्होंने परीक्षा को अच्छा और निष्पक्ष बताया। दूसरी ओर, जिन प्रतिभागियों को कम स्कोर मिले थे, उन्होंने परीक्षा को बेकार बताया। तो ऐसा क्यों है कि सफलता का श्रेय हम अपनी काबिलियत और कार्यकुशलता को देते हैं और असफलता के लिए दूसरे कारकों को दोषी ठहराने लगते हैं?

इसके पीछे कई मत हो सकते हैं। सबसे आसान मत यही हो सकता है कि ऐसा करके हम अच्छा महसूस करके स्वयं को तनाव से बचाने की कोशिश करते हैं। और फिर, इसमें हमारा नुकसान ही क्या है? अगर नुकसान होता भी तो विकासवाद की अवधारणा हजारों साल पहले ही उसे दूर कर देती। लेकिन अब सावधान हो जाने की जरूरत है, क्योंकि जोखिमों से भरी आज की दुनिया में आत्म-केंद्रित पूर्वग्रह आपको आफत में डाल सकता है। स्वयंभू ब्रह्मांड-स्वामी (Master of the Universe) रिचर्ड फल्ड (Richard Fuld) भी इस बात को मानते हैं। वह लेहमैन ब्रदर्स (Lehman Brothers) निवेश बैंक के सर्वशक्तिमान सी.ई.ओ. थे। वर्ष 2008 में यह बैंक दिवालिया हो गया। इसके बावजूद बैंक के पतन के लिए सरकार की निष्क्रियता को जिम्मेदार बताते हुए अगर वह फिर भी खुद को ब्रह्मांड-स्वामी बताते तो इसमें कोई आश्चर्य की बात नहीं थी।

सैट (SAT) परीक्षा में विद्यार्थी 200 से 800 तक अंक अर्जित कर सकते हैं। एक वर्ष बाद जब उनसे उनके अंक के बारे में पूछा जाए तो वे लगभग 50 अंक बढ़ाकर बताते हैं। दिलचस्प बात यह है कि यहाँ न वे झूठ बोल रहे होते हैं और न ही अतिशयोक्ति कर रहे होते हैं। वे तो बस, अपने मन को तसल्ली देने के लिए रिजल्ट को थोड़ा और अच्छा बनाने की कोशिश कर रहे होते हैं।

जिस बिल्डिंग में मैं रहता हूँ, उसमें एक अपार्टमेंट में पाँच विद्यार्थी रहते हैं। सीढ़ियों पर कभी-कभी मेरी मुलाकात उनसे हो जाती है। एक दिन मैंने उनसे अलग-अलग पूछा कि वे कूड़ा कितनी बार फेंकने के लिए ले जाते हैं? एक ने बताया, हर दूसरी बार। दूसरे ने बताया, हर तीसरी बार। तीसरे ने बताया, हर बार। बताते हुए वह बुदबुदाया था, क्योंकि उसका कूड़े का बैग फट गया था। अब अगर उनके उत्तर का मूल्यांकन किया जाए तो कुल योग 100 प्रतिशत होना चाहिए; लेकिन यहाँ उनका कुल योग 320 प्रतिशत बैठ रहा है। यानी पाँचों ने अपनी-अपनी भूमिका का मूल्यांकन बढ़ाकर किया। आखिर वे हमसे अलग थोड़े ही हैं। पति-पत्नी के मामले में भी अकसर ऐसा देखा जाता है। रिश्ते की मजबूती में दोनों अपनी-अपनी भूमिका या योगदान का मूल्यांकन बढ़ाकर करते हैं। दोनों का यही कहना होता है कि उनका योगदान 50 प्रतिशत से ज्यादा है।

तो, इस आत्म-केंद्रित पूर्वग्रह से हम कैसे बच सकते हैं? अगर आपके पास ऐसे दोस्त हैं, जो आपसे सच बोलते हैं तो समझिए कि आप खुशकिस्मत हैं। अगर ऐसा दोस्त नहीं है तो कम-से-कम कोई दुश्मन तो होगा? तो उसे कॉफी पर बुलाइए और अपनी खूबियों एवं कमजोरियों पर उसकी राय पूछिए। सच आपके सामने होगा।

सफलता का रहस्य

एक लड़के ने एक बार सुकरात से सफलता के रहस्य के बारे में पूछा। सुकरात ने उसे अगले दिन नदी के किनारे मिलने के लिए कहा। अगले दिन जब दोनों नदी के किनारे मिले तो सुकरात उसे पानी के अंदर ले गए। जब पानी उनके गले तक पहुँच गया तो अचानक सुकरात ने उस लड़के का सिर पकड़कर उसे पानी में डुबोना शुरू कर दिया। लड़का छटपटाने लगा और पानी से ऊपर आने की कोशिश करने लगा; लेकिन सुकरात ने उसे और मजबूती से जकड़ लिया। अंत में जब वह बेदम-सा होने लगा तो सुकरात ने उसे छोड़ दिया। जैसे ही उसने अपना सिर पानी से बाहर निकाला, सबसे पहले उसने एक गहरी साँस ली। अब सुकरात ने उससे पूछा, ''जब तुम्हारा सिर पानी के अंदर था, उस समय तुम्हें सबसे ज्यादा किस चीज की चाह थी?''

''हवा की।'' लड़के ने जवाब दिया।

इस पर सुकरात ने कहा, ''यही है सफलता का रहस्य। जैसे उस समय तुम हवा के लिए बेचैन थे, वैसी ही बेचैनी अगर सफलता के लिए हो तो तुम्हें सफलता जरूर मिलेगी। इसके अलावा सफलता का कोई और रहस्य नहीं है।''

हिम्मत न हारें

हर पाँच घंटे में दुनिया में कहीं-न-कहीं मैकडोनाल्ड का एक नया फास्ट फूड फ्रेंचाइजी खुल रहा है। क्या आप सोच सकते हैं कि सन् 1955 में व्यवसाय शुरू करनेवाली कंपनी आज इतनी सशक्त हो गई होगी ? जी हाँ, इसके संस्थापक रे क्रॉक (Ray Kroc) ने ऐसा कर दिखाया है। क्रॉक कोई आविष्कारक नहीं थे, लेकिन जीवन भर वह ऐसे नए-नए विचारों की खोज में लगे रहे, जो उनके दुनिया से जाने के बाद भी चलते रहे। पेपर कप सेल्समैन से लेकर वह रीयल एस्टेट दलाल, पियानो वादक और अंत में मिल्क शेक मिक्सर सेल्समैन तक रहे और उनका अपने आप पर भरपूर भरोसा था। अंत में, 52 वर्ष की उम्र में मैकडोनाल्ड के रूप में उनका सबसे बड़ा आइडिया आया। अपने इस नए आइडिए को कार्यरूप देने के लिए क्रॉक को एक बार फिर अपना घर गिरवी रखकर पैसा उधार लेना पड़ा। और हाँ, स्वास्थ्य से भी वह बहुत अच्छे नहीं थे—आर्थराइटिस, डायबिटीज, थायरॉइड के रूप में बीमारियाँ उन्हें घेरे हुए थीं। लेकिन अपना आत्मविश्वास उन्होंने कभी नहीं छोड़ा। वह हिम्मत हारनेवालों में से नहीं थे। वह कहा करते थे, ''सबसे अच्छा (जो मिलनेवाला है, वह) मेरे आगे है।'' ब्रांड के रूप में मैकडोनाल्ड कोका-कोला के बाद दुनिया का दूसरा सबसे लोकप्रिय ब्रांड है। तरह-तरह की बीमारियों से ग्रस्त और कर्जों में घिरे एक 52 वर्षीय व्यक्ति के लिए यह उपलब्धि कोई कम नहीं है।

□

अध्याय-10

आप वैसा ही बन पाते हैं, जैसा सोचते हैं

[जीवन की अप्रिय या दुःखदायी बातों की चित्रात्मक कल्पना करें। फिर उसे अपने से दूर करके चित्र का आकार छोटा कर दें। जितना छोटा हो सके, उतना छोटा कर दें। अब अगली बार उस छोटे चित्र से शुरू करें और उसे भी इसी तरह जितना छोटा कर सकें, कर दें। इस प्रकार, हर बार उस चित्र को छोटा करते-करते अंत में आप उससे मुक्त हो सकेंगे।]

अपनी सोच के लिए आप स्वयं जिम्मेदार होते हैं। अपनी सोच बदलकर देखें, जीवन बेहतर होने लगेगा। लेकिन कौन सी सोच बदलें? वह सोच, जो आपके मन को दुःख पहुँचाती है, जिस पर आप मन-ही-मन बातें करते रहते हैं।

हम सबके अंदर एक आवाज होती है—अंतर्मन की आवाज या अंतरात्मा की आवाज। यही अंतर्मन हमारा आंतरिक पर्यवेक्षक होता है, जो हमारे पास ही एक कोने में बैठा हमारी एक-एक गतिविधि को देख रहा होता है। अंतर्मन की यही आवाज है, जो हर वक्त हमसे बातें करती रहती है, जो दर्पण में खुद को निहारते समय हमसे कह उठती है, 'बहुत सुंदर लग रहे हो।' या 'तुम कमाल के व्यक्ति हो।' या 'आज का दिन शानदार है।' यही अंतर्मन की आवाज हमसे यह भी कहती है, 'कितनी स्लिम लग रही हो! तुम्हारे बाल कितने सुंदर हैं!' अगर आप इस आवाज को नहीं सुन पाते तो हो सकता है, कुछ और सुनते हों; जैसे—'आज तो तुम जैसे हारे हुए लग रहे हो।' या 'वजन बहुत बढ़ गया है तुम्हारा।' या 'तुम्हारे बाल कितने गंदे हैं!' या फिर 'आज का दिन अच्छा नहीं है, अभी मत उठो।' अंतर्मन की यह नकारात्मक आवाज ही हमारी कई तरह की समस्याओं का कारण

बनती हैं। यह आपके आत्मविश्वास को दबाकर आपकी ऊर्जा और संकल्प-शक्ति को कमजोर करती है।

अंतर्मन की नकारात्मक आवाज के चक्कर में फँसकर कई बार हम छोटी-छोटी समस्याओं को खुद ही गंभीर बना लेते हैं। यह आपका ध्यान स्थिति की सकारात्मकता की ओर जाने ही नहीं देती और आप बस उसके नकारात्मक पक्ष में ही उलझे रह जाते हैं। इस प्रकार, आप मन-ही-मन समस्या में उलझे पड़े रहते हैं, जबकि समस्या वास्तव में या तो होती ही नहीं है या फिर होती भी है तो उतनी गंभीर नहीं होती।

ऐसी स्थिति में आप उस समस्या को लेकर जो कुछ करते हैं, उसका मूल समस्या से कोई संबंध नहीं होता और आप मानसिक तनाव में फँसे रह जाते हैं। जब आपको नौकरी से निकाल दिया जाता है तो उस समय आपके अंदर दुःख, तनाव, गुस्सा, चिंता, उदासी और निराशा जैसे भाव आ सकते हैं, जो स्वाभाविक है। लेकिन उस स्थिति में आपके अंतर्मन की नकारात्मक आवाज आपकी भावनात्मक स्थिति को और बिगाड़ने का ही काम करती है—'बहुत बुरा हुआ। अब तुम्हें कहीं दूसरी नौकरी मिलनेवाली नहीं है। तुम अपने बकाया बिल भी नहीं चुका पाओगे। छोड़ दो, कुछ नहीं कर पाओगे।' ऐसे में आप या तो अवसाद की स्थिति में जा सकते हैं या फिर हताशा और क्रोध के वशीभूत होकर अपने पूर्व नियोजक के खिलाफ कुछ करने की बात सोच सकते हैं। ऐसी ही स्थिति में कई बार लोग आत्महत्या तक कर बैठते हैं। इस प्रकार, प्रतिक्रियास्वरूप जो कुछ भी आप करते हैं, वह किसी भी तरह से उपयुक्त नहीं होता; क्योंकि समस्या तो वास्तव में होती ही नहीं है। वह तो सिर्फ आपके मन में होती है। तो अपने मन, अपनी सोच को बदलिए, समस्या खुद-ब-खुद अपने असली रूप में आ जाएगी। हो सकता है, स्थिति थोड़ी बुरी हो, लेकिन इतनी बुरी भी नहीं हो सकती कि आप पूरी तरह से हिम्मत हारकर बैठ जाएँ।

अपनी सोच को बदलने के लिए आपको अपने अंतर्मन की आवाज को बदलना होगा। अंतर्मन की आवाज को बदलने के लिए आपको स्वयं उस पर काम करना होगा, स्वयं अवलोकन करना होगा और फिर, अंतर्मन की आवाज को सुनना होगा। जितना बड़ा आपकी सोच का स्तर होता है, उतना ही बड़ा आपकी सफलता का स्तर भी होता है। छोटी सोच का मतलब छोटी सफलता। जब बात सफलता की होती है तो वहाँ हमें इंच में या पाउंड में नहीं मापा जाता है और न ही कॉलेज की डिग्री या पारिवारिक पृष्ठभूमि के आधार पर मापा जाता है। वहाँ

हमें हमारी सोच के आधार पर मापा जाता है। जितनी बड़ी या छोटी हमारी सोच होगी, उतनी ही बड़ी या छोटी हमारी सफलता होगी। तो, अब देखना यह है कि हम अपनी सोच को बड़ा कैसे बनाएँ।

क्या आपने कभी स्वयं से पूछा है कि 'मेरी सबसे बड़ी कमजोरी क्या है ?' संभवत: इनसान की सबसे बड़ी कमजोरी होती है—अपना मूल्य कम करके आँकना। यह कई अलग-अलग रूपों में देखने को मिलती है। जॉन अखबार में एक नौकरी के लिए रिक्ति का विज्ञापन देखता है। उसे ऐसी ही नौकरी चाहिए; लेकिन वह नौकरी के लिए आवेदन नहीं करता, क्योंकि उसे लगता है कि इस नौकरी के लिए उसके पास पर्याप्त काबिलियत नहीं है तो क्यों परेशान हुआ जाए!

टॉम को लगता है कि मि. रिचर्ड्स उसका प्रोडक्ट खरीद सकते हैं, लेकिन टॉम उनसे बात नहीं करता; क्योंकि उसे लगता है कि मि. रिचर्ड्स जैसे बड़े आदमी से वह मिल नहीं सकता। पीटर एक नौकरी के लिए आवेदन कर रहा है। आवेदन-पत्र में एक जगह अपेक्षित वेतन भरना है; जिसमें वह बहुत कम वेतन भर देता है, क्योंकि उसे लगता है कि वह इससे ज्यादा वेतन के लायक ही नहीं है।

बड़े-बड़े दार्शनिक हजारों वर्षों से एक बात का उपदेश देते रहे हैं—खुद को जानो। लेकिन बहुत से लोग शायद इसका अर्थ यह लगा लेते हैं कि 'अपनी नकारात्मकता को जानो।' आत्म-परीक्षा में व्यक्ति की कमियों व कमजोरियों का ही समावेश होता है। इससे व्यक्ति को पता चलता है कि किस क्षेत्र में उसे सुधार की जरूरत है। लेकिन अगर हम अपनी नकारात्मक बातों को ही लेकर बैठे रहेंगे तो हम और कुछ नहीं कर पाएँगे। इस प्रकार, अपनी मूल्यवत्ता हम स्वयं कम कर लेंगे।

एक बहुत मौलिक बात है—हम शब्दों या वाक्यों के रूप में नहीं सोचते हैं; हम सोचते हैं चित्रों, छवियों के रूप में। शब्द हमारे विचारों की अभिव्यक्ति का साधन होते हैं। बोले या पढ़े जाने पर इन शब्दों को हमारा मस्तिष्क मानसिक चित्र में परिवर्तित कर देता है। अलग-अलग शब्दों और पदों से अलग-अलग तरह के मानसिक चित्र तैयार होते हैं। अगर कोई कहता है कि 'जिम ने एक नई कार खरीदी है।' तो इन शब्दों से आप एक मानसिक चित्र बना लेते हैं। इसी तरह अगर कोई कहता है कि 'जिम ने एक नया घर खरीदा है।' तो यहाँ आप एक अलग तरह का मानसिक चित्र बनाते हैं। इस प्रकार, अलग-अलग चीजों के लिए हम जैसे शब्दों का प्रयोग करते हैं, वैसा ही मानसिक चित्र तैयार होता है।

जब आप कुछ बोल या लिख रहे होते हैं, उस समय आप एक प्रोजेक्टर की तरह काम कर रहे होते हैं और प्रोजेक्टर पर आप जो चित्र बनाते हैं, उसके आधार पर ही आप और दूसरे लोग उस पर प्रतिक्रिया करते हैं। मान लीजिए, आप कुछ लोगों के एक समूह से कहते हैं, 'मुझे बताते हुए अफसोस हो रहा है कि हम फेल हो गए हैं।' तो इससे उन लोगों के मस्तिष्क में आप कैसा चित्र तैयार करेंगे? असफलता, निराशा और अफसोस का। अब, इसके बजाय अगर आप उनसे कहें कि 'मेरे पास एक नया तरीका है, जो सचमुच काम का है।' तो वे उत्साहित महसूस करेंगे।

इसी तरह, अगर आप कहें कि 'हमने बहुत पैसा व्यय कर दिया।' तो लोगों को कुछ ऐसा ही चित्र दिखाई देगा—पैसा खर्च हो गया, जो वापस नहीं मिलनेवाला है, सचमुच दुःख की बात है। इस बात को अगर आप कुछ इसी तरह कहें कि 'हमने एक बड़ा निवेश किया है।' तो इससे लोगों को जो चित्र दिखाई देगा, वह बिल्कुल अलग होगा, जिससे वे उत्साहित महसूस करेंगे।

निष्कर्ष यह कि बड़ी सोचवाले लोग अपने और दूसरों के मन में सकारात्मक और आशावादी चित्र सजाने में कुशल होते हैं। बड़ा सोचने के लिए जरूरी है कि हम ऐसे शब्दों और पदों का प्रयोग करें, जिनसे हमारे मन में बड़ी सकारात्मक पिक्चर बने।

यहाँ दिए गए चार्ट में बाईं ओर छोटी, नकारात्मक सोच पैदा करनेवाले शब्दों/पदों के उदाहरण दिए गए हैं और दाईं ओर उसी स्थिति को बड़ी सकारात्मक सोच के आधार पर वर्णित किया गया है।

पद, जो मन में छोटे, नकारात्मक चित्र बनाते हैं	पद, जो मन में बड़े सकारात्मक चित्र बनाते हैं
कोई फायदा नहीं, हम हार गए।	हम अभी हारे नहीं हैं। हमें कोशिश नहीं छोड़नी है।
एक बार मैंने यह बिजनेस किया था, कामयाब नहीं हुआ। उसके बाद कभी कोशिश नहीं की।	मैं कामयाब नहीं हुआ, लेकिन उसमें मेरी ही गलती थी। मैं दोबारा कोशिश करने जा रहा हूँ।
मैंने बहुत कोशिश की, परंतु प्रोडक्ट नहीं बिका। लोग इसे खरीदना ही नहीं चाहते।	अभी तक तो हम इसे नहीं बेच पाए हैं, लेकिन मैं जानता हूँ कि प्रोडक्ट अच्छा है। इसे बेचने का मैं कोई फॉर्मूला निकालूँगा।

बाजार में नई संभावनाएँ नहीं रहीं। समझ लीजिए, 75 प्रतिशत बाजार पहले ही उठ चुका है, इसलिए इससे बाहर निकलने में फायदा है।	बाजार में 25 प्रतिशत संभावनाएँ अब भी मौजूद हैं। हमें इसमें काम करना है।
उनके ऑर्डर बहुत छोटे होते हैं, छोड़ दो।	उनके ऑर्डर छोटे-छोटे होते हैं; हमें कुछ ऐसा करना चाहिए, जिससे ऑर्डर बढ़े।
आपकी कंपनी में शीर्ष स्तर पर पहुँचने में पाँच साल लगेंगे, जो बहुत लंबा समय है। मैं नहीं कर पाऊँगा।	पाँच साल कोई बहुत लंबा समय नहीं है; उसके बाद भी मुझे शीर्ष स्तर पर काम करने के लिए 30 साल मिलेंगे।
प्रतिस्पर्धा बहुत कड़ी हो गई है; ऐसे में आप कैसे सोच सकते हैं कि मैं इतना सबकुछ बेच पाऊँगा?	निस्संदेह प्रतिस्पर्धा बहुत कड़ी हो गई है, लेकिन एक साथ मिलकर हम इसका मुकाबला कर सकते हैं।
यह प्रोडक्ट नहीं बिकनेवाला है।	मौजूदा रूप में प्रोडक्ट बिकने की स्थिति में नहीं है। इसमें कुछ सुधार करके हम बेच सकते हैं।
मंदी तक रुक जाओ, उसके बाद स्टॉक खरीदेंगे।	हमें अभी निवेश करना चाहिए; मंदी के बजाय तेजी की बात सोचो।
इस काम के लिए मैं बहुत छोटा (या बूढ़ा) हूँ।	छोटा (या बूढ़ा) का भी अपना फायदा होता है।
मुझे पूरा विश्वास है कि यह नहीं चल पाएगा। चित्र : अंधकार, निराशा, उदासी, असफलता।	मुझे पूरा विश्वास है कि यह चलेगा। चित्र : रोशनी, उम्मीद, खुशी, सफलता।

इसे पढ़िए और स्वयं से पूछिए, 'कैसा मानसिक चित्र दिखाई दे रहा है?'

क्या है और क्या हो सकता है

बड़ा सोचनेवाले लोग यह तो देखते ही हैं कि क्या है (यानी चीजों का मौजूदा स्वरूप); साथ ही यह देखने की कोशिश करते हैं कि क्या हो सकता है (यानी चीजों का संभावित स्वरूप)। यहाँ दिए गए चार्ट में विविध समस्याओं से निपटने

के दो अलग-अलग तरह के तरीके दिए गए हैं। यह आप पर निर्भर है कि आप कौन सा तरीका अपनाते हैं।

स्थिति	छोटी सोच पर आधारित तरीका	बड़ी सोच पर आधारित तरीका
व्यय खाता	व्यय में कटौती करके आमद बढ़ाना।	उत्पादन या बिक्री में वृद्धि करके आमद बढ़ाना।
चर्चा-परिचर्चा	अपने दोस्तों के बारे में, अर्थव्यवस्था और अपनी कंपनी के बारे में नकारात्मक बातों को आगे करना।	दोस्तों, अपनी कंपनी और अर्थव्यवस्था के बारे में सकारात्मक बातों को आगे करना।
प्रगति	यथास्थिति और यथास्थान बने रहने में विश्वास करना।	विस्तार में विश्वास करना।
भविष्य	सीमित संभावनाएँ देखना।	संभावनाओं का विस्तार देखना।
कार्य	कार्य को टालने के तरीके तलाशना।	ज्यादा-से-ज्यादा काम करने और काम में दूसरों की मदद करने की कोशिश करना।
प्रतिस्पर्धा	औसत दर्जेवालों के साथ प्रतिस्पर्धा करना।	अपने से उच्चतर दर्जेवालों के साथ प्रतिस्पर्धा करना।
बजट	जरूरत की चीजों में कटौती करके पैसा बचाना।	आमद बढ़ाने और जरूरत की चीजें ज्यादा-से-ज्यादा खरीदने की कोशिश करना।
लक्ष्य	छोटा लक्ष्य तय करना।	बड़े लक्ष्य तय करना।
अभिदृष्टि	अल्पकालिक स्तर तक ही सोचना।	दीर्घकालिक स्तर तक सोचना।
साथी-सहचर	ऐसे साथी-सहचर रखना, जिनकी सोच छोटी हो।	ऐसे साथी-सहचर रखना, जिनकी सोच ऊँची और प्रगतिशील हो।
गलतियाँ	छोटी-छोटी गलतियों को बड़ा करके पेश करना।	छोटी-छोटी गलतियों को नजरअंदाज करना।

व्यक्ति का व्यवहार कभी-कभी समझ से परे हो जाता है

क्या आपने कभी सोचा है कि क्यों एक सेल्सपर्सन किसी ग्राहक को ज्यादा तवज्जो देता है—'जी सर, मैं आपकी क्या सेवा कर सकता हूँ?' जबकि दूसरे ग्राहक की ओर ध्यान नहीं देता। या क्यों एक आदमी किसी महिला के लिए तो तुरंत दरवाजा खोल देता है, जबकि दूसरी महिला को तवज्जो नहीं देता? या एक कर्मचारी अपने किसी सीनियर के निर्देशों का तुरंत पालन करता है, जबकि दूसरे सीनियर के निर्देशों को टालने की कोशिश करता है? या फिर क्यों हम किसी व्यक्ति की बातों पर विशेष रूप से ध्यान देते हैं, जबकि दूसरे व्यक्ति की बातों को नजरअंदाज कर देते हैं?

अपने आसपास गौर कीजिए। आप देखेंगे कि कुछ लोगों को 'हाय, मैक!' या 'हाय, यार!' इस तरह के संबोधन से बुलाया जाता है, जबकि कुछ अन्य लोगों को बहुत अदब से 'यस सर' कहकर संबोधित किया जाता है। आप यह भी देखते होंगे कि कुछ लोग आत्मविश्वास, वफादारी और प्रशंसा से भरे दिखाई देते हैं; जबकि कुछ अन्य लोगों में ऐसी कोई बात नहीं होती। थोड़ा और बारीकी से देखें तो आप पाएँगे कि जिन लोगों को सबसे ज्यादा सम्मान दिया जाता है, वे सबसे ज्यादा कामयाब भी होते हैं।

इस सबका क्या मतलब हुआ? इस सबका कारण है—सोच। जी हाँ, सोच ही यह सबकुछ करती है। दूसरे लोग हमारे अंदर वही सब देखते हैं, जो हम स्वयं अपने अंदर देखते हैं। हमें लोगों से वैसा ही व्यवहार मिलता है, जैसे व्यवहार के काबिल हम स्वयं को समझते हैं। अगर आप खुद को निकृष्ट समझते हैं—भले ही आप सच्चे अर्थों में बहुत काबिल क्यों न हों—तो आप दूसरों के लिए निकृष्ट हैं। दरअसल, हम अपने बारे में जैसी सोच मन में रखते हैं, स्वाभाविक रूप से वैसे ही बन जाते हैं और उसी के अनुसार काम भी करने लगते हैं। अगर आप सोचते हैं कि आप महत्त्वपूर्ण नहीं हैं तो सचमुच नहीं हैं।

दूसरी ओर, अगर आपको लगता है कि आप महत्त्वपूर्ण हैं तो आप सचमुच महत्त्वपूर्ण हो जाते हैं। अगर आप महत्त्वपूर्ण बनना चाहते हैं तो आपको ऐसी सोच मन में रखनी होगी कि आप महत्त्वपूर्ण हैं। जब आप स्वयं ऐसा सोचने लगेंगे तो दूसरे लोग भी आपको महत्त्वपूर्ण समझेंगे। निष्कर्ष यह है कि आप जैसा सोचते हैं, वैसा ही कार्य-व्यवहार करते हैं और जैसा कार्य-व्यवहार आप करते हैं, वैसा ही व्यवहार दूसरे लोग भी आपके साथ करते हैं।

अपनी सोच का विस्तार करें; वैसा सोचें, जैसा महत्त्वपूर्ण लोग सोचते हैं

सोच का स्तर ऊँचा उठेगा तो कार्य-व्यवहार का स्तर भी ऊँचा होगा और कार्य-व्यवहार का स्तर ऊँचा होगा तो सफलता मिलेगी। यहाँ एक तरीका दिया जा रहा है, जिससे आपको वैसा सोचने में मदद मिलेगी, जैसा महत्त्वपूर्ण लोग सोचते हैं। इसे एक गाइड के रूप में प्रयोग में लाएँ।

मैं कैसा सोच रहा हूँ?

स्थिति	स्वयं से पूछें
चिंता, परेशानी	क्या कोई महत्त्वपूर्ण व्यक्ति इस तरह की बात से चिंतित होगा? क्या कोई कामयाब आदमी, जिसे मैं जानता हूँ—इस बात से इतना परेशान होगा?
आइडिया	अगर किसी महत्त्वपूर्ण व्यक्ति के मन में यह आइडिया आता तो वह क्या करता?
वेशभूषा	क्या मैं वैसा दिखता हूँ, जैसा भरपूर आत्मसम्मान वाला कोई व्यक्ति दिखता है?
मेरी भाषा	क्या मेरी भाषा वैसी है, जैसी एक कामयाब आदमी की होनी चाहिए?
बातचीत	क्या कोई कामयाब आदमी ऐसी बात करेगा?
आपे से बाहर होना	क्या इस तरह की बात पर कोई महत्त्वपूर्ण व्यक्ति ऐसे ही चुटकुले सुनाएगा?
नौकरी/काम	कोई महत्त्वपूर्ण व्यक्ति अपने काम के बारे में दूसरों से किस तरह की बात करेगा?

आप क्या कहते हैं, यह बात उतनी मायने नहीं रखती; मायने यह रखता है कि आप उस बात को कैसे कहते हैं (यानी आपका कहने का तरीका कैसा है)।

इन दोनों कथनों पर ध्यान दीजिए—

- 'अरे ओ, कूड़ेदान भरा है।'
- 'हनी, अगर तुम कूड़ेदान खाली कर देती तो बहुत अच्छा होता।'

यहाँ आप देख रहे हैं कि दोनों कथनों से एक ही संदेश मिलता है, लेकिन दोनों का कहने का तरीका अलग-अलग है, इसलिए उन पर होनेवाली प्रतिक्रिया भी अलग-अलग होगी। मनोविज्ञान की भाषा में इस युक्ति को 'फ्रेमिंग' कहा जाता है।

एक ही स्थिति को लेकर हमारी प्रतिक्रिया अलग-अलग हो सकती है। यह इस बात पर निर्भर करता है कि उसे कैसे प्रस्तुत किया जा रहा है। '90 के दशक में काहनेमन (Kahneman) और ट्वर्सकी (Tversky) ने एक सर्वेक्षण किया था, जिसमें उन्होंने एक महामारी नियंत्रण रणनीति के लिए दो विकल्प रखे थे। प्रतिभागियों को बताया गया कि 200 लोगों की जान खतरे में है। 'विकल्प अ' से 200 लोगों की जान बचनेवाली है और विकल्प 'ब' से पूरे-के-पूरे 600 लोगों के बचने की 33 प्रतिशत संभावना है, जबकि 66 प्रतिशत संभावना यह है कि उनमें से कोई न बचे। यहाँ दोनों ही विकल्प 'अ' और 'ब' लगभग एक जैसे हैं, लेकिन ज्यादातर लोगों ने विकल्प 'अ' को ही चुना। आधी छोड़ सारी का धावै, सारी रहे न आधी पावै—इसके पीछे उनकी यही सोच काम कर रही थी। इस प्रकार, एक ही स्थिति को तोड़-मरोड़कर दो अलग-अलग तरह से रखने पर उसका प्रभाव दिलचस्प हो गया। इसी तरह, 'विकल्प 'अ' से 400 लोग मरनेवाले हैं।' 'विकल्प 'ब' से 33 प्रतिशत संभावना है कि कोई भी न मरे और 66 प्रतिशत ऐसी संभावना है कि पूरे-के-पूरे 600 लोग मर जाएँ।' इस बार ज्यादातर प्रतिभागियों ने विकल्प 'ब' को चुना। शोधकर्ताओं ने यहाँ प्रतिभागियों को यू-टर्न लेते देखा। 'बचना' और 'मरना' शब्दों को अलग-अलग तरह से प्रयोग करने से प्रतिभागियों ने अपना निर्णय पूरी तरह से बदल दिया।

एक और उदाहरण—शोधकर्ताओं ने लोगों के सामने दो अलग-अलग तरह के गोश्त रखे—एक '99 प्रतिशत वसामुक्त' और दूसरा '1 प्रतिशत वसायुक्त'। उनसे अधिक स्वास्थ्यकर गोश्त का विकल्प चुनने के लिए कहा गया। क्या आप अनुमान लगा सकते हैं कि लोगों ने कौन सा विकल्प चुना होगा? सच यह है कि दोनों ही विकल्पों में एक जैसी बात थी, लेकिन उन्हें प्रस्तुत करने का तरीका अलग होने के कारण प्रतिभागियों ने विकल्प 'अ' वाले गोश्त को अधिक स्वास्थ्यकर बताया। इसी तरह, 'विकल्प 'अ'—98 प्रतिशत वसामुक्त' और 'विकल्प 'ब'—1 प्रतिशत वसायुक्त'—इसमें भी ज्यादातर प्रतिभागियों ने विकल्प 'अ' को ही चुना।

ग्लॉसिंग यानी कथन का स्पष्टीकरण फ्रेमिंग यानी कथन की रचना का एक लोकप्रिय स्वरूप है। इसमें गिरते शेयर मूल्य को संशोधन या सुधार बताया जाता है और अधिक अधिग्रहण मूल्य को 'गुडविल' या 'शुभेच्छा' कहा जाता है। हर मैनेजमेंट

कोर्स में समस्या का स्वरूप बदलकर 'अवसर' या 'चुनौती' हो जाता है। नौकरी से निकाल दिए गए व्यक्ति के लिए कहा जाता है कि वह 'अपने कॅरियर का पुनर्मूल्यांकन कर रहा है। मरनेवाला सैनिक, चाहे उसकी मौत का कारण उसका अपना दुर्भाग्य और बेवकूफी ही क्यों न रही हो—'शहीद' या 'युद्ध का नायक' कहलाता है। जाति संहार को 'जातीय सफाया' कहा जाता है। सफल इमरजेंसी लैंडिंग—उदाहरण के लिए हडसन नदी पर—को 'उड्डयन की विजय' बताया जाता है।

क्या आपने ई.टी.एफ. (ETFs—Exchange Trade Funds) आदि के फाइनेंशियल प्रोडक्ट्स के प्रॉस्पेक्ट्स को कभी बारीकी से देखा है? उसमें प्राय: प्रोडक्ट की हाल के वर्षों की परफॉरमेंस का विवरण कुछ इस तरह दिया गया होता है, जिससे उसकी एक आरोही (प्रगति की) स्थिति प्रदर्शित होती है। यह भी फ्रेमिंग का एक तरीका है। इसी तरह, एक उदाहरण ब्रेड का लेते हैं। इसकी फ्रेमिंग का तरीका ऐसा हो सकता है कि यह किसी धर्म की यथार्थ और प्रतीकात्मक मान्यता में फूट डालने का काम कर डाले, जैसा सोलहवीं शताब्दी में सुधार के दौरान देखने को मिला था।

फ्रेमिंग का प्रयोग कॉमर्स में भी किया जाता है। पुरानी कार की बात लेते हैं। अगर कार का माइलेज कम है और उसके टायर अच्छी स्थिति में हैं तो आप कार के इंजन, ब्रेक एवं इंटीरियर आदि कारकों की अनदेखी करके उसे खरीदने का निर्णय ले लेते हैं। इस प्रकार, गाड़ी का माइलेज और टायरों की स्थिति उसे खरीदने के आपके निर्णय की फ्रेमिंग करती है। अगर कार की स्थिति का प्रस्तुतीकरण कुछ अलग तरह का होता तो शायद आपका निर्णय भी कुछ और होता।

लेखक लोग भी फ्रेमिंग का सहारा लेते हैं। अगर किसी उपन्यास के शुरुआती पेज में ही हत्या या अपराध को यथास्थिति प्रकट कर दिया जाए तो पाठक की दिलचस्पी पूरा उपन्यास पढ़ने में नहीं रह जाएगी। हालाँकि कहानी के अंत में अपराध के पीछे का असल मकसद और तरीका सबकुछ प्रकट किया जाना होता है, लेकिन लेखक पूरी कहानी की फ्रेमिंग कुछ इस तरह करता है कि उपन्यास में पाठक की दिलचस्पी बढ़ती जाती है।

निष्कर्ष के रूप में कहा जा सकता है कि जो कुछ भी आप बोलते-सुनते हैं, उसमें फ्रेमिंग का कुछ-न-कुछ अंश जरूर होता है और हर तथ्य—चाहे वह आपके किसी विश्वासपात्र मित्र से आपको पता चले या फिर किसी अखबार में पढ़कर पता चले—इससे किसी-न-किसी तरह प्रभावित होता ही है।

□

अध्याय-11

नेतृत्व कौशल

[नेता वह होता है, जो रास्ता जानता है, उस पर (खुद) चलता है और (दूसरों को भी) रास्ता दिखाता है। अगर आपके कार्यों से दूसरों को कुछ बनने की प्रेरणा मिलती है, उन्हें कुछ सीखने को मिलता है तो आप नेता हैं। नेतृत्व कोई ओहदा, कोई ताजपोशी नहीं है।]

वर्तमान में पूरा शिक्षा जगत् परिणाम के बजाय गुणवत्ता आधारित शिक्षा की ओर प्रवृत्त हो रहा है। एक शोध से पता चला है कि दुनिया भर के लोगों के पास उपलब्ध जानकारी हर डेढ़ या दो साल में दोगुनी हो जाती है। विद्यार्थी पाठ्य पुस्तक में जो कुछ पढ़कर पास होता है, वह उसके पास होते-होते पुराना हो जाता है। आज सॉफ्ट स्किल सीखना बहुत जरूरी हो गया है।

ह्वेनसांग के विवरणों से पता चलता है कि पाँचवीं से तेरहवीं शताब्दी ई.पू. के दौरान नालंदा ज्ञान का एक अंतरराष्ट्रीय केंद्र था। ऐसा कहा जाता है कि हर्षवर्धन के समय में नालंदा विश्वविद्यालय में 10 हजार विद्यार्थी पढ़ते थे। चीन, मंगोलिया, कोरिया और तिब्बत से विद्यार्थी यहाँ पढ़ने के लिए आते थे। विश्वविद्यालय में प्रवेश के लिए प्रवेश परीक्षा आयोजित की जाती थी। एक सहस्राब्दी के बाद ऐसा प्रतीत होता है कि भारत को एक बार फिर विश्वगुरु बनने का अवसर मिलनेवाला है।

मिस्र, इराक, चीन और भारत विश्व स्तरीय उच्च शिक्षा के केंद्र हुआ करते थे। जिस समय यह कहा जाता था कि ब्रिटिश साम्राज्य का सूर्य कभी अस्त नहीं होता है, उस समय इंग्लैंड दुनिया भर के विद्यार्थियों के लिए शिक्षा का पसंदीदा केंद्र बना हुआ था और बाद में दुनिया के दो ध्रुवों में बँट जाने पर सोवियत रूस और अमेरिका शिक्षा के वैश्विक केंद्र बन गए। यह सही है कि देश की भाषा और अन्य सामाजिक-राजनीतिक कारकों की भी अपनी भूमिका रही है, लेकिन इतिहास से

हमें पता चलता है कि सदियों से विद्यार्थियों का झुकाव विकास की ओर ही रहा, अलबत्ता विकास और शिक्षा के प्रति उनके आकर्षण में थोड़ा अंतर देखा गया।

'भारत आज दुनिया की सबसे तेजी से विकास की ओर बढ़ती अर्थव्यवस्थाओं में से एक हो गया है, जिससे यहाँ प्रबंधकीय सेवाओं की माँग काफी बढ़ गई है।'

मैनेजमेंट मंत्र—यह 80 : 20 का एक नियम है, जिसका मतलब है कि आप अपना 80 प्रतिशत समय और ऊर्जा अपने 20 प्रतिशत महत्त्वपूर्ण कामों पर खर्च करते हैं। यह सिद्धांत मैनेजमेंट चिंतक जोसफ एम. जुरान (Joseph M. Juran) द्वारा सुझाया गया था। इटालियन अर्थशास्त्री विल्फ्रेडो पैरेटो (Vilfredo Pareto) के नाम पर इसका नाम रखा गया है, जिनका मानना था कि इटली की कुल आय का 80 प्रतिशत देश की कुल जनसंख्या के 20 प्रतिशत लोगों के पास आता है। धारणा यह है कि किसी भी स्थिति में ज्यादातर परिणामों का निर्धारण सीमित कारणों द्वारा होता है।

80 : 20 का सिद्धांत इनपुट और आउटपुट के बीच एक संबंध स्थापित करता है। किसी संगठन में 20 प्रतिशत कर्मचारियों की मेहनत से 80 प्रतिशत आउटपुट निकलता है। तो अच्छा नेता वही है, जो इन 20 प्रतिशत कर्मचारियों की पहचान रखता है और उन्हें ही अपनी टीम का हिस्सा बनाता है।

कामथ का दूसरा लोकप्रिय मैनेजमेंट मंत्र है—'90 दिन का नियम।' व्यवसाय में इस नियम का मतलब होता है कि आपको 90 दिन बाद फायदा दिखाई देगा। अगर अभी आपको व्यवसाय में गड़बड़ दिखाई दे रही है तो आपको अपने 90 दिन पहले के काम को देखना होगा।

जब आप एक टीम के सदस्य के रूप में काम कर रहे होते हैं तो टीम का नेता आपके लिए प्रेरणा का स्रोत होता है। इसी तरह, अगर आप स्वयं नेता बन जाते हैं तो आपको अपनी टीम में आत्मविश्वास का निर्माण करना होता है। टीम को स्वयं पर तो विश्वास होना ही चाहिए, साथ-ही-साथ आप पर भी विश्वास होना चाहिए।

मैनेजमेंट स्टाइल (प्रबंधन शैली)

अमेरिकी प्रबंधन शैली को व्यक्ति आधारित शैली कहा जा सकता है। मैनेजरों को अपने उत्तरदायित्व-क्षेत्र में निर्णय लेने के लिए प्रोत्साहित किया जाता है। अमेरिकी मैनेजरों में अपनी फर्म के बजाय स्वयं के प्रति वफादारी की ज्यादा मजबूत भावना देखी जाती है। इसलिए जब भी कोई बेहतर विकल्प उन्हें मिलता है तो वे उसे नहीं छोड़ते। अपनी जॉब सिक्योरिटी सुनिश्चित करने के लिए वे अपने स्वयं के कौशल और काबिलियत पर भरोसा करते हैं।

प्रबंधक से नेता—नेतृत्व का मतलब होता है लोगों को समझना और उन्हें काम में अपनी मदद के लिए संलग्न करना। इसके लिए व्यक्ति में कई गुण होने चाहिए—ईमानदारी, निष्ठा, स्वार्थहीनता, ज्ञान, कौशल और असफलताओं या मुश्किलों का सामना करने की अदम्य इच्छाशक्ति।

नेतृत्व—अगर आपके कार्यों से दूसरों को कुछ अच्छा करने, कुछ बनने या सपने देखने की प्रेरणा मिलती है तो आप नेता हैं। संगठन के नेता की जिम्मेदारी होती है कि वह प्रबंधन को संगठन की जरूरत के अनुरूप रणनीतियाँ बनाए, समय-समय पर उनकी समीक्षा करने के लिए प्रोत्साहित करे और इस प्रकार संगठन को एक दीर्घकालिक विकास की ओर ले जाए। अच्छा नेता वही होता है, जो अपनी टीम के सदस्यों में उत्साह भर सके।

दुनिया में नेता भी होते हैं और अनुचर भी होते हैं—नेतृत्व कौशल ही है, जो दोनों को अलग करता है। कुछ लोगों का मानना है कि नेतृत्व एक जन्मजात गुण है, जिसे आप अपनी इच्छा से बाद में विकसित नहीं कर सकते हैं; लेकिन ऐसा जरूरी नहीं है। सच्ची लगन और दृढ़ आत्मविश्वास से आप उत्कृष्ट नेतृत्व कौशल का विकास कर सकते हैं। नेता के पास सिद्धांत होता है, साहस होता है, समर्पण होता है।

किसी संगठन में एक्जीक्यूटिव स्तर पर सफलता कौशल का होना बहुत जरूरी होता है। अगर आप एक स्पष्ट व प्रभावी अभिदृष्टि विकसित कर सकते हैं, एक सशक्त टीम का निर्माण कर सकते हैं और अपने सहकर्मियों-अधीनस्थों का विश्वास जीत सकते हैं तो समझ लीजिए कि आप एक सफल नेता बन सकते हैं।

लोग नेता का अनुसरण क्यों करते हैं? क्योंकि वह पूरी टीम या समूह या संगठन के विश्वासों का प्रतिनिधि होता है। वह एक सिद्धांत के अनुसार चलनेवाला और सामूहिक लक्ष्य को लेकर चलनेवाला होता है। उसके सहयोगी टीम को आगे बढ़ाने और उस सामूहिक लक्ष्य को प्राप्त करने में उसका सहयोग करते हैं। एक अच्छा नेता अपने सहयोगियों की भूमिका को समझता है और उसके लिए उन्हें पुरस्कृत व प्रोत्साहित करता है।

अगर आप एक कुशल नेता बनना चाहते हैं तो सबसे पहले आपको यह जानना चाहिए कि आपके लिए क्या और कितना महत्त्वपूर्ण है। आपको नैतिकता के सिद्धांतों को साथ लेकर चलना होगा, जो आपके कार्य-व्यवहार में स्वत: झलकेगा। इसी से आप अपने सहयोगियों का विश्वास जीत पाने में सक्षम हो पाएँगे।

एक आदर्श नेता वही है, जो अपने सहयोगियों का विश्वास और सम्मान जीत सके। वह जानता है कि लोग उससे क्या चाहते हैं। ऐसे कई तरीके हैं, जिनका सहारा लेकर आप अपने सहयोगियों का विश्वास और सम्मान जीत सकते हैं।

नेतृत्व कौशल

अच्छा नेता बनने के लिए व्यक्ति में व्यक्तिगत गुणों के साथ-साथ कुछ विशेष कौशलों का होना भी जरूरी होता है।

- **प्रभावशाली अभिव्यक्ति**—यह सिर्फ बोलकर या लिखकर अपनी बात को दूसरों तक पहुँचाने तक सीमित नहीं है। नेता में ऐसा अभिव्यक्ति कौशल होना चाहिए कि लिखे या बोले बिना भी वह अपना संदेश अपने सहयोगियों तक पहुँचा सके और उन्हें अपने सामूहिक लक्ष्य से जोड़कर रख सके।
- **प्रेरणा**—नेता में ऐसा गुण होना चाहिए, जो उसके सहयोगियों के लिए प्रेरणा का स्रोत बन सके। कई बार हमारे पास कुछ करने या कुछ बनने की संभाव्यता मौजूद होते हुए भी हम वैसा कर या बन नहीं पाते हैं। ऐसे में हमें अपनी संभाव्यता को पहचानने और उसे कार्यरूप देने के लिए एक प्रेरणा की जरूरत होती है, जो हमें एक नेता से मिलती है।

नियोजन

नेता के पास अपने सामूहिक लक्ष्य को प्राप्त करने के लिए एक योजना होती है, जिसके माध्यम से वह सभी संबद्ध लोगों को लक्ष्य की ओर अग्रसर करता रहता है।

नेतृत्व शैली

आपकी काम करने की शैली का आपकी सफलता और असफलता पर गहरा प्रभाव पड़ता है। स्वाभाविक बात है कि हमारे पास काम करने की ऐसी कोई शैली नहीं होती, जो हर स्थिति-परिस्थिति के लिए उसी तरह कारगर हो। इसलिए यह जानना जरूरी होता है कि हमें कब, कौन सी शैली अपनानी है।

नेता की अभिदृष्टि

नेता अपनी एक अभिदृष्टि लेकर चलता है, जिससे वह ऐसी समस्याओं को भी देख लेता है, जिन्हें दूसरे लोग सामान्यतया नहीं देख पाते हैं। वह जानता है

कि उसे कब क्या करना है, इसलिए कई बार वह ऐसे लक्ष्य भी तय कर लेता है, जिसकी ओर दूसरे लोगों का ध्यान सामान्यतया नहीं जाता है। वह जो भी काम करता है, उसे पूरे मन से और दृढ़ निश्चय के साथ करता है।

नेता अपने सामने अपना एक स्पष्ट लक्ष्य रखता है—चाहे वह कंपनी की वार्षिक बिक्री दोगुनी करने का लक्ष्य हो, कोई नया उत्पाद विकसित करने का लक्ष्य हो, नई कंपनी शुरू करने का लक्ष्य हो या फिर कोई बड़ा सपना साकार करने का लक्ष्य हो। कमियों या गलतियों में 2 प्रतिशत की दर से सुधार करनेवाली प्रक्रिया के बजाय वह गलतियों की गुंजाइश पैदा करनेवाली प्रक्रिया की जगह पर नई प्रक्रिया को अपनाने पर बल देता है। वह ऐसे उत्पाद विकसित करता है, जिन्हें देखकर लोग बरबस ही बोल उठते हैं कि 'ऐसा उत्पाद हमने अपने यहाँ बनाने की बात अब तक क्यों नहीं सोची?'

थॉमस अल्वा एडीसन ने दुनिया से अँधेरा दूर करने का सपना देखा था। इसके लिए उन्होंने मोमबत्ती बनाने की बात नहीं सोची, बल्कि एक ऐसी चीज बना डाली, जो अँधेरा मिटाने के लिए अपने आपमें बिल्कुल नई चीज है। ऐसी ही अभिदृष्टि होती है एक नेता के पास।

अभिदृष्टि पर काम करने का जज्बा

नेता के पास अभिदृष्टि तो होती ही है, साथ ही उस पर काम करने का जज्बा भी उसके अंदर होता है। इसी से वह देख-समझ पाता है कि उसे क्या करना चाहिए, किस ओर कदम बढ़ाना चाहिए। अपनी अभिदृष्टि तक पहुँचने के लिए वह काम करता है और यही बात उसे और लोगों से भिन्न बनाती है।

उसके अंदर मौजूद कुछ कर दिखाने का जज्बा ही होता है, जो विपरीत-से-विपरीत परिस्थितियों में भी उसे अपने लक्ष्य की ओर आगे बढ़ाता रहता है और वह लोगों की नकारात्मक टिप्पणियों या रास्ते की मुश्किलों को पार करता हुआ अपने लक्ष्य तक पहुँच जाता है।

गुण या विशेषताएँ, जो एक नेता को दूसरे सामान्य लोगों से भिन्न बनाती हैं—

ऐसी कई बातें हैं, जो एक नेता को दूसरे लोगों से भिन्न बनाती हैं। कुछ लोगों में ये बातें जन्मजात होती हैं, जबकि अन्य लोग व्यक्तिगत प्रयास से इन्हें अपने अंदर विकसित करते हैं। यह कोई जादू से प्राप्त किया जानेवाला कौशल नहीं है। मेरी दृष्टि में एक नेता में ये मौलिक विशेषताएँ होनी चाहिए—

- **ईमानदारी**—लोगों को यह विश्वास होना चाहिए कि आप जो कुछ भी कर रहे हैं, वह उनके सामूहिक हित के लिए है।
- **लोगों को समझने की योग्यता**—एक नेता में ऐसी योग्यता होनी चाहिए, जिससे वह लोगों को समझ सके और उनके अंदर मौजूद संभाव्यता की परख कर सके, ताकि उसे एक व्यापक उद्देश्य के लिए उपयोग में लाया जा सके।
- **सकारात्मकता**—सकारात्मकता एक नेता की सबसे बड़ी विशेषता होती है। इसी से वह लोगों के योगदानों को समझकर उन्हें कुछ अच्छा करने के लिए पुरस्कृत-प्रोत्साहित कर पाता है। वह लोगों की छोटी-छोटी गलतियों में उलझकर अपना समय और ऊर्जा बरबाद नहीं करता है।
- **नेतृत्व सुधार**—वारेन बेनिस के अनुसार, ''एक नए नेता में ऐसी योग्यता होनी चाहिए, जो एक लक्ष्यविहीन, अभिदृष्टिविहीन और प्राणविहीन संगठन में नई जान फूँक सके तथा लोगों को जाग्रत् कर सके।'' एक आदर्श नेता वही होता है, जो स्वयं को एक उदाहरण के रूप में प्रस्तुत करते हुए पूरी टीम में एक नए उत्साह का संचार कर सके।
- **नेता का व्यक्तित्व**—एक नेता में अपने समकक्षियों और अधीनस्थों को अपने प्रभाव में लेने के सारे गुण होने चाहिए—वह किसी पैदाइशी अधिकार से नहीं, बल्कि अपनी विश्वसनीयता और प्रभावशीलता से। वह चार्ल्स डार्विन के इस सिद्धांत में विश्वास करनेवाला होना चाहिए—''अपना अस्तित्व बनाए रखने के लिए प्राणी का सबसे ताकतवर या सबसे बुद्धिमान होना जरूरी नहीं है, बल्कि बदलाव के साथ सामंजस्य बैठाने की क्षमता रखना जरूरी है।'' इस प्रकार, नेता बदलाव में विश्वास करनेवाला होता है और अपनी टीम को भी वह इस बदलाव के लिए तैयार करता है।

सपने देखना नेता का स्वभाव होता है। वह उन चीजों या लोगों को बरदाश्त नहीं कर पाता, जो उसके और उसके सपनों के बीच में दीवार बनते हैं। वह यथार्थवादी होता है, संयमी होता है; लेकिन पीछे हटने में विश्वास रखनेवाला नहीं होता, बल्कि लगातार अपने लक्ष्य की ओर बढ़ता रहता है। आप भी नेता बन सकते हैं—तब, जब आपके लिए इसकी पर्याप्त उपयोगिता होगी।

किसी भी संस्था के आधार में उसके मूल्य होते हैं, जिनके बल पर वह संस्था टिकी होती है। ये मूल्य संस्था की प्रकृति, उद्‍देश्य, भूमिका और कार्यशैली के अनुसार अलग-अलग हो सकते हैं।

इन मूल्यों को प्राय: शाब्दिक अभिव्यक्ति में नहीं रखा जाता है; लेकिन संस्था के नेता का यह दायित्व होता है कि वह इन मूल्यों का संरक्षण और संवर्धन सुनिश्चित करे, क्योंकि ये मूल्य ही उसके अस्तित्व की वास्तविक पहचान होते हैं।

आठ योग्यताएँ

1. व्यावसायिक या पेशागत सजगता—स्पीकिंग प्रोफेशन—एन.ए.एस.ए. (NASA) या सी.ए.पी.एस. (CAPS) सहित—की पूरी समझ—कैसे काम करता है, क्या-क्या काम करता है, उसकी व्यावसायिक स्थिति कैसी है वगैरह-वगैरह; साथ ही, सभा-सम्मेलन से जुड़े उद्योग की जानकारी—कौन-कौन सी संस्थाएँ इस क्षेत्र में काम करती हैं, उनकी सेवाएँ कैसी हैं आदि बातों की अच्छी जानकारी।

2. व्यावसायिक संबंध—मीटिंग प्रोफेशनल की जानकारी, ब्यूरो और एजेंटों की जानकारी और अपने सहकर्मियों एवं उनके हितों की अच्छी समझ।

3. भूमिका तैयार करने से जुड़ी योग्यताएँ—एक पेशेवर वक्ता के लिए आवश्यक कौशलों की जानकारी—स्टेज की व्यवस्था, लाइट, साउंड सिस्टम और कोरियोग्राफी की व्यवस्था की जानकारी। मल्टीमीडिया को कैसे अपने फायदे के लिए इस्तेमाल में लाया जाए, जबरदस्त भीड़ को कैसे नियंत्रित किया जाए वगैरह-वगैरह।

4. अभिव्यक्ति की तकनीक—श्रोताओं या दर्शकों को कैसे अपने से जोड़कर रखा जाए, कैसे शब्दों और कहानियों या भावों का इस्तेमाल किया जाए जो आपकी बातों में उनकी दिलचस्पी बनाए रखें।

5. विषय तैयार करना—अपने उद्‍देश्य, कौशल और संगठनात्मक हितों के अनुरूप ऐसे विषय चुनना, जो आपके श्रोताओं-दर्शकों के लिए भी पूरी तरह से उपयुक्त हों। अपने भाषण के लिए उपयुक्त सामग्री जुटाना।

6. प्रकाशन और उत्पाद विकास से जुड़ी योग्यताएँ—बोलकर अभिव्यक्त किए गए संदेशों के अन्य रूपों में प्रस्तुत करना; जैसे—लेखन की तकनीक, प्रकाशक समुदाय के साथ संपर्क, विविध उत्पादों या उत्पाद शृंखलाओं पर वीडियो, लेख आदि प्रस्तुत करना।

7. व्यवसाय प्रबंधन—व्यावसायिक संविदाओं, समझौतों, मुद्रा और अन्य व्यवस्था के प्रशासनिक पहलू को समझना। इसके अंतर्गत लॉयल्टी, शुल्क, लाइसेंस,

टैक्स और वीजा के मामले में आते हैं। ऑफिस टेक्नोलॉजी सिस्टम्स और इक्विपमेंट को समझना; इन्वेंटरी कंट्रोल एवं अभिलेख प्रबंधन, मीटिंग आदि का शेड्यूल तैयार करना और पेपर वर्क सँभालना।

8. सेल्स और मार्केटिंग—मार्केट में अपनी पैठ और प्रभाव बढ़ाने के लिए विभिन्न एसोसिएशनों और निगमों से संपर्क साधना, उन्हें अपने प्रोडक्ट बेचना; बिक्री बढ़ाने के लिए नई-नई तकनीकें और अन्य सामग्री विकसित करना; भाषण, सेमिनार व लेख के माध्यम से अपनी एक लोकप्रिय छवि प्रस्तुत करना।

प्रबंधकों के लिए छह रणनीतिक सिद्धांत

मार्क मैकनीली के छह सिद्धांतीय मॉडल में बताया गया है कि किस तरह कोई कंपनी अपनी प्रतिद्वंद्वी कंपनियों को मौका दिए बिना अपने लिए अधिकतम मार्केट शेयर सुनिश्चित करे, किस प्रकार अपनी प्रतिद्वंद्वी कंपनी के बाजार और प्रबंधन की कमजोरी पर प्रहार करते हुए प्रतिस्पर्धा को अपने पक्ष में करे। इसमें इस बात पर ज्यादा बल दिया जाता है कि किस प्रकार अपनी तैयारी, तीव्रता और गोपनीयता से प्रतिद्वंद्वी कंपनी की व्यवस्था को बिगाड़ा जा सकता है, किस प्रकार रणनीति के सफल उपयोग से प्रतिस्पर्धा को मात दी जा सकती है और सफल नेतृत्व के लिए व्यक्तित्व कितना महत्त्वपूर्ण होता है।

1. बाजार को बिगाड़ने के बजाय उस पर कब्जा करें—किसी संगठन का मौलिक उद्देश्य व्यवसाय में बने रहना, विकास-विस्तार करना और धन कमाना होता है। अतः उसे अपने बाजार को नष्ट करने के बजाय उस पर कब्जा जमाने की कोशिश करनी चाहिए। अगर बाजार ही नहीं रहेगा तो वह अपने उत्पाद कहाँ बेचेगी? कैसे धन कमाएगी? यह सिद्धांत सन जू की 'लड़े बिना सब पर जीत कायम करने' की रणनीति पर आधारित है। सन जू के अनुसार, "युद्ध में सामान्यतया सर्वोत्तम नीति यह मानी जाती है कि दुश्मन राज्य को नष्ट किए बिना उस पर आधिपत्य जमाया जाए; उसे नष्ट करने में उतना फायदा नहीं होता। सौ लड़ाइयों में सौ बार जीतना युद्ध कौशल का चरम नहीं होता है। कौशल का चरम वह होता है, जिसमें लड़ाई किए बिना ही दुश्मन को वश में कर लिया जाए।"

बाजार को नष्ट किए बिना उस पर कब्जा जमाने के कई तरीके हो सकते हैं। एक तरीका यह है कि बाजार के उन हिस्सों पर प्रहार किया जाए, जहाँ प्रतिद्वंद्वी की पहुँच कम है। इसके अलावा, कंपनी इसके लिए कोई गुप्त, अप्रत्यक्ष तरीका भी अपना सकती है, जो प्रतिद्वंद्वी की नजर में न आए। मूल्य की लड़ाई का रास्ता

कभी नहीं अख्तियार करना चाहिए। वर्ष 1999 में अंग्रेजी दैनिक 'हिंदुस्तान टाइम्स' ने अपनी 75वीं वर्षगाँठ के मौके पर यही तरीका अपनाया था। उसने अखबार का मूल्य 1.50 रुपए से घटाकर 1 रुपया कर दिया। उसने यह नहीं सोचा था कि 'टाइम्स ऑफ इंडिया' अपने अखबार की कीमत घटा सकता है। लेकिन 'टाइम्स ऑफ इंडिया' ने भी दूसरे दिन से अपने अखबार की कीमत घटा दी। दोनों ही अखबार बड़े घाटे में चल रहे थे। लेकिन 'टाइम्स ऑफ इंडिया' सँभाल ले गया, क्योंकि उसके मुंबई संस्करण में विज्ञापन का अच्छा-खासा काम था। इससे उसका आर्थिक आधार काफी मजबूत था। दूसरी ओर, 'हिंदुस्तान टाइम्स' घाटा नहीं झेल सका और वापस 1.50 रुपए की कीमत पर आ गया। व्यावसायिक शोध से पता चला है कि कीमत की लड़ाई में प्रतिस्पर्धियों की ओर से तुरंत और सबसे आक्रामक प्रतिक्रिया देखने को मिलती है। इससे हमलावर कंपनी को ही घाटा होता है।

2. प्रतिस्पर्धी कंपनी की कमजोरी पर वार करें, न कि उसकी ताकत पर—कॉरपोरेट क्षेत्र में प्राय: देखा जाता है कि कंपनी अपने प्रतिस्पर्धी की मजबूत कड़ी पर हमला करती है। इस तरह के प्रत्यक्ष हमले का रास्ता ज्यादातर पश्चिमी देशों की कॉरपोरेट कंपनियों द्वारा अपनाया जाता है। इस तरह की व्यावसायिक रणनीति प्राय: दोनों ही कंपनियों के लिए महँगी पड़ती है। मार्क मैकनीली (Mark Mc Neilly) के अनुसार, ''इसके लिए सबसे अच्छा तरीका यह होता है कि प्रतिद्वंद्वी की कमजोर कड़ी को पकड़ा जाए। इससे कम-से-कम संसाधनों के उपयोग से ज्यादा-से-ज्यादा फायदा होगा।'' यह सिद्धांत सन जू की इस रणनीति पर आधारित है कि जिस तरह पानी हमेशा ऊँचाई से नीचे की ओर बहता है, उसी तरह सेना भी दुश्मन की मजबूत कड़ी को छोड़कर उसकी कमजोर कड़ी पर हमला करती है।

3. प्रतिद्वंद्वी के बारे में पहले से जानकारी रखें और जरूरत पड़ने पर चकमा देने का तरीका भी अपनाएँ—मार्क का यह सिद्धांत सन जू की रणनीति युक्ति पर आधारित है, जिसमें उन्होंने बताया है—अपने दुश्मन के बारे में जानकारी जुटाइए और अपनी स्वयं की स्थिति भी जानिए। अगर आप इस सिद्धांत पर चलेंगे तो सौ लड़ाइयों में भी आप मात नहीं खाएँगे। यानी अपनी और अपने प्रतिद्वंद्वी की स्थिति का आकलन करना और उसके अनुरूप रणनीति अपनाकर अपनी मौजूदगी को सशक्त बनाना।

अपनी प्रतिद्वंद्वी कंपनी की कमजोरी का पता लगाकर उसका अपने फायदे के लिए इस्तेमाल करें। उसकी एक्जीक्यूटिव स्तर की रणनीतियों, सक्षमताओं और इरादों के बारे में ज्यादा-से-ज्यादा जानकारी जुटाएँ और साथ ही उसके

मुकाबले में अपनी स्वयं की स्थिति को रखकर आकलन करें। इसके साथ-ही-साथ अपने आसपास की व्यावसायिक और प्रतियोगी प्रवृत्तियों पर नजर रखें, जिन पर अपने पाँव जमाकर आपको लड़ाई लड़नी है। प्रतिद्वंद्वी यही रणनीति कहीं आपके खिलाफ न अपना सके, इसके लिए जरूरी है कि आप अपनी पूरी योजना को गोपनीय रखें।

4. गति के साथ आगे बढ़ें—चौथा सिद्धांत सन जू की इस अवधारणा पर आधारित है कि गाफिल बने रहना और आपात स्थिति के लिए तैयार न रहना सबसे बड़ी गलती है; जबकि आपात स्थिति से निपटने के लिए पहले से तैयारी रखना सबसे बड़ी खूबी।

सन जू का मानना है कि अगर कोई कंपनी पूर्व जानकारी और छल का भरपूर फायदा उठाना चाहती है तो उसे बिजली की गति से काम करने के लिए खुद को तैयार रखना चाहिए। यह मानना गलत है कि बड़े संगठन छोटे संगठनों की अपेक्षा ज्यादा मजबूत होते हैं। छोटी कंपनियाँ अपने छोटे आकार का फायदा उठाते हुए अधिक गति और लोचपूर्णता से काम कर सकती हैं और इस प्रकार, अपने बड़े आकार के प्रतिद्वंद्वी को मात दे सकती हैं। छोटे और अपेक्षाकृत कम खर्चीले कॉरपोरेट जेट के बाजार में अपने प्रतिस्पर्धियों से दो साल पहले और वह भी अपेक्षाकृत कम निवेश से अपने ए 700 जेट विमान बाजार में उतारने की अपनी सक्षमता के बल पर एडम एयरक्राफ्ट इंडस्ट्रीज अपने क्षेत्र में अग्रणी बनकर उभर सका है।

5. प्रतिद्वंद्वी आपको मैदान में घसीटे, इससे पहले आप स्वयं उसे मैदान में खींच लें—पाँचवाँ सिद्धांत सन जू की जिस रणनीति पर आधारित है, उसके अनुसार, ''युद्ध कौशल में निपुण लोग दुश्मन द्वारा लड़ाई के मैदान में खींचे जाने के बजाय स्वयं उसे लड़ाई के मैदान में ले जाते हैं।''

इससे आप प्रतिस्पर्धा या लड़ाई को अपने पक्ष में कर सकते हैं और उस पर अपना नियंत्रण स्थापित कर सकते हैं।

6. अपने प्रबंधक की अंतर्निहित सक्षमता को बढ़ाने के लिए मजबूत नेतृत्व का विकास करें—इसे सन जू की उस रणनीति से लिया गया है, जिसमें उन्होंने बताया है, ''जब कोई (व्यक्ति, संस्था या सेना) लोगों के साथ न्याय, धर्म और उदारता से पेश आता है और उनमें अपना विश्वास प्रदर्शित करता है तो पूरी सेना एकजुट हो जाती है और अपने नेता के साथ सहयोग करने में उसे खुशी मिलती है।'' कॉरपोरेट में भी यह रणनीति उतनी ही प्रासंगिक है, क्योंकि व्यावसायिक रणनीतियों को कार्यान्वित करने और अपने प्रबंधकों की सक्षमताओं को बढ़ाने के

लिए असाधारण नेतृत्व की जरूरत होती है। असाधारण सफलता हासिल करने के लिए जिन विविध गुणों और विशेषताओं की जरूरत होती है, उनका वर्णन सन जू ने अपनी इस रणनीति में किया है।

अधिक प्रभावशीलता के लिए बदलाव का प्रबंधन

आज का युग तीव्र बदलाव का युग है। बदलाव जीवन का एक अभिन्न हिस्सा बन गया है। स्थितियाँ-परिस्थितियाँ बदल रही हैं, समय बदल रहा है, लोग बदल रहे हैं। बदलाव के अभाव में तो समय का महत्त्व भी नहीं रह जाता है। आज व्यावसायिक बाजार में जबरदस्त बदलाव के साथ-साथ वैश्विक सीमाओं को सिकुड़ते देखा जा रहा है।

ऐसे परिवेश में वही संगठन सफल हैं, जो बदलाव का पूर्वानुमान करके उसके अनुरूप अपनी रणनीति तय करने और उसका प्रतिस्पर्धात्मक फायदा उठाने में कुशलता दिखाते हैं। गोथेनबर्ग यूनिवर्सिटी के प्रोफेसर एलेक्जेंडर स्टाइरे (Alexander Styhre) के अनुसार, ''बदलाव ऐसे अंतर्संबद्ध कारणों और प्रभावों के गुणात्मक आधार पर उत्पन्न होते हैं, जिनके संबंधों को समझ पाना मुश्किल होता है।''

हार्वर्ड बिजनेस स्कूल के प्रोफेसर रोजाबेथ मॉस कैंटर (Rosabeth Moss Kanter) ने कहा था, ''सफल कंपनियाँ ऐसी संस्कृति का विकास करती हैं, जिसकी प्रासंगिकता लगातार समान रूप से बनी रहती है।'' अपनी पुस्तक 'डायग्नोजिंग एंड चेंजिंग ऑर्गेनाइजेशनल कल्चर' में कैमरॉन और क्विन (Cameron and Quinn) ने लिखा है—''संगठनात्मक संस्कृति में बदलाव के अभाव में अन्य संगठनात्मक बदलाव निष्प्रभावी हो गए।''

परिवर्तन की तीन मुख्य विशेषताएँ होती हैं—

- **क्षेत्र**—यह पूरे संगठन या उसके अधिकांश क्षेत्र को प्रभावित करनेवाला होता है।
- **तीव्रता**—इसमें पूर्व-स्थिति में बड़े बदलाव आते हैं।
- **अवधि**—यह महीनों या कभी-कभी वर्षों की अवधि लेकर चलता है।

अत: परिवर्तन के अप्रभावशाली प्रबंधन के लिए एक कारगर रणनीति जरूरी हो जाती है, जिसमें निम्नलिखित बिंदुओं को शामिल किया जाता है—

- **स्थितिगत जागरूकता**—यह जानना जरूरी होता है कि परिवर्तन कैसा है और उससे कौन प्रभावित होनेवाला है।

- **सहायक व्यवस्थाएँ**—कार्यकर्ताओं की टीम और प्रायोजकों का प्रबंधन जरूरी होता है।
- **रणनीतिक विश्लेषण**—परिवर्तन से क्या-क्या जोखिम उत्पन्न हो सकते हैं, उनसे कैसे बचा या निपटा जा सकता है, इन बातों पर विचार करना होता है।

ऐसे में व्यक्तिगत स्तर पर ये बातें जरूरी हो जाती हैं—

- परिवर्तन की आवश्यकता को जानना।
- परिवर्तन की प्रक्रिया में भागीदार बनने की इच्छाशक्ति।
- स्वयं में कैसे बदलाव लाना है, इसकी जानकारी।
- आवश्यक नीतियों और कौशलों को कार्यान्वित करने की योग्यता।
- बदलाव या उसके प्रभावों से निपटने के लिए क्षमता-निर्माण।

आभा प्रभाव

सिलिकॉन वैली की फर्म सिस्को (Cisco) कभी नई अर्थव्यवस्था की जान हुआ करती थी। व्यावसायिक पत्रकार उसकी सर्वतोमुखी सफलता की चर्चा करते नहीं थकते थे। उसकी शानदार ग्राहक सेवा, परिपक्व रणनीति, अधिग्रहण कौशल, बेजोड़ कॉरपोरेट संस्कृति और उसके करिश्माई सी.ई.ओ.। मार्च 2000 में यह दुनिया की सबसे महत्त्वपूर्ण कंपनी थी।

परंतु अगले ही वर्ष जब सिस्को का स्टॉक 80 प्रतिशत रह गया तो पत्रकारों का स्वर एकदम बदल गया। कंपनी की खूबियाँ ही अब उसकी कमजोरी बन गईं। खराब ग्राहक सेवा, गलत व्यावसायिक रणनीति, अकुशल, अधिग्रहण, पंगु कॉरपोरेट संस्कृति और सुस्त सी.ई.ओ.। जबकि सबकुछ वही था, कुछ भी बदला नहीं था। अगर कुछ बदला था तो वह था—सिस्को के उत्पाद की माँग में कमी। और उसमें भी फर्म की गलती नहीं थी। एक आभा प्रभाव होता है, जो एकदम ही किसी व्यक्ति या कंपनी को चमका देता है और वह प्रभाव खत्म होने पर व्यक्ति या कंपनी फिर उसी सामान्य स्थिति में आ जाती है। सिस्को के साथ भी ऐसा ही था। मीडियावाले उसके स्टॉक मूल्य से प्रभावित थे, इसलिए बारीकी से जाँच-पड़ताल किए बिना ही उन्होंने ऐसी धारणा बना ली कि कंपनी का पूरा बिजनेस कामयाबी के चरम पर है।

आभा प्रभाव के अंतर्गत प्रायः हम किसी एक पहलू या क्षेत्र जैसे—कंपनी की वित्तीय स्थिति या उसके प्रबंधन कौशल के आधार पर पूरी कंपनी के बारे में बड़ा

निष्कर्ष निकाल लेते हैं। उस स्थिति में कंपनी की प्रतिष्ठा के कारण हम उसके उत्पाद के लिए एक पूर्वग्रह की धारणा बना लेते हैं। इसी तरह हम प्रायः ऐसा मान लेते हैं कि किसी एक इंडस्ट्री में कामयाबी के चरम पर पहुँच चुका एक सी.ई.ओ. किसी अन्य क्षेत्र में जा रहा है तो वहाँ भी उसी तरह कामयाब होगा और उसका व्यक्तिगत जीवन भी इसी तरह सफल होगा।

मनोविज्ञानी एडवर्ड ली थॉर्नडाइक (Edward Lee Thorndike) ने सौ वर्ष पूर्व आभा प्रभाव का पता लगाया था। उन्होंने निष्कर्ष निकाला था कि आभा प्रभाव के अंतर्गत कोई एक गुण या पहलू इतना आभायुक्त होता है कि अन्य गुणों-अवगुणों या पहलुओं को नजरअंदाज करते हुए हम सकारात्मक या नकारात्मक निष्कर्ष निकाल लेते हैं। उदाहरण के लिए, सौंदर्य को लेते हैं। इस विषय पर अब तक दर्जनों अध्ययन किए जा चुके हैं, जिनसे पता चलता है कि हम स्वाभाविक रूप से अच्छे या सुंदर दिखाई देनेवाले लोगों को हँसमुख, ईमानदार और बुद्धिमान मान बैठते हैं। आकर्षक व्यक्तित्ववाले लोगों को, खासकर महिलाओं को व्यावसायिक जीवन में भी इसका फायदा मिलता है। स्कूलों में भी इसका उदाहरण आसानी से देखा जा सकता है, जहाँ अध्यापक प्रायः देखने में अच्छे लगनेवाले विद्यार्थियों को अपेक्षाकृत अच्छा ग्रेड देना चाहते हैं।

तरह-तरह के विज्ञापन आभा प्रभाव का ही एक कारक हैं—टी.वी., पत्र-पत्रिकाओं और इश्तहारों के विज्ञापन में आप बड़ी-बड़ी हस्तियों का मुसकराता चेहरा देखते हैं, जो कंपनी की अपने उत्पाद का विज्ञापन करने की एक रणनीति होती है। हम अपने पसंदीदा हीरो या हीरोइन को किसी उत्पाद का विज्ञापन करते देखते हैं तो बरबस ही उस उत्पाद को अच्छा मानने लगते हैं और उसके लिए हमारे मन में एक सकारात्मक धारणा बन जाती है। ऐसी क्या बात है, जो रोजर फेडरर जैसे प्रोफेशनल टेनिस खिलाड़ी को एक कॉफी मशीन एक्सपर्ट बना रहे हैं—यह बहस का विषय है। आभा प्रभाव हमारे अवचेतन मन पर अपना प्रभाव डालता है। हमें बस उत्पाद के पीछे का आकर्षक चेहरा और उसकी सुंदर जीवन-शैली दिखाई देती है, जिसके आधार पर हम कोई सकारात्मक या नकारात्मक निर्णय ले बैठते हैं।

आभा प्रभाव जब राष्ट्रीयता, लिंग या जाति जैसे मामलों को प्रभावित करता है तो उससे पक्षपात, अन्याय और नकारात्मकता का माहौल पैदा हो सकता है; क्योंकि यह हमारी दृष्टि और हमारे विवेक को ढक लेता है—उस समय हम चाहे पत्रकार या शिक्षक की भूमिका में हों या फिर चाहे उपभोक्ता की भूमिका में।

कभी-कभी (अल्पकाल के लिए सही) इसका अच्छा व सकारात्मक प्रभाव भी देखने को मिलता है। क्या आपको कभी किसी से प्यार हुआ है? कैसे वह व्यक्ति, जिसे आप प्यार करते हैं, सब प्रकार से दोषहीन लगता है—देखने में सुंदर, बातचीत में होशियार और बुद्धिमान। भले ही आपके अपने या इष्ट मित्र उसकी कमियों की ओर आपका ध्यान खींचने की कोशिश करें, लेकिन आपको बस उसकी अच्छाइयों के अलावा और कुछ दिखाई ही नहीं देता है; क्योंकि उस समय आप उसके आभा प्रभाव के वश में होते हैं और इस कारण वस्तुस्थिति को देख या समझ नहीं पाते। बड़े-बड़े ऑर्केस्ट्रावाले क्या करते हैं? अपने कलाकारों के लिए परदे के पीछे से अपनी कला का प्रदर्शन करने की व्यवस्था रखते हैं, ताकि उनकी उम्र, लिंग, जाति या रूप-स्वरूप के कारण कोई नकारात्मक प्रभाव न पड़े। व्यावसायिक पत्रकारों से मेरा आग्रह है कि वे कंपनियों की अस्थायी या अल्पकालिक स्थिति से प्रभावित होकर उसके बारे में कोई राय न बनाएँ; उसके सब पहलुओं पर दृष्टि डालने के बाद ही कोई निष्कर्ष निकालें।

□

अध्याय-12

युवा उद्यमी

[अपनी खूबी का पता लगाइए, अपनी ऊर्जा को संयोजित कीजिए और अपने ज्ञान व कौशल को कार्यरूप देने के लिए नई तकनीक सीखिए। यह कभी मत सोचिए, 'कहीं मैं असफल न हो जाऊँ?' आप असफल नहीं हो सकते; हाँ, कामयाबी की ओर न जानेवाले एक नए रास्ते का पता आपको जरूर लग जाएगा।]

शुरुआत समय से थोड़ा पहले करें। प्रतिस्पर्धा का दौर शुरू हो, इससे पहले ही आपको चाहिए कि जो भी गलतियाँ करनी हों और गलतियों से जो सीख लेनी हो, वह सब कर डालें। जोखिम-प्रतिफल का समीकरण पूरी तरह से उद्यमी के पक्ष में होता है। ऐसी बात नहीं है कि उद्यमी बनकर आप नौकरी की अपेक्षा कम आर्थिक प्रतिफल हासिल कर पाएँगे।

अपने बिजनेस प्लान को बहुत ज्यादा बढ़ा-चढ़ाकर मत प्रस्तुत कीजिए। बात कम करें, काम ज्यादा करके दिखाएँ। अच्छे लोगों को अपने साथ जोड़ें, उन्हें अपना आइडिया, अपनी अभिदृष्टि बेचें और धन को उनके साथ साझा करें।

अगर आप पैसा कमाने के लिए बिजनेस शुरू करना चाहते हैं तो मत कीजिए। हो सकता है, आप कामयाब न हों; क्योंकि रास्ते में बहुत मुश्किलें आएँगी। उस स्थिति में अगर आप सिर्फ पैसा कमाने का मकसद लेकर चल रहे होंगे तो आप पीछे हट सकते हैं और हो सकता है कि बिजनेस छोड़कर वापस नौकरी में आ जाएँ। दूसरी ओर, अगर आपका मकसद पैसा कमाने से परे कुछ और है तो वह मुश्किल स्थिति में भी आपको बढ़ने के लिए प्रेरित करता रहेगा।

मैं सिर्फ इतना कहना चाहता हूँ कि अपनी अंतरात्मा की आवाज को जरूर सुनिए और उसके प्रति ईमानदार बने रहिए। जो करना है जिंदगी में, वो करो। आपका अंतर्मन आपको जिस रास्ते पर चलने को कहता है, उसी रास्ते पर चलिए; लेकिन

एक बार जिस रास्ते पर चलना शुरू कर दिया तो उसे पकड़े रहने के लिए तैयार रहें। नारायण मूर्ति की बात याद करें—"रातोरात सितारा बनने में मुझे 25 वर्ष लग गए।" देखा यह जाता है कि कुछ लोग अपने अंतर्मन की आवाज को सुनते तो हैं, लेकिन उस पर काम नहीं कर पाते। अगर आपका अंतर्मन कहता है कि सामाजिक उद्यम के क्षेत्र में जाओ तो जरूर जाइए। अगर आपका अंतर्मन कहता है, लेखक व पत्रकार बनो, किताब लिखो, तो बनिए, किताबें लिखिए।

दबाव में आकर स्वयं को जरूरत से ज्यादा खींचने की कोशिश मत कीजिए। अपने अंतर्मन की सुनिए। आप सफल भी हो सकते हैं और असफल भी; लेकिन कम-से-कम आपके मन में इतनी संतुष्टि तो होगी कि आपने अपने अंतर्मन के अनुसार काम किया। 'कोई फिक्र नहीं है, तू अपना काम कर।' जीवन की यात्रा आपको वहाँ तक ले जाएगी, जहाँ उसकी मंजिल है। आप अपना काम करते रहें, फल की चिंता न करें। वो गीतावाली बात है—निष्काम कर्मयोग, यानी फल की चिंता किए बिना कर्म करते रहना।

युवा उद्यमियों के लिए सुझाव

आपको ऐसी टीम चाहिए, जिसके सदस्यों का एक-दूसरे में विश्वास हो। उन्हीं सदस्यों में से एक नेता भी होना चाहिए। नेता सिर्फ शेयर होल्डिंग के लिए नहीं, बल्कि टीम में विश्वास जगाने, उसका मार्गदर्शन करने के लिए।

मैं तो कहूँगा कि 4-5 वर्ष का समय लगाकर अनुभव प्राप्त कीजिए; अपना कुछ लगाने के बजाय दूसरे की लागत से सीखने की कोशिश कीजिए। कुछ बचत कर लीजिए, कुछ स्थायित्व कायम कर लीजिए। बाजार में उद्यम पूँजी तो आपको मिल जाएगी, लेकिन अपने पास भी कुछ पैसा होना चाहिए। लेकिन बहुत ज्यादा इंतजार में समय मत गँवाइए।

जरूरी नहीं है कि सौ करोड़ या एक हजार करोड़ की कंपनी ही खड़ी की जाए। कंपनी छोटी हो या बड़ी या फिर बहुत बड़ी, यह उद्यमी के अपने मूल्यों, महत्त्वाकांक्षाओं पर निर्भर करता है। बड़ा सोचिए और मन से ऐसा सोचकर चलिए कि आप बड़े बन गए हैं। इसके लिए कुछ बातें ध्यान में रखें—

- सिर्फ सोचें नहीं, अगर आप सचमुच संजीदा हैं तो बस शुरू हो जाएँ।
- काम शुरू करने के बाद उसे छोड़ने की बात न सोचें।
- याद रखें कि अगर शुरुआत में सफलता नहीं मिलती तो वह आपकी असफलता नहीं, बल्कि आपके आइडिए की असफलता है।

- बड़ी कंपनियाँ बड़े लोगों द्वारा खड़ी की जाती हैं, कोई अकेला व्यक्ति इतना सब नहीं कर सकता।

तार से तार मिलाइए, संपर्क बनाइए, कुछ सहकर्मी तैयार कीजिए और शुरू हो जाइए। हमारे सामने दो दुनिया होती है—एक, असल दुनिया और दूसरी, यथार्थ दुनिया। यथार्थ दुनिया वह है, जिसका आर्थिक आधार होता है और असल दुनिया वह है, जहाँ हम स्वयं काम करते हैं।

अगर आप असल दुनिया में कुछ करना चाहते हैं तो लोगों को प्रोडक्ट बेचिए, उपभोक्ताओं को जानिए। असल दुनिया में काम करना अपने आपमें अलग मायने रखता है। इसके लिए कंपनी जितनी छोटी हो, उतना ही अच्छा रहता है। हिंदुस्तान लीवर या कोका-कोला के बजाय छोटी कंपनी चुनिए। वहाँ आपको ज्यादा मौका मिलेगा। कंपनी जितनी बड़ी होगी, वहाँ आपको चीजों के बारे में बारीकी से जानने का मौका उतना ही कम मिलेगा। बाहर निकलिए और खुद को ललकारिए; बाजार में अपने लिए जगह बनाइए।

अकेले दम पर बड़ा काम शुरू करना आसान काम नहीं है। आपको बहुत सारी चीजें सीखनी होती हैं। परंतु मेरा मानना है कि एम.बी.ए. कॉलेज कैंपस में आपको जिस तरह की नौकरी का ऑफर मिलता है, वह आपको उद्यमी के रूप में तैयार करने के लिए नहीं होती है। आप स्वयं जानने की कोशिश कीजिए कि आप किस तरह का काम करना चाहते हैं। अगर आप अपनी पसंद और रुचि के अनुरूप बिजनेस शुरू करते हैं तो उसमें आपको सफलता जरूर मिलेगी।

जो बिजनेस आप करना चाहते हैं, उसमें एक-दो साल लगाकर पहले कुछ सीख लीजिए। पैसा जुटाना आजकल ज्यादा मुश्किल नहीं रह गया है। लेकिन आपका पारिवारिक जीवन प्रभावित हो सकता है। उदाहरण के लिए, आप लंबी छुट्टी पर नहीं जा सकते और अगर कभी छुट्टी पर जाते हैं तो फोन कॉल और इ-मेल आपका पीछा नहीं छोड़ेंगे। हालाँकि अगर आपको अपने काम से लगाव है तो आप इसे अपने व्यक्तिगत जीवन में दखल के रूप में नहीं देखेंगे।

अगर आपका किसी प्रोडक्ट में विश्वास है तो उसे आधे पर मत छोड़िए। उसमें लगे रहिए, एक दिन सफलता जरूर मिलेगी।

दूसरी बात, मुश्किल समय में धैर्य रखिए। संयम बनाए रखिए और अपनी टीम को साथ लेकर चलने की कोशिश कीजिए।

तीसरी बात, अगर आप कोई नया बिजनेस शुरू कर रहे हैं—चाहे वह किसी नए उत्पाद से जुड़ा हो या फिर किसी पुराने उत्पाद से ही क्यों न जुड़ा हो—तो

अपने अनुमान से 50 प्रतिशत ज्यादा धन का इंतजाम रखकर चलिए। इससे क्या होगा कि अगर आपको बीच में कोई मुश्किल आती है तो कम-से-कम पैसे के अभाव में बिजनेस बंद नहीं करना पड़ेगा।

बहुशाखावाली मध्यम आकार की कंपनी उपयुक्त नहीं होगी, क्योंकि इस तरह की कंपनी स्वामित्व आधारित कंपनी होती है और साथ ही बहुत सी शाखाएँ होने से प्रबंधन में भी दिक्कत आती है।

विनिर्माण के क्षेत्र में बहुत संभावनाएँ हैं। भारत का विनिर्माण आधार मात्र 37 प्रतिशत है, जबकि विकसित देशों में विनिर्माण आधार 65 से 75 प्रतिशत तक। किसी भी देश की अर्थव्यवस्था में दीर्घकालिक मजबूती विनिर्माण आधार से ही आती है, सेवा क्षेत्र से नहीं। सेवा क्षेत्र अस्थायी होता है। इससे स्थायी या दीर्घकालिक रोजगार का सृजन नहीं होता है। अतः अर्थव्यवस्था की स्थायी मजबूती के लिए उसका विनिर्माण आधार मजबूत होना चाहिए।

अगर आप किसी अलग तरह के विशेष प्रोडक्ट पर काम करना चाहते हैं और उसे लेकर पूरी तरह संजीदा हैं तो उसके लिए आपको तुरंत पूँजी उधार मिल जाएगी।

उद्यम में जोखिम होता है, इसलिए सफलता के साथ-साथ असफलता के लिए भी तैयार रहिए। अगर आप असफलता को बरदाश्त करने में सक्षम नहीं हैं तो उद्यम का रास्ता आपके लिए नहीं है। कॉलेज से निकलकर सीधे कोई उद्यम शुरू करने के बजाय छह-सात साल कुछ काम कीजिए, व्यवसाय की दुनिया को जानिए; देखिए कि वहाँ क्या होता है और कैसे होता है या फिर ऐसा विश्‍वसनीय पार्टनर तलाश कीजिए, जो बिजनेस के बारे में सबकुछ जानता हो; क्योंकि पाठ्य पुस्तकों में पढ़कर आप बिजनेस का व्यावहारिक ज्ञान प्राप्त नहीं कर सकते।

कुछ लोग ग्रेजुएशन के तुरंत बाद अपनी कंपनी शुरू कर देते हैं। ऐसे में उन्हें नकदी, बैंक ऋण, संपर्क-साधन आदि में दिक्कत का सामना करना पड़ सकता है। हाँ, अगर आपके पास बहुत ही अच्छा प्रोडक्ट आइडिया है तो 24 वर्ष की उम्र में आप उस पर काम शुरू कर सकते हैं।

आपको एक साथ कई भूमिकाएँ निभानी पड़ेंगी। कभी स्वाभिमानी बनना होगा तो कभी उदारता एवं विनम्रता दिखानी होगी। कभी आगे-आगे चलना होगा तो कभी पीछे-पीछे भी चलना पड़ेगा। अगर आपके यहाँ सफाई करनेवाला आदमी किसी दिन नहीं आता है और उस दिन कोई महत्त्वपूर्ण क्लाइंट आनेवाला है तो आपको खुद साफ-सफाई करनी पड़ सकती है।

सपने देखिए, उस पर काम कीजिए और उसे यथार्थ में बदलकर दिखाइए। सफलता का कोई एक फॉर्मूला नहीं होता; सफलता के रास्ते पर चलते हुए हर किसी को असफलता का सामना भी करना पड़ता है। जरूरत होती है उस असफलता से सीख लेते हुए और समय गँवाए बिना सफलता की ओर तेजी से आगे बढ़ने की।

हाँ, मैं एक बात जरूर कहूँगा—अपना खुद का उद्यम शुरू करने से पहले कुछ समय के लिए नौकरी करने का अपना एक अलग फायदा होता है। यह बात मायने नहीं रखती कि आप कहाँ काम कर रहे हैं। जब आप कहीं काम करते हैं और वहाँ की रोजमर्रा की स्थितियों एवं गतिविधियों से दो-चार होते हैं तो उससे आपको एक व्यावहारिक अनुभव मिलता है, जो बाद में अपना स्वयं का उद्यम शुरू करने पर आपके लिए बहुत मददगार साबित होता है।

लक्ष्य

- अपने दिल की सुनिए। (दिमाग तो बहुत कुछ कहता है, लेकिन जीवन के उद्देश्यपूर्ण सवालों के जवाब दिल ही दे पाता है।)
- जिन चीजों को आप ज्यादा महत्त्व देते हैं, उनके बारे में पहले सोचिए; बाकी चीजें बाद में भी हो सकती हैं। (स्टीव जॉब्स और माइकल डेल—दोनों की प्राथमिकताएँ अलग-अलग थीं; आपको कैसे करना है, यह आपको देखना है।)
- अगर आपको बीच पर जाकर आनंद मिलता है तो उसे भविष्य के लिए मत टालिए; क्योंकि भविष्य में हो सकता है कि आप इन चीजों का आनंद लेने की स्थिति में ही न हों।

पैसा

- पैसा स्वयं में कोई साध्य नहीं है। थर्मेक्स (Thermax) की चेयर पर्सन अनु आगा ने एक बार कहा था, ''मुनाफा महत्त्वपूर्ण है; लेकिन काम करने का सिर्फ यही एक मकसद नहीं होता। जीने के लिए साँस लेना जरूरी है, लेकिन कोई यह कहे कि मैं साँस लेने के लिए जीता हूँ तो यह जीवन की बहुत संकुचित परिभाषा होगी।''
- अपने कार्यस्थल पर प्रेम और स्नेह का माहौल बनाकर रखें। (लोगों को जिस चीज से प्रेम होता है, उसके लिए वे अपनी जिंदगी तक देने को तैयार रहते हैं, लेकिन EBIDTA के लिए कोई ऐसा नहीं करेगा।)

- **मूल्य और सहयोगी**—एक जैसी सोच रखनेवाले लोगों को अपने साथ रखिए। (अगर टेबल पर बैठे लोगों में कोई गौतम बुद्ध है और कोई चंगेज खाँ तो उनके साथ बैठकर आप कोई योजना तैयार नहीं कर सकते।)
- आपको क्या करना चाहिए और क्या नहीं, यह सब काम शुरू करने से पहले तय कर लीजिए।
- आत्मसम्मान से बढ़कर और कुछ नहीं होता।

एक आखिरी बात, अगर काम के दौरान आपको हँसने-मुसकराने का मौका नहीं मिलता तो इसका मतलब है कि आपका बिजनेस मॉडल गलत है।

विजेता का अभिशाप

स्थान है टेक्सास और समय है 1950 का दशक। एक भूखंड की नीलामी हो रही है, जिसमें दस तेल कंपनियाँ बोली लगानेवाली हैं। हरेक ने अपना-अपना हिसाब लगा रखा है कि भूखंड उसके लिए कितनी कीमत का है। ऐसा न्यूनतम मूल्यांकन 1 करोड़ डॉलर और अधिकतम मूल्यांकन 10 करोड़ डॉलर है। जैसे-जैसे बोली चढ़ती जा रही है, वैसे-वैसे फर्में एक-एक करके बोली से बाहर होती जा रही हैं। अंत में, एक कंपनी चैंपैग्ने कॉर्क्स पॉप (Champagne Corks Pop) सबसे ज्यादा बोली लगाकर भूखंड खरीद लेती है। इस प्रकार, वह नीलामी की विजेता बन जाती है।

'विजेता का अभिशाप' ऐसा होता है, जिसमें नीलामी की बोली जीतनेवाली कंपनी प्राय: घाटे में रहती है। विश्लेषकों का मानना है कि तेल क्षेत्र की इन नीलामियों में विजेता के रूप में उभरनेवाली कंपनियाँ प्राय: नीलामी में ज्यादा बोली लगा देती हैं और बाद में घाटे में आ जाती हैं। अगर वस्तु का मूल्यांकन 1 करोड़ डॉलर से 10 करोड़ डॉलर के बीच है तो इसका मतलब है कि उसकी वास्तविक कीमत इसके बीच कहीं होनी चाहिए। नीलामी में सबसे ऊँची बोली प्राय: ज्यादा होती है; हाँ, अगर बोली लगानेवाली कंपनी उसमें कुछ विशेष फायदा देखती है—जिसकी ओर दूसरों का ध्यान नहीं जाता—तो वह अलग बात है। लेकिन टेक्सास की इस नीलामी में मामला ऐसा नहीं था। तेल कंपनी ने अपनी इस जीत पर जश्न मनाया।

आज इससे हम सभी प्रभावित हैं। ईबे (Ebay) से लेकर ग्रुपॉन (Groupon) और गूगल एडवड्र्स (Google Adwords) तक सब जगह कीमतें बोली द्वारा तय की जा रही हैं। बोली की लड़ाई में कई टेलीकॉम कंपनियाँ दिवालिया हो जा रही

हैं। एयरपोर्टवाले अपने कॉमर्शियल स्पेस सबसे ज्यादा बोली लगानेवाले को देते हैं। अगर वॉल्मार्टवाले नया डिटरजेंट बाजार में लाने की योजना बना रहे हैं और इसके लिए वे पाँच सप्लायरों से निविदा माँगते हैं तो इसे भी नीलामी ही कहा जाएगा।

यह इंटरनेट का कमाल है कि आज दैनिक जीवन की छोटी-से-छोटी चीजों की भी बोली लग रही है। मुझे घर की दीवारों पर पेंट कराना था। इसके लिए मैंने ऑनलाइन विज्ञापन दे दिया। तीस पेंटरों ने—जिनमें से कुछ तो 300 मील से भी ज्यादा दूर थे—अपने-अपने प्रस्ताव भेजे। सबसे अच्छा प्रस्ताव जो था, उसमें कीमत इतनी कम रखी गई थी कि मुझे यह सोचकर उसे अस्वीकार करना पड़ा कि पेंटर का नुकसान होगा।

इनीशियल पब्लिक ऑफरिंग (IPO) भी नीलामी का ही उदाहरण है। जब कोई कंपनी किसी दूसरी कंपनी को खरीदती है तो उसमें भी कहीं-न-कहीं विजेता का अभिशाप जुड़ा रहता है। मैक्किंजे (Mckinsey) के अध्ययन के अनुसार, आधे से ज्यादा अधिग्रहण ऐसे होते हैं, जो मूल्यवत्ता को नष्ट कर देते हैं।

मान लीजिए, आप एक पत्रकार हैं और आपको पता चलता है कि आपके शहर में पंजीकृत कुत्तों की संख्या 10 प्रतिशत प्रतिवर्ष के हिसाब से बढ़ रही है। अब, इस पर लिखे गए अपने लेख को आप क्या हेडलाइन देंगे? 'कुत्तों के पंजीकरण में 10 प्रतिशत की वृद्धि'—ऐसी हेडलाइन तो नहीं देंगे, क्योंकि इस ओर कोई ध्यान ही नहीं देगा। शायद यह हेडलाइन ज्यादा आकर्षक होगी—'कुत्तों की भरमार—सात साल में दोगुनी वृद्धि'।

बहुत तेजी से बढ़नेवाली चीज स्थायी रूप से नहीं बढ़ती है; परंतु राजनेता, अर्थशास्त्री और पत्रकार अकसर इस बात को भूल जाते हैं। ऐसी वृद्धि एक सीमा तक ही होती है। उदाहरण के लिए, आँत का कृमि, एश्चरिशिया कॉलि (Escherichia Coli), हर बीस मिनट में विभाजित होता है। इस प्रकार कुछ ही दिनों में वह पूरी धरती पर फैल सकता है; लेकिन ऑक्सीजन और शुगर उसकी जरूरत के अनुसार नहीं मिल पाता, इसलिए उसकी वृद्धि रुक जाती है।

प्राचीन काल में पारसी इस बात से भलीभाँति परिचित थे कि लोग प्रतिशत वृद्धि के अनुसार काम करते हैं। एक लोककथा है—एक बार एक बुद्धिमान दरबारी ने अपने राजा को एक चेसबोर्ड भेंट में दिया। उपहार पाकर राजा ने कहा, "मैं किस तरह तुम्हारा शुक्रिया अदा करूँ?" इस पर दरबारी ने कहा, "महाराज, मुझे और कुछ नहीं, बस यही चाहिए कि आप चेसबोर्ड के पहले वर्ग में एक दाना चावल, दूसरे में दो दाने, तीसरे में चार दाने और इस प्रकार, पूरे चेसबोर्ड को चावलों से ढक दें।"

राजा ने आश्चर्यचकित होकर कहा, ''इतनी छोटी सी चीज माँगकर तुमने अपनी अच्छाई का परिचय दिया है।''

लेकिन इसमें कुल कितना चावल लगनेवाला था? राजा का अनुमान था—लगभग एक बोरा। लेकिन जब चेसबोर्ड के खानों में शर्त के अनुसार पहले खाने में एक दाना, दूसरे खाने में दो, तीसरे में चार...तो पता चला कि इसमें तो धरती पर उगनेवाला सारा चावल लग जाएगा, फिर भी पूरा नहीं होगा।

जब बात विकास दर की आती है तो अपने मन की बात मानने के बजाय गणना पर विश्वास कीजिए।

□

अध्याय-13

कौशल-विकास और केंद्रित सोच

[केंद्रित सोच एक विशेष कार्य, वस्तु या गतिविधि पर अपना ध्यान और ऊर्जा को एक केंद्रित करना है। अगर आपका फोकस किसी छोटे कार्य पर है तो यह थोड़ा आसान होता है, जबकि लंबे या बड़े कार्य को पूर्ण करने में ज्यादा मेहनत, समय और सकारात्मक सोच की जरूरत पड़ती है।]

उदाहरण के तौर पर, अगर आपने सोचा है कि आप दो महीने में पाँच-छह किलो वजन कम करेंगे तो यह आसान होगा, लेकिन अगर आपने यह निश्चय किया है कि आपको आई.ए.एस. में सफलता पानी है तो यह थोड़ा मुश्किल है, पर नामुमकिन नहीं; बस आपको सही दिशा में, सही तरीके से, केंद्रित सोच के साथ धीरे-धीरे अपना कदम बढ़ाना है।

कौशल-विकास के लिए एक समय में फोकस्ड रहकर एक ही लक्ष्य निर्धारित करें, इसके कई सारे फायदे हैं, जैसेकि आप अपने लक्ष्य पर पूरा समय दे सकेंगे और लक्ष्य को व्यवस्थित भी कर पाएँगे। अगर आपने एक साथ बहुत सारे लक्ष्य निर्धारित कर लिये तो आपका समय और तैयारी बँट जाएगी तथा आप केंद्रित सोच भी नहीं कर पाएँगे।

केंद्रित सोच होना आपको पिछली चुनौतियों से आगे बढ़ना सिखाता है। पिछली चुनौतियों को स्थानांतरित करने में मदद कर सकता है, जिससे आप अस्थिर हुए बिना उनका मुकाबला करते हैं, बिना किसी भी चीज की परवाह किए। केंद्रित सोच चिंता को कम करती है, आपको बेहतर नींद में मदद करती है, जिससे आप और बेहतर करने के लिए प्रेरित होते हैं। खासतौर से कोविड-19 महामारी के इस अनिश्चित समय में बेहतर तरीके से अपने जीवन को सँभाल पाते हैं।

केंद्रित सोच से नकारात्मकता भी दूर होती है। पूरे दिन ध्यान दें कि किस समय आपके दिमाग में नकारात्मक सोच आने शुरू होते हैं। इसी समय केंद्रित सोच रखते हुए आपको खुद के लिए सकारात्मक अवसरों का निर्माण करना है। इससे आप नकारात्मक चीजों को हटाकर अपना ध्यान सकारात्मक चीजों पर लगाने में सफल हो पाएँगे।

भोर में उठना फायदेमंद

'अर्ली टू बेड और अर्ली टू राइज मेक्स अ पर्सन हेल्दी, वेल्दी एंड वाइज।' अंग्रेजी की यह कहावत बहुत पुरानी है। जिसका अर्थ है कि रात में जल्दी सोकर भोर में उठना बहुत फायदेमंद होता है। यह आदत इनसान को स्वस्थ, अमीर और बुद्धिमान बनाती है।

इसमें कोई दो राय नहीं कि कौशल-विकास वृद्धि में सुबह उठने के कई फायदे होते हैं। तड़के उठकर आप कसरत करके, नाश्ता करके, दफ्तर के लिए तैयार होकर कुछ काम भी निपटा लेते हैं।

वैसे दुनिया भर के इनसानों में करीब एक-चौथाई ऐसे हैं, जो सुबह उठना पसंद करते हैं। वहीं करीब इतने ही लोग रात में देर तक जागना पसंद करते हैं। अनुसंधान से पता चला है कि सुबह उठनेवाले लोग ज्यादा सहयोगी स्वभाव के होते हैं। वे किसी भी घटना का सही विश्लेषण कर पाते हैं। इनके मुकाबले रात में देर तक जागनेवाले कल्पनाशीलता के मामले में बाजी मार ले जाते हैं। वे अकेले ज्यादा वक्त बिताना पसंद करते हैं।

कई बार हुए अनुसंधान ये साबित कर चुके हैं कि सुबह उठनेवाले आत्मप्रेरित होते हैं। वे लगातार काम करते हैं। दूसरों की बात भी वे ज्यादा मानते हैं। वे बहुत बड़े लक्ष्य रखते हैं। वे भविष्य की योजनाएँ ज्यादा बेहतर बनाते हैं। सुबह उठनेवाले अपनी सेहत का भी ज्यादा खयाल रखते हैं। रात में देर तक जागनेवालों के मुकाबले सुबह उठनेवाले डिप्रेशन के भी कम ही शिकार होते हैं।

वहीं रात में देर तक जागनेवाले याददाश्त के मोर्चे पर बीस बैठते हैं। बुद्धि के मामले में भी वे सुबह उठनेवालों से बेहतर होते हैं। उनकी काम करने की रफ्तार भी ज्यादा होती है। रात में देर तक जागनेवाले नए प्रयोग करने में भी खुले दिमाग से काम लेते हैं। रात में देर तक जागनेवाले सुबह उठनेवालों की तरह ही स्वस्थ, बुद्धिमान और ज्यादा अमीर भी होते हैं।

साफ है कि सुबह जल्दी उठने का लक्ष्य सेट करना कौशल-विकास में फायदे का सौदा है। वैसे आपका मन कुछ देर और सोने का है तो सो जाइए।

कामयाब लोगों से मिलें

हर इनसान में कोई-न-कोई कमी जरूर होती है। कोई भी परफेक्ट नहीं होता और जो शख्स समय रहते अपनी कमियों को पहचान लेता है और उन्हें सुधारता है, वही सफलता हासिल करता है। जब आप खुद में निरंतर सुधार करते हैं और अपने काम को लगातार बेहतर बनाने की कोशिश में लगे रहते हैं तो सफलता आपके करीब आती जाती है। वहीं अगर आप खुद को सब चीजों में माहिर मानकर कुछ नया सीखना बंद कर देते हैं तो आपकी सफलता ज्यादा देर तक नहीं रहती।

सफल होने के लिए जरूरी है कि आप अपने से अधिक कामयाब लोगों से मिलें और ऐसे लोगों के साथ ज्यादा-से-ज्यादा समय बिताएँ, जो सकारात्मक सोचते हैं और उसी सकारात्मक सोच के साथ अपना जीवन जीते हैं। ऐसे लोग आपको सकारात्मक नजरिया देने में मदद करेंगे, जो बिजनेस को सफल बनाने और समस्याओं का सही समाधान ढूँढ़ने में आपकी मदद करेंगे। इसके अलावा आप मोटिवेशनल किताबें भी पढ़ सकते हैं। ऐसी किताबें काफी प्रभावशाली होती हैं और यह एक कोच की तरह आपको मोटिवेट करती हैं। इनसे आप सीख पाते हैं कि आगे कैसे बढ़ना है।

सफलता के लिए आपका कामयाब लोगों के काम पर नजर रखना बहुत जरूरी है। समय-समय पर उनसे पूछें कि उन्होंने अपने लक्ष्य को पाने के लिए क्या-क्या किया है। इसके बाद अपनी कमियों पर नजर डालें। जब तक आप खुद की कमियों और मजबूतियों पर नजर नहीं रखेंगे, तब तक सुधार कैसे कर पाएँगे?

अपने से अधिक कामयाब लोगों से संवाद करें। आज के दौर में अगर आप सफलता की ऊँचाइयों तक पहुँचना चाहते हैं, तो आपको अपनी कम्यूनिकेशन स्किल्स बेहतर करनी होगी। अपने बातचीत के लहजे में हमेशा निखार लाने की कोशिश करें। इसके लिए आप अपने से अधिक कामयाब लोगों की सलाह ले सकते हैं या कोई कोर्स जॉइन कर सकते हैं। आपकी कम्यूनिकेशन स्किल्स बेहतर होने पर सफलता मिलने लगेगी।

अपना ड्रीम बोर्ड

ड्रीम बोर्ड आपके सपनों, लक्ष्यों, अभीष्ट छवियों, फोटो और पुष्टि का एक कोलाज होता है, जो आपको खुश रखता है। इसे विजन बोर्ड भी कहा जा सकता

है। अपने लक्ष्यों को समझने में सहायता के लिए विजन बोर्ड बनाना उपयोगी और प्रेरणा का एक स्रोत हो सकता है, क्योंकि इसके माध्यम से आप अपने सपनों को हासिल करने के लिए काम करते हैं।

दरअसल ड्रीम बोर्ड में हम अपने लक्ष्यों पर प्रतिबिंबित करते हैं। हममें से अधिकांश कैसा जीवन चाहते हैं, हमारे लक्ष्य क्या हैं और कौन सी बातें हमें खुश करती हैं, ड्रीम बोर्ड में इनके बारे में बारे में सामान्य वर्णन होता है।

ड्रीम बोर्ड बनाने में नीचे लिखी बातों को शामिल किया जा सकता है—

- आपकी दृष्टि में अच्छा जीवन क्या है?
- जीवन को मूल्यवान कैसे बनाया जा सकता है?
- जीवन में जीते-जी आप क्या हासिल करना चाहते हैं?
- आप क्या-क्या सीखना चाहते हैं?
- आपके शौक क्या हैं?
- आप जो गतिविधियाँ कर रहे हैं, क्या उनसे आप संतुष्ट हैं या उनमें सुधार करना चाहते हैं?
- आपके लक्ष्य क्या हैं?
- आपका सपना क्या है—नौकरी पाना या व्यवसाय करना?
- अपना लक्ष्य हासिल करने के लिए आपको क्या कदम उठाने होंगे? उदाहरण के लिए, क्या आपको किसी विशेष डिग्री की आवश्यकता है या क्या आपको इंटर्नशिप करने की आवश्यकता है?
- आपके व्यक्तिगत जीवन में क्या लक्ष्य हैं?
- क्या आप लंबे समय तक संबंध में रहना चाहते हैं या शादी करके बाल-बच्चों के साथ समय बिताना चाहते हैं?
- आप अपने जीवनसाथी के साथ कितना समय बिताना चाहते हैं?
- आप अपने निजी जीवन को कैसे याद रखना चाहते हैं?
- आप अपने निजी जीवन की किसी मजेदार और दुःखद घटना को कैसे याद रखना चाहते हैं?
- क्या आप अपनी आत्मकथा लिखना चाहते हैं?
- क्या आप किसी संगठन के अध्यक्ष बनकर दूसरों के जीवन पर सकारात्मक प्रभाव डालना चाहते हैं?

इस प्रकार, अपना ड्रीम बोर्ड बनाकर आप न केवल अपने कौशल-विकास में बढ़ोतरी कर सकते हैं, बल्कि अपने अधिकतर सपने भी सच कर सकते हैं।

□

अध्याय-14

कौशल-विकास में अहंकार को ना

[हमारे जीवन में बहुत सी चीजें ऐसी हैं, जहाँ हमारी पसंद और नापसंद की कोई अहमियत नहीं है। मसलन हम अपने परिवार, माता-पिता, भाई-बहन, जन्मस्थान, जाति आदि को नहीं बदल सकते। इसी प्रकार हमें जीवन में जो भी लोग मिलते हैं, उनके साथ एक सामंजस्य की कला का विकास करना चाहिए। इसका निरंतर अभ्यास करने से जो परिणाम सामने आएँगे, वे आपके जीवन और आपके कौशल-विकास में सहायक सिद्ध होंगे।]

अपने समस्त मनोभावों व विचारों पर नियंत्रण की क्षमता का विकास कीजिए। आपका जीवन सचमुच आपका अपना जीवन होना चाहिए, जिसे आपने पसंद किया है। जीवन में अधिकतर हम अपने लिए सिर्फ इसलिए भी मुसीबतें मोल ले लेते हैं कि हम दूसरे व्यक्तियों से उस तरह की अपेक्षाएँ कर बैठते हैं, जिन्हें पूरा करना औरों के वश में नहीं होता। जबकि हमारी धारणा होती है, वे चाहते तो यह हो सकता था? इस सोच के चलते वह अपने दायरे से बाहर नहीं निकल पाता। उसके इर्द-गिर्द ही घूमता रहता है। वह सोचता है कि एक वही बुद्धिमान है। वह सबकी गलतियाँ निकाल सकता है।

कौशल-विकास के लिए अपने विचारों को सकारात्मक अथवा आशाजनक बनाए रखें, ताकि हमारे मानसिक संवेग सकारात्मकता की तरफ उन्मुख हो सकें। इसके लिए हमें अपने विचारों को शुद्ध करना होगा। हमारी वैचारिक संपदा ही हमारी सबसे बड़ी पूँजी है। इसे सहेजकर रखिए, यह आपको औरों से अलग दिखने व बनने में बहुत बड़ी भूमिका अदा करेगी। सकारात्मक मानसिकता हमारे जीवन के संपूर्ण परिवेश को आलोकित करती है।

कौशल-विकास में अहंकार की अपेक्षा नम्रता से अधिक लाभ होता है,

क्योंकि अहंकारी व्यक्ति स्वयं को ही खा जाता है। ध्यान दें, मनुष्य के मन में देवता तथा राक्षस दोनों का वास है। आत्मा इन दोनों तत्त्वों को देखती व जानती है। जैसे हमारे विचार होते हैं, वैसी ही हमारी स्थिति हो जाती है। अर्थात् मन तो केवल एक ही है। इसे जहाँ पर अच्छा समझो, वहाँ लगाओ। इससे चाहे गुरु की सेवाभक्ति करो या सांसारिक विषय भोगों की कमाई करो।

कौशल-विकास में आड़े आनेवाले अहंकार का कारण है अपने असली स्वरूप अर्थात् मैं को न समझना। जैसे ही व्यक्ति 'मैं' को उसके असली रूप में देख लेता है, उसका अहंकार बिल्कुल वैसे ही अदृश्य हो जाता है, जैसे दीपक के जलने से अंधकार का कोई अता-पता नहीं रहता। अहंकार का जीवन-दर्शन अपने आपमें परिपूर्ण शास्त्र है। इस जीवन-दर्शन की अंतिम उपलब्धि नरक है—अपने आसपास दुःख और पीड़ा का एक व्यापक साम्राज्य। और निरहंकार जीवन-दर्शन की अंतिम उपलब्धि मोक्ष है, मुक्ति है।

निरहंकार का जीवन-दर्शन आश्वासन देता है कौशल-विकास तक पहुँचने का और अहंकार का जीवन-दर्शन सब तरह के प्रलोभन देता है। अहंकार के द्वार पर भी लिखा है—स्वर्ग और अहंकार के आमंत्रण बड़े ही भुलावेपूर्ण हैं। वे ऐसे ही हैं, जैसे कोई मछलियाँ पकड़ने जाता है तो काँटे पर आटा लगा देता है। कोई मछलियों को आटा खिलाने के लिए नहीं जाता; खिलाना तो काँटा है। लेकिन आटे के बिना काँटा मछलियों तक पहुँचेगा नहीं। अहंकार बड़े प्रलोभन देता है; दुःख के काँटे पर बड़ा आटा लगा देता है। आटे के लोभ में ही हम उसे निगल जाते हैं और बहुत देर हो गई होती है; फिर उसे थूकदेना संभव नहीं। काँटा छिद गया होता है; घाव बन गए होते हैं।

अहंकार का नाश करके जिन्होंने कौशल-विकास प्राप्त किया है, उन्हें और क्या पाना बाकी रह जाता है?

अहंकार की बड़ी-से-बड़ी भूल यह है कि जो अंत में दुःख देता है, उसमें प्रारंभ में सुख देखता है। जहाँ-जहाँ प्रारंभ में सुख दिखाई पड़े, वहाँ-वहाँ अंत में आप पाओगे कि दुःख मिलेगा। क्योंकि सुख इतना सस्ता नहीं हो सकता कि प्रारंभ में मिल जाए। अहंकार के जन्म के लिए कोई बहुत बड़ी रूपरेखा नहीं बनानी पड़ती। वह तो क्षण भर में मन में समा जाता है और मनुष्य पर अपना आधिपत्य जमा लेता है।

अहंकार के दोषों को निरूपित करते हुए समर्थ गुरु रामदास ने क्या खूब कहा है कि जिसने अहंभाव की मक्खी खा ली, उसकी कौशल-विकासरूपी भोजन में

रुचि कैसे होगी ? जिसके मन से अहंभाव नष्ट नहीं होगा, उसको कौशल-विकास रूपी अन्न नहीं पचेगा। अहंकार को शून्य करने में प्रार्थना मदद दे सकती है। प्रार्थना कोई यांत्रिक वस्तु नहीं, वह हृदय की क्रिया है। भगवान् की प्रार्थना में सारे भेदों को भूल जाने का अभ्यास हो जाता है।

अहंकार बहुत सूक्ष्म होता है। कई बार हमें लगता है कि हम इससे मुक्त हो रहे हैं, पर इसकी जड़ें इतनी गहरी होती हैं कि थोड़ा सा अनुकूल अवसर पाने पर यह अंकुरित हो जाती हैं। हमारा अहं ही ईश्वर और हमारे बीच दीवार बनकर खड़ा है। ईश्वर कितने उपायों से इसे तोड़ना सिखाते हैं, पर हम उनसे ही नाराज हो जाते हैं। जीवन में जब भी हमें मानसिक उद्वेग या पीड़ा का अनुभव होता है, उसके पीछे हमारा अहंकार ही जिम्मेदार है। ऊपर से तुर्रा यह कि अहं सत्य नहीं है, इसकी परत-दर-परत खोलते चले जाएँ तो वहाँ कुछ बचता नहीं। स्वयं को कुछ साबित करना इसी अहं का एक रूप है।

अहंकाररूपी अवगुण से मनुष्य को सतत बचना चाहिए, क्योंकि कौशल-विकास चाहनेवालों के लिए यह बहुत घातक होता है। अहंकार से देवता दानव बन जाते हैं और नम्रता से मानव देवता। अहंकार सोने का हार भी मिट्टी बना देता है। अहंकारपूर्ण जीवन को छोड़ देना ही त्याग है और वही सौंदर्य है। अहंकारी अथवा घमंडी व्यक्ति को न केवल समाज, वरन् उसका अपना परिवार तथा मित्रगण तक पसंद नहीं करते। आप कितने ही प्रतिभाशाली और योग्य क्यों न हों, यदि आप घमंडी हैं तो लोग आपको पसंद नहीं करेंगे। घमंडी व्यक्ति से व्यवहार-कुशलता की उम्मीद करना बेमानी है।

आजकल मनोवैज्ञानिक क्रोध, कुढ़न, खीझ, क्षोभ इत्यादि विकारों को किसी के असामान्य व्यवहार का लक्षण नहीं मानते हैं। इसे एक सामान्य प्रक्रिया माना जाता है। ऐसी प्रक्रिया, जिसके जरिए मानव का विकास और अनुकूलन संभव हुआ है। यह अपने आपमें कोई बुरी चीज नहीं है; लेकिन समस्याएँ तब उत्पन्न होती हैं, जब इसे ठीक तरह नहीं सँभाला जाता है। बार-बार अधीरता, घबराहट दिखाना बेवकूफी है और इससे नियंत्रण, समझदारी एवं संवेदनशीलता की कमी जाहिर होती है।

आत्मप्रतिष्ठित अहंकार वह है, जो बहुधा अपनी ही भूलों अथवा त्रुटियों से पैदा होता है। जबकि परप्रतिष्ठित अहंकार से अभिप्राय किसी दूसरे व्यक्ति द्वारा प्रदत्त अहंकार से है। सरसरी नजर से देखें तो अहंकार एक ही है, परंतु उत्पत्ति के दृष्टिकोण से इसे दो धाराओं में विभाजित किया गया है। अध्यात्म की अवधारणा

है कि अहंकारी मोहनीय कर्म का उदय भाव है। ज्यों-ज्यों मोहनीय कर्म का क्षय होता जाएगा, त्यों-त्यों अहंकार के आवेग का क्षरण होगा।

महात्मा गांधी कहते हैं—आप अहंकार छोड़ दीजिए। कौशल-विकास की अनुभूति होनी प्रारंभ हो जाएगी।

यदि कभी आप असफल होते हैं तो इससे कोई फर्क नहीं पड़ता; तब जबकि आप जी-जान से अपने लक्ष्य का पीछा करते हैं। असफल होने में कोई शर्म नहीं है, जब आप अपना सबकुछ देकर पूरा प्रयास करते हैं। अपने आप से न्याय करें और फिर से काम में लग जाएँ। रास्ते में आनेवाली रुकावटें हमेशा बनी रहती हैं, आप बस सकारात्मक बने रहें। क्या आप जुनूनी हैं ? अपने लक्ष्यों को अपना जुनून बनने दें, अगर आप चैंपियन बनना चाहते हैं। अपने जुनून का पता लगाएँ। यदि आप कुछ ऐसा पा सकते हैं, जिससे आप प्यार करते हैं तो आपके लिए काम बहुत आसान हो जाएगा।

स्मरण रखें कि लक्ष्य कभी आसान नहीं होने चाहिए, इतने कठोर होने चाहिए कि वे आपको सतत काम में लगाए रहें, भले ही वे उस समय कितने ही थकाऊ क्यों न लगें।

काम स्वत: ही सही नहीं हो जाते हैं। ऐसा तब होता है, जब आप काम के अनुकूल ढल जाते हैं और गलतियों से सीखते हैं। जीवन पूर्ण नहीं है। हमेशा ऐसी चीजें होती हैं, जो गलत हो जाती हैं। गलतियाँ सीखने का सबसे अच्छा तरीका है कि आप गलतियों पर ध्यान केंद्रित करने के बजाय इस बात पर ध्यान केंद्रित करें कि उन गलतियों से आप क्या सीख सकते हैं। आप फिर से वही गलती नहीं करेंगे।

सबसे अधिक कौशल-विकास सबसे अधिक माँग होने पर होता है। अपने से अधिक और अधिक की माँग करने पर। अपनी तय सीमाओं से परे जाने के लिए अपने आप को धक्का दें और फिर निश्चित ही आप कौशल-विकास का आसमान छू लेंगे।

□

अध्याय-15

अकसर पूछे जानेवाले प्रश्न

[प्रश्न पूछने से हमारी जानकारी बढ़ती है; अगर प्रश्न का उत्तर न मिले तो भी हमारा ज्ञान बढ़ता ही है, क्योंकि जैसे घोंघा अपने शरीर का आवरण अपनी पीठ पर रखकर चलता है, उसी तरह प्रश्न भी अपना उत्तर अपने अंदर समेटे रहते हैं।]

दिशा मिल जाने के बाद जब आप उस दिशा में काम करना शुरू कर देते हैं, तब आपको पता चल जाता है कि आपके लिए क्या महत्त्वपूर्ण है और कितना। जब हमें अपनी संकुचित सीमा से बाहर निकलकर सोचने के लिए अनुकूल परिवेश मिल जाता है तो समस्या का हल अपने आप ही मिल जाता है। अत: रचनात्मक चिंतन जरूरी है। प्रतिस्पर्धा से भरी इस दुनिया में खुद को बेहतरीन साबित करने की बात हममें से कितने लोगों के मन में आती है? इसी बात को ध्यान में रखकर यहाँ अकसर पूछे जानेवाले कुछ प्रश्न और उनके सर्वोत्तम संभावित उत्तर दिए जा रहे हैं।

प्रश्न—कौशल विकास क्या है?

उत्तर—कौशल विकास एक प्रक्रिया है, जिसके अंतर्गत आप अपनी योग्यता और जरूरत की पहचान करके उसके अनुसार कौशलों को सीखते हैं और उनका विकास करते हैं। यह बहुत महत्त्वपूर्ण है, क्योंकि किसी काम में आपकी सफलता आपके कौशलों पर ही निर्भर करती है।

मान लीजिए, एक बढ़ई है। उसके पास कच्चा माल यानी लकड़ी तो है, लेकिन जरूरी औजार नहीं हैं, जो फर्नीचर बनाने के लिए जरूरी होते हैं। अगर उसके पास एक हथौड़ी और पेचकस आ भी जाए तो भी वह आरी, रंदा आदि औजारों के बिना काम नहीं कर पाएगा।

लक्ष्य की प्राप्ति में भी बिल्कुल ऐसा ही होता है। आपके पास जो कौशल हैं, वे औजार का काम करते हैं। जैसे बढ़ई को फर्नीचर बनाने के लिए औजारों की जरूरत पड़ती है, वैसे ही अपना लक्ष्य प्राप्त करने के लिए आपको कौशलों की जरूरत होती है। अगर जरूरी कौशल आपके पास नहीं है तो आप काम करते हुए अपना समय और ऊर्जा ही बरबाद करेंगे, काम में वांछित सफलता नहीं प्राप्त कर पाएँगे। इस प्रकार, आपका सारा परिश्रम, संघर्ष, समय और ऊर्जा—सबकुछ बेकार जाएगा।

प्रश्न—कौशल विकास की ओर उतना ध्यान क्यों नहीं दिया जाता है?

उत्तर—पहला कारण, लोग अकसर दूसरे लोगों की उपलब्धि को देखकर ही प्रभावित हो जाते हैं और यह नहीं समझ पाते कि यहाँ तक पहुँचने के लिए उन्हें क्या कुछ करना पड़ा है। यानी उनकी जीत, उनकी सफलता को देखकर ही हम धारणा बना लेते हैं कि सफल होने के लिए किस चीज की जरूरत है। बाद में जब हम स्वयं उस काम में उतरते हैं तो उपयुक्त कार्य-कुशलता न होने के कारण हमें निराश होना पड़ता है और हम वांछित लक्ष्य प्राप्त नहीं कर पाते।

दूसरा कारण यह है कि हममें से कुछ लोग स्वयं को जरूरत से ज्यादा कमजोर मान बैठते हैं। बड़े-बड़े कोचों, इंटरनेट गुरुओं, पुरस्कार विजेता कलाकारों आदि को देखकर हम मान बैठते हैं कि हमें ऐसी सफलता नहीं मिलनेवाली है। हमें लगता है कि इन लोगों के पास कोई करिश्माई शक्ति है, जो हमारे पास नहीं है। मेरे पास कई क्लाइंट ऐसे आते हैं, जो बताते हैं कि उनका फलाँ-फलाँ लक्ष्य है; लेकिन इस क्षेत्र के प्रतिष्ठित लोगों को देखकर वे खुद को कमजोर समझ बैठते हैं। 'मैं कैसे सफल हो पाऊँगा? पहले से ही इस क्षेत्र में बैठे इन प्रतिष्ठित और अनुभवी खिलाड़ियों के सामने मैं कैसे टिक पाऊँगा? कैसे इनके साथ प्रतिस्पर्धा कर पाऊँगा?' जी हाँ, उनके मन में ऐसी ही बातें होती हैं।

हम दूसरों की सफलता को तो देख लेते हैं, लेकिन यह नहीं देख पाते कि इसके लिए उन्हें आवश्यक कौशल प्राप्त करने और उसका विकास करने में कितनी मेहनत करनी पड़ी है। जिसे हम उनकी प्रतिभा के रूप में देखते हैं, वह उनके 10 हजार घंटों की कड़ी मेहनत का परिणाम होता है। कौशल विकास की प्रक्रिया के अंतर्गत हम प्रशिक्षु के रूप में शुरुआत करते हुए विशेषज्ञता के स्तर तक पहुँचने का उद्यम करते हैं। इस प्रकार, हमारे पास वह योग्यता आती है, जो अपने लक्ष्य तक पहुँचने में हमारी मदद करती है।

प्रश्न—क्या 'मन' और 'मस्तिष्क' एक ही बातें हैं ?

उत्तर—नहीं, ऐसा नहीं है। जैसे आपकी उँगली है, वैसे ही मस्तिष्क भी आपके शरीर का एक अंग है। क्या मस्तिष्क के बिना मन काम कर सकता है ? मस्तिष्क के साथ-साथ कई और चीजें भी हैं, जिनके बिना मन काम नहीं कर सकता। मन को निष्क्रिय करने के लिए जरूरी नहीं कि मस्तिष्क को शरीर से निकालना ही पड़े; इसके लिए कई और तरीके भी हैं।

मस्तिष्क हमारे शरीर का एक अंग है, जिसका एक दृश्य स्वरूप होता है। इसके बिना हमारा मन काम नहीं कर सकता। लेकिन मन का भी एक अलग कार्य होता है। उदाहरण के लिए, मान लीज़िए, आप बोल रहे हैं। आपके भाषण का अस्तित्व है; लेकिन जब आप बोलना बंद करते हैं तो आपका भाषण कहाँ चला जाता है ? क्या आपके मुँह के अंदर बैठा रह जाता है ? नहीं, तब आपका भाषण अस्तित्व में नहीं रहता। यानी आपकी वाणी भी तभी अस्तित्व में रहती है, जब आप क्रियाशील रहते हैं, अन्यथा नहीं।

इसी तरह, आपका मन भी तभी अस्तित्व में होता है, जब आप क्रियाशील होते हैं। आप निष्क्रिय हो जाते हैं तो आपका मन भी निष्क्रिय हो जाता है। मन कोई दृश्य वस्तु नहीं है। तो कहाँ होता है आपका मन ? अगर आप यह बात जान जाते तो अब तक आपका मन आपके हाथ में होता। मन सिर्फ हमारी क्रियाशीलता के साथ अस्तित्व में आता है। लेकिन मस्तिष्क हमारे शरीर का एक भौतिक अंग है, जिसका एक दृश्य स्वरूप है। मस्तिष्क का काम सिर्फ सोच-विचार करना ही नहीं होता, बल्कि हमारे लीवर, हमारे हृदय, हमारे हाथ-पैरों और उँगलियों तक को नियंत्रित करने का काम हमारे मस्तिष्क का होता है।

यह बात तो स्पष्ट हो गई कि मन और मस्तिष्क दो अलग-अलग चीजें हैं; लेकिन क्या दोनों में कोई संबद्धता है ? बिल्कुल, शरीर के एक-एक अंग के बीच परस्पर संबद्धता है। आपके शरीर की एक-एक कोशिका का अपना मन होता है। आपके जीन में एक स्मृति होती है, जिस पर वह काम करता है। यह भी एक तरह से मन ही होता है।

प्रश्न—आई.क्यू. (सामान्य बुद्धिमत्ता) क्या है ? यह किस प्रकार महत्त्वपूर्ण है ?

उत्तर—आई.क्यू. (IQ—Intelligence Quotient) का हिंदी अर्थ होता है—सामान्य बुद्धिमत्ता। सामान्य बुद्धिमत्ता की परीक्षा के माध्यम से देखा जाता है कि बच्चे की बौद्धिक क्षमता उसकी उम्र के अनुरूप है या नहीं। इसमें 90-110

का स्कोर सामान्य या औसत स्कोर माना जाता है, जबकि 130 से ऊपर का स्कोर औसत से उच्चतर और 140 का स्कोर जीनियस की श्रेणी में माना जाता है। दो अलग-अलग व्यक्तियों के बुद्धिमत्ता के स्तर में बहुत ज्यादा अंतर प्रायः दोनों के बीच के संबंधों में गड़बड़ी पैदा करता है, क्योंकि बौद्धिक स्तर में अंतर के कारण दोनों की प्राथमिकताएँ और प्रवृत्तियाँ भी अलग-अलग होती हैं।

प्रश्न—पर्सनल काउंसलिंग क्या है? इसका पता कैसे लगाया जाए कि किसी व्यक्ति को प्रोफेशनल काउंसलर की सेवा की जरूरत है?

उत्तर—काउंसलिंग एक ऐसी प्रक्रिया है, जिसमें काउंसलर और क्लाइंट के बीच एक विश्वासपूर्ण संबंध का निर्माण किया जाता है, जिसके माध्यम से क्लाइंट को स्वयं के बारे में या किसी विशेष स्थिति-परिस्थिति के बारे में जानने-समझने में मदद मिलती है। इसमें क्लाइंट को विभिन्न व्यावहारिक विषयों पर जानकारी दी जाती है—वह अपने विचारों, भावनाओं या व्यवहार को कैसे समझे, दूसरों के साथ अपने संबंधों को कैसे बेहतर बनाए और विभिन्न प्रकार की स्थितियों में स्वयं कैसा व्यवहार अपनाए।

अगर आप किसी समस्या को लेकर परेशान हैं और आपकी कोशिशों के बावजूद स्थिति में सुधार नहीं हो रहा है तथा परिवार एवं मित्रों के सहयोग के बावजूद आपकी परेशानी कम नहीं हो रही है, आपका स्वभाव चिड़चिड़ा होता जा रहा है, परिवार के सदस्यों और इष्ट मित्रों के साथ समय बिताने या सामाजिक गतिविधियों में हिस्सा लेने में आपकी दिलचस्पी नहीं रह गई है या आप नियमित रूप से क्लास अटेंड नहीं कर रहे हैं और अपने मन को एकाग्र नहीं कर पा रहे हैं तो ऐसी स्थिति में आपको प्रोफेशनल काउंसलर की सेवा लेने की जरूरत पड़ सकती है।

प्रश्न—कौशल विकास की शुरुआत कैसे की जाए?

उत्तर—अगर आप बिल्कुल जमीनी स्तर से कोई काम शुरू कर रहे हैं, जिसके बारे में आधारभूत जानकारी भी नहीं है तो उसमें आप को कई तरह के नए कौशल सीखने की जरूरत पड़ सकती है। इसलिए मेरा मानना है कि शुरुआत कोर स्किल यानी मूल कौशल से करनी चाहिए, जिसका आपके काम या लक्ष्य से सीधा संबंध होता है। कोर स्किल का आपकी सफलता पर सीधा प्रभाव पड़ता है।

द्वितीयक कौशल भी महत्त्वपूर्ण होते हैं; लेकिन उनकी जरूरत मूल या प्राथमिक कौशल के बाद पड़ती है। प्राथमिक कौशल आपकी सफलता में गुणात्मक सुधार या बदलाव ला सकते हैं, लेकिन आपकी सफलता या असफलता को रोक नहीं सकते।

उदाहरण के लिए, जिस समय मैंने अपना बिजनेस शुरू किया था, उस समय मुझे कई कौशल सीखने की जरूरत थी। मैंने प्राथमिक कौशल से शुरुआत की, जो मुझे अपनी सफलता के लिए सीधे-सीधे जरूरी लग रहे थे—शिक्षण, प्रशिक्षण, लेखन और वेब मार्केटिंग। ये सब कौशल ऐसे थे, जो मेरे लक्ष्य को सफल या असफल बनाने में सहायक थे। दूसरी ओर, फेसबुक मार्केटिंग, फैंसी वेब डिजाइन और ट्विटर—ये सब मेरे लक्ष्य में सहायक तो थे, लेकिन इन पर मेरी सफलता नहीं टिकी थी। बाद में थोड़ा-बहुत समय द्वितीयक कौशल सीखने में भी लगाया, लेकिन मेरा ज्यादा ध्यान प्राथमिक कौशलों पर ही रहा।

प्रश्न—कैसे तय किया जाए कि कौन सा प्राथमिक कौशल है और कौन सा द्वितीयक कौशल?

उत्तर—यह आपके लक्ष्य के अनुसार तय किया जाता है। जो कौशल आपके लक्ष्य की सफलता-असफलता को सीधे-सीधे प्रभावित करनेवाला है, उसे प्राथमिक या मूल कौशल माना जाएगा। अगर आपका लक्ष्य लाइफ कोच बनना है तो लाइफ कोचिंग, नेतृत्व, टीम प्रबंधन और प्रशिक्षण आपके लिए मूल कौशल हुए। अगर आप ऑनलाइन सेटअप के साथ लाइफ कोच बनना चाहते हैं तो लाइफ कोचिंग, वेबमार्केटिंग, कंटेंट राइटिंग और तकनीकी कौशल—ये सब आपके लिए मूल या प्राथमिक कौशल होंगे। अगर आप कोई जरूरी कौशल स्वयं नहीं सीख पाते तो उसके लिए आउटसोर्सिंग का सहारा ले सकते हैं।

प्रश्न—कोच के साथ किस तरह का संबंध होना चाहिए? एक अच्छा शिक्षार्थी कैसे बना जाए?

उत्तर—कोच एक व्यक्ति के रूप में बहुत महत्त्वपूर्ण होता है। शिक्षार्थी को सही दिशा में और प्रगति व विकास की ओर ले जाने की जिम्मेदारी कोच की ही होती है। शिक्षार्थी अपने कोच का सम्मान करते हैं और बदले में कोच भी अपने शिक्षार्थियों के प्रति स्नेह की भावना रखता है। इस प्रकार, दोनों के बीच परस्पर स्नेह और सहयोग का संबंध होता है।

एक अच्छा शिक्षार्थी वह होता है, जो अपनी पढ़ाई और स्कूल वर्क के लिए एक उपयुक्त योजना बनाकर चलता है और उन्हें समय पर पूरा करता है।

प्रश्न—टेक्नीशियन टेक्नोलॉजिस्ट या इंजीनियर क्या होते हैं?

उत्तर—एक टेक्नीशियन के पास सामान्यतया दो वर्षीय डिग्री डिप्लोमा होता है। संबद्ध डिग्री रखनेवाला टेक्नीशियन बेचलर ऑफ टेक्नोलॉजी प्रोग्राम करते हुए अगले दो साल में स्नातक की डिग्री प्राप्त कर सकता है। परंतु इंजीनियरिंग

टेक्नोलॉजी में संबद्ध डिग्री से इंजीनियरिंग डिग्री प्रोग्राम करना थोड़ा मुश्किल होता है।

टेक्नीशियन ज्यादातर सेवा क्षेत्र में काम करनेवाले होते हैं। इक्विपमेंट इंस्टॉलेशन, ट्रबलशूटिंग, रिपेयर, टेस्टिंग, मेंटनेंस, मैन्यूफैक्चरिंग आदि काम तकनीशियन का होता है। इस तरह का काम करनेवाले तकनीशियन को कभी-कभी फील्ड सर्विस टेक्नीशियन, फील्ड सर्विस इंजीनियर या कस्टम रिप्रेजेंटेटिव के नाम से भी जाना जाता है। इसी तरह, ये इंजीनियरिंग टेक्नीशियन, लैब टेक्नीशियन, इंजीनियरिंग असिस्टेंट या एसोसिएट इंजीनियर के रूप में भी काम करते हैं।

टेक्नोलॉजिस्ट इंजीनियरिंग के किसी क्षेत्र का विशेषज्ञ होता है, जो मौजूदा टेक्नोलॉजी के कार्यान्वयन का काम करता है। एक टेक्नोलॉजिस्ट के अधीन काम करनेवाले कई इंजीनियर होते हैं, जो इंजीनियरिंग के मौलिक सिद्धांतों और तकनीकी कौशलों का प्रयोग करते हुए अलग-अलग प्रोजेक्ट पर काम करते हैं। टेक्नोलॉजिस्ट का काम सामान्यतया प्रौद्योगिकी के उस पहलू से जुड़ा होता है, जिसके अंतर्गत उत्पाद सुधार, विनिर्माण, निर्माण और अभियांत्रिकी संचालन जैसे काम आते हैं।

कुछ देशों में ऐसी व्यवस्था है कि इंजीनियरिंग टेक्नोलॉजी में स्नातक डिग्री और संबंधित क्षेत्र में काम करने का पर्याप्त अनुभव रखनेवाले लोगों को ही पंजीकृत टेक्नोलॉजिस्ट के रूप में मान्यता दी जाती है। इसके लिए उसे एक प्रमाण-पत्र लेना होता हैं या फिर अपना व्यावसायिक पंजीकरण कराना होता है।

निर्माण-विनिर्माण, औद्योगिक रख-रखाव और प्रबंधन आदि ऐसे कई क्षेत्र हैं, जिनमें टेक्नोलॉजिस्ट की सेवाएँ ली जाती हैं। अगर उसकी शैक्षिक पृष्ठभूमि अच्छी है तो उसे टेक्नोलॉजी मैनेजर के रूप में भी नियुक्त किया जा सकता है। इसके अलावा, प्रोडक्ट डिजाइन, टेस्टिंग, डेवलपमेंट, सिस्टर्मन डेवलपमेंट, फील्ड इंजीनियरिंग, टेक्निकल ऑपरेशन और क्वालिटी कंट्रोल आदि कई ऐसे क्षेत्र हैं, जिनमें इंजीनियरिंग टेक्नोलॉजी स्नातकों की सेवाएँ ली जाती हैं।

इंजीनियरिंग टेक्नोलॉजिस्ट का काम सामान्यतया इंजीनियरिंग सिद्धांतों के संबद्ध और व्यावहारिक अनुप्रयोग पर आधारित होता है; जबकि इंजीनियर का काम गणित, विज्ञान और इंजीनियरिंग के सिद्धांतों के सैद्धांतिक पहलू पर आधारित होता है।

इंजीनियर उपकरणों और सिस्टम्स का डिजाइन तैयार करते हैं। उनके पास बी.ई., एम.ई. या इलेक्ट्रिकल, मेकैनिकल, सिविल या अन्य इंजीनियरिंग में पी-एच.डी. की डिग्री होती है। कुछ इंजीनियरों के पास बी.टेक. या एम.टेक. की डिग्री के साथ कोई एक इंजीनियरिंग प्रमाण-पत्र भी होता है। बी.टेक. स्नातक और

इंजीनियरिंग स्नातक में अंतर यह है कि बी.टेक. स्नातक के कोर्स इंजीनियरिंग स्नातक के कोर्स की अपेक्षा ज्यादा व्यावहारिक होते हैं। बी.टेक. डिग्रीवाले इंजीनियर उपकरणों और सिस्टम्स का डिजाइन तो तैयार कर सकते हैं, लेकिन जटिल डिजाइन के लिए आवश्यक विश्लेषणात्मक गणित की गहरी जानकारी नहीं होती है। बी.टेक. डिग्री रखनेवाले इंजीनियर सामान्यतया मैन्यूफैक्चरिंग, क्वालिटी कंट्रोल, डिजाइन और फील्ड सर्विस के लिए नियुक्त किए जाते हैं।

प्रश्न—नेता का क्या मतलब होता है?

उत्तर—नेता का सामान्य अर्थ है—नेतृत्व करनेवाला। लेकिन वे कौन सी बातें हैं, जो किसी व्यक्ति को नेता बनाती हैं? नेता होने में ऐसी क्या बात है, जिसे कुछ लोग समझते हैं और अपने फायदे के लिए इस्तेमाल करते हैं? एक अच्छा नेता बनने के लिए आपको क्या करना चाहिए?

नेता वह होता है, जिसके पास अपनी एक अभिदृष्टि होती है और उसे प्राप्त करने के लिए जरूरी कौशल व प्रतिबद्धता होती है। आइए, इनके बारे में विस्तार से जानें।

प्रश्न—एक बड़ा नेता कैसे बना जा सकता है?

उत्तर—सब बड़े नेताओं में एक बात आम होती है और वह है उनका दृढ़ विश्वास। अपने विश्वासों को समझ लेने के बाद आप इस बात का पता लगा सकते हैं कि आपकी टीम द्वारा आपके विश्वासों का संवर्धन किया जा रहा है या नहीं। अगर आप एक बड़ा नेता बनना चाहते हैं तो आपको उन बातों की चिंता में अपना समय बरबाद नहीं करना चाहिए, जो आपके विश्वासों से सीधे तौर पर नहीं जुड़े हैं।

प्रश्न—एक सशक्त अभिदृष्टि या दर्शन कैसे विकसित किया जाए?

उत्तर—एक बात जो सब बड़े नेताओं में समान रूप से पाई जाती है, वह है—दर्श या अभिदृष्टि। अगर आप अपने नेतृत्व कौशल में सुधार लाना चाहते हैं तो आपको एक ठोस दर्शन विकसित करना चाहिए। लेकिन उसे अपने मन में नहीं रखना है; बल्कि एक रणनीतिक योजना बनाकर उस पर काम करना होगा।

प्रश्न—एक नेता के रूप में हम मजबूत टीम का निर्माण कैसे कर सकते हैं?

उत्तर—सफल नेता बनने के लिए आपको एक मजबूत टीम का निर्माण करने की जरूरत होती है। आप कितने भी सक्षम क्यों न हों, सफल होने के लिए आपको अच्छे-से-अच्छे लोगों को अपने साथ रखना होगा। आप कोच हैं, जनरल हैं या फिर एक्जीक्यूटिव हैं—सब जगह इसका समान रूप से महत्त्व है।

प्रश्न—किसी बड़े नेता के बारे में अध्ययन करके कोई अपने कौशल में सुधार कैसे कर सकता है?

उत्तर—अच्छा नेता बनने का एक तरीका यह है कि आप उन नेताओं के बारे में ज्यादा-से-ज्यादा अध्ययन करें, जो एक नेता के रूप में सफल रहे हैं। अध्ययन करने के साथ-साथ अगर आप उनके सिद्धांतों को अमल में लाने की ईमानदार कोशिश करें तो आप स्वयं एक उत्कृष्ट नेता बन सकते हैं।

प्रश्न—हम ऐसा नेता किस प्रकार बन सकते हैं, जिसके पीछे चलने के लिए लोग तैयार रहें?

उत्तर—वास्तव में, अच्छे नेता बहुत कम मिलते हैं। एक अच्छे नेता में अन्य गुणों के साथ-साथ एक करिश्माई शक्ति होती है, जो दूसरों को उनके पीछे चलने के लिए प्रेरित करती है।

प्रश्न—एक नेता के रूप में अपने अनुगामियों के लिए एक अच्छा उदाहरण कैसे प्रस्तुत किया जाए?

उत्तर—कई कर्मचारियों की शिकायत होती है कि उनके मैनेजर उनसे नियमों के पालन की अपेक्षा तो रखते हैं, लेकिन स्वयं उनका पालन नहीं करते तो ऐसे नेता अपने अनुगामियों या सहयोगियों के लिए कोई अच्छा उदाहरण प्रस्तुत नहीं कर सकते।

प्रश्न—एक नेता के रूप में हम अपने सहयोगियों की संभाव्यता को अधिकतम सीमा तक किस प्रकार ले जा सकते हैं?

उत्तर—नेता की सफलता हमेशा उसके सहयोगियों की सफलता पर निर्भर होती है, जिनका वह नेतृत्व कर रहा होता है। आपकी टीम का प्रदर्शन आपके अपने नेतृत्व कौशल को ही प्रतिबिंबित करता है। अगर टीम का प्रदर्शन अच्छा है तो इसका मतलब हुआ कि एक नेता के रूप में आप अच्छा काम कर रहे हैं।

प्रश्न—ऐसे परिवेश में सफलतापूर्वक नेतृत्व कैसे किया जाए, जहाँ विविध संस्कृतियों का समावेश हो?

उत्तर—अगर आप किसी बड़े समूह का नेतृत्व करना चाहते हैं, जिसमें विविध संस्कृतियों से जुड़े लोग काम करते हों तो आपको अलग-अलग संस्कृतियों का सम्मान करना सीखना होता। आज के परिवेश में ऐसा संभव ही नहीं है कि आप एकल संस्कृतिवाले समूह के साथ काम करते हुए वांछित सफलता प्राप्त कर सकें।

प्रश्न—अपने अनुगामियों-सहयोगियों को प्रेरित-प्रोत्साहित करने के लिए नेता को क्या करना चाहिए?

उत्तर—दूसरों को प्रेरित करने की योग्यता को एक नेता का सबसे महत्त्वपूर्ण गुण माना जा सकता है। अगर टीम के सदस्य अपने नेता से प्रेरणा नहीं ले पाएँगे तो टीम सफल ही नहीं हो पाएगी।

प्रश्न—नेता के लिए अनुशासन क्यों महत्त्वपूर्ण है ?

उत्तर—आप चाहे किसी फॉर्च्यून 500 कंपनी के सी.ई.ओ. हों या फिर किसी सेना के जनरल हों, अनुशासन जैसे विषय को आप हलके में नहीं ले सकते। कभी-न-कभी आपके सामने ऐसी स्थिति आती है, जब संगठन में कोई व्यक्ति नियमों या निर्देशों का पालन नहीं कर रहा होता है।

प्रश्न—टीम या समूह में कार्य-वितरण का क्या महत्त्व है ?

उत्तर—कोई टीम खेलने के लिए मैदान में उतरे, उससे पहले यह तय करने में पर्याप्त समय और परिश्रम लगाया जाता है कि कौन सा खिलाड़ी किस भूमिका में खेलेगा। यह तय करते समय अलग-अलग खिलाड़ियों के कौशल स्तर को ध्यान में रखा जाता है।

प्रश्न—नेतृत्व दक्षता के प्रयोग का क्या महत्त्व है ?

उत्तर—अगर आप लोगों के नेतृत्व में दक्षता हासिल करना चाहते हैं तो इसके लिए आप विविध आधारों का प्रयोग कर सकते हैं। इनमें से कुछ आधार ऐसे हैं, जिनसे आपको जबरदस्त ताकत मिल सकती है; लेकिन उनसे होनेवाली कुछ हानियाँ भी हैं।

अभिभावकों द्वारा अकसर पूछे जानेवाले प्रश्न

प्रश्न—हमारी तेरह वर्षीया बेटी अपनी जिम्मेदारी नहीं समझती है। वह ज्यादातर समय बिखरी-बिखरी और खोई-सी रहती है। उसे व्यवस्थित रहना और जिम्मेदारी से रहना हम कैसे सिखाएँ ?

उत्तर—आपकी बेटी बचपन की अवस्था से अब किशोरावस्था में कदम रख रही है और इसी के अनुसार उससे आपकी अपेक्षाएँ भी बढ़ गई हैं। माता-पिता के रूप में आपकी जिम्मेदारी बनती है कि आप घर और स्कूल दोनों जगह उसे अपनी जिम्मेदारी समझने और उसके अनुसार काम करने में उसकी मदद करें। जैसे बचपन में उसने चलना, बोलना, लिखना और पढ़ना सीखा था, वैसे ही उसे अब ये चीजें सीखनी होंगी।

आपको जो कुछ लगता है और जो कुछ उसके द्वारा किया जाना चाहिए, उसके बारे में उससे बात करें और उसे बताएँ कि यह सबकुछ उसे कैसे करना चाहिए। अगर उसे मदद की जरूरत है तो उसकी आलोचना किए बिना उसे इस

काम में मदद दें। जिस प्रकार बचपन में बार-बार गिरकर उसने चलना सीखा है, उसी तरह गलतियाँ करते-करते वह सही ढंग से काम करना भी सीख जाएगी। हाँ, जब वह कुछ अच्छा करना शुरू कर दे तो इसके लिए उसकी प्रशंसा जरूर करें।

पहले आप यह तय करें कि उसे क्या काम करना चाहिए और कैसे करना चाहिए। उदाहरण के लिए, बेडरूम को साफ-सुथरा और सुव्यवस्थित रखना। उसे बताएँ कि यह काम उसे क्यों करना चाहिए; साथ ही, यह भी एहसास दिलाएँ कि यह सब काम करने में वह सक्षम है। जब वह अपना काम सफलतापूर्वक करने लगे तो उसे महसूस कराएँ कि आप उसके काम से कितने खुश हैं। उससे उसके होमवर्क के बारे में बात करें और पूछें कि कितना होमवर्क है—एक घंटे का या ज्यादा?

उसे एक टाइम टेबल तैयार करने के लिए प्रोत्साहित करें, जिसमें सब कामों के लिए उपयुक्त समय निर्धारित हो—कब टी.वी. देखना है, कब खाना खाना है और कब कितने समय का ब्रेक लेना है। उसे स्वयं सोच-विचारकर यह सबकुछ तय करने का मौका दें; आप स्वयं कुछ न करें।

रातोरात चमत्कार की उम्मीद न करें। छोटी-छोटी व आसान चीजों से शुरू करें और धीरे-धीरे आगे बढ़ें। धीरे-धीरे वह अपनी जिम्मेदारियों को समझकर उसके अनुसार काम करना शुरू कर देगी।

प्रश्न—मेरी तेरह वर्षीया बेटी अपना सारा पैसा फोन के बिल पर खर्च कर देती है। मैंने तो सोचा था कि मोबाइल फोन हो जाने से उसकी आने-जाने की स्वतंत्रता बढ़ जाएगी, लेकिन स्थिति नियंत्रण से बाहर होती जा रही है।

उत्तर—क्या मोबाइल उसकी जरूरत है? पहले वह कैसे रहती थी, जब उसके पास मोबाइल फोन नहीं था? मोबाइल फोन रखने का अपना फायदा जरूर होता है, लेकिन यह जीवन की जरूरत नहीं है। परिणाम या अंजाम व्यक्ति के लिए सबसे अच्छे शिक्षक का काम करता है। जब तक आप उसे खर्च करने के लिए पैसे देते रहेंगे, तब तक वह अपने खर्च पर नियंत्रण नहीं कर पाएगी। जब आप उससे यह कह देंगे कि अपने बिल का भुगतान वह खुद करे तो वह रुककर सोचने के लिए विवश हो जाएगी। उसे सुझाव दें कि फोन कॉल के बजाय वह एस.एम.एस. का ज्यादा प्रयोग कर सकती है, क्योंकि एस.एम.एस. फोन कॉल की अपेक्षा सस्ता विकल्प है। उसे संभावनाएँ बताते हुए सुझाव दें, लेकिन समस्या का हल स्वयं निकालने दें। उससे बात करने का अपना तरीका बदल दें। उसे अपनी समस्या पर चर्चा करने और (आपकी मदद से) उसका हल निकालने के लिए प्रोत्साहित करें।

इस प्रकार, वह अपनी जिम्मेदारियों को समझते हुए चीजों को अपने नियंत्रण में रखना सीख जाएगी। शुभेच्छा।

प्रश्न—आजकल के किशोरों के लिए संगीत एक बड़ा शौक बन गया है। मुझे उसका संगीत सुनना अच्छा नहीं लगता; लेकिन वह दिन भर सुनता रहता है! क्या यह ठीक है?

उत्तर—संगीत हमेशा बदलता रहता है। उसकी आवाज आपको अच्छी नहीं लगती, लेकिन आपके बेटे और उसके दोस्तों को तो अच्छी लगती है। संगीत किशोरों के जीवन में महत्त्वपूर्ण भूमिका निभाता है। उसकी पसंद के संगीत में दिलचस्पी लेने की कोशिश करें उससे पूछें कि इसका गायक कौन है। ऐसी अपेक्षा न करें कि आपकी इस दिलचस्पी से वह एकदम रोमांचित हो उठेगा; लेकिन कम-से-कम आपके पास इतना मौका तो आ ही जाएगा कि आप संगीत को सुने बिना ही उसकी बुराई कर रहे हैं। आपका बेटा भी अपने परिवार से बाहर कुछ प्रभाव हासिल करना चाहता है। और फिर, संगीतकार और पॉप स्टार अच्छे रोल मॉडल भी तो हो सकते हैं। थोड़ी दिलचस्पी दिखाएँ; आप उसे बेहतर समझ पाएँगे।

जब आपकी तेरह वर्षीया बेटी यह शिकायत करती है कि उसे कहीं भी जाने का मौका नहीं दिया जाता है। कुछ माता-पिता खुले विचारों के होते हैं, लेकिन जरूरी नहीं कि आप भी खुले विचारों के हों। लेकिन इतना ध्यान रखें कि बहुत ज्यादा कठोर नियम भी कई बार समस्या पैदा कर देते हैं।

पहले यह तय करें कि कौन सी बातें महत्त्वपूर्ण नहीं हैं। उन्हें ज्यादा संजीदगी से लेने की जरूरत नहीं है। ध्यान रहे कि 'समूह के साथ स्वयं को देखना' आपकी किशोरवय बेटी के लिए जरूरी है। लेकिन हाँ, इसमें सुरक्षा के साथ समझौता नहीं किया जा सकता। कुछ कड़े नियम बनाएँ और जैसे-जैसे आपकी किशोरवय बेटी परिपक्व होती जाए, वैसे-वैसे उसका पालन सुनिश्चित करें। उससे आप क्या अपेक्षाएँ रखते हैं, इसकी समीक्षा करें। उसे बताएँ कि क्यों ये नियम आपके लिए महत्त्वपूर्ण हैं। बिना कारण बताए किसी नियम को न बदलें। अपनी बेटी के साथ बैठकर नए नियमों पर चर्चा करें। बोलने के बजाय सुनने की ज्यादा कोशिश करें। इससे आपको अपने बच्चे के बारे में जानने का ज्यादा मौका मिलेगा। उसे महसूस कराएँ कि आपको उसके निर्णय पर विश्वास है और हर तरह से हमेशा उसके साथ हैं। बातचीत में थोड़ा हँसी-मजाक का माहौल बनाकर रखें। इससे तनाव को दूर करने में मदद मिलती है।

प्रश्न—क्या अपने किशोरवय बच्चे के बारे में पता करना या उससे पूछना

ठीक है कि वह क्या कर रहा है? हो सकता है, वह कोई शिक्षाप्रद काम कर रहा हो।...क्या मेरे किशोरवय बच्चे के लिए यह बात ठीक है?

उत्तर—आजकल इंटरनेट पर बहुत सारी सामग्री उपलब्ध है। उसमें से कुछ वांछित होती है तो कुछ अवांछित या अनुपयुक्त भी हो सकती है। अगर आप नहीं चाहते कि आपका बच्चा किसी अवैध रास्ते पर जाए या अश्लील चीजें देखे तो इंटरनेट के इस्तेमाल के दौरान उस पर नजर जरूर रखें।

स्कूल और दोस्तों के बीच परिवार के लिए बच्चों के पास बहुत कम समय बच पाता है। उसे मौका दें; कोशिश करें कि खाने के समय पूरा परिवार एक साथ बैठकर खाना खाए। खाने के दौरान उसे बातचीत के लिए प्रोत्साहित करें। ऐसा न होने पाए कि वह चुपचाप खाना खाकर उठ जाए।

अगर आपको लगता है कि कंप्यूटर पर ज्यादा समय लगाने के कारण वह अपने स्कूल वर्क पर यथोचित ध्यान नहीं दे रहा है तो इस विषय पर उससे बात करें और होमवर्क पर जितना समय दिया जाना चाहिए, उतना समय देने के लिए उसे तैयार करें। ज्यादातर स्कूल इस पर अपनी ओर से दिशा-निर्देश देते हैं कि बच्चे को होमवर्क पर कितना समय देना है। किशोरवय बच्चों के मामले में सबसे अच्छा यह होता है कि दोनों पक्ष एक साथ बैठकर अपने-अपने विचार रखें और उसके आधार पर निष्कर्ष निकाला जाए।

बुराई क्यों अच्छाई पर भारी पड़ती है?

1-10 के पैमाने पर आज आप स्वयं को कितना खुश महसूस करते हैं? और पैमाने पर 10 तक पहुँचने के लिए आपको क्या चाहिए? श्रीनगर में छुट्टियाँ बिताने का मौका? या कॅरियर में एक पायदान ऊपर तरक्की?

अगला सवाल—अब उतने ही पॉइंट नीचे आने के लिए क्या चाहिए? लकवा, अल्जाइमर, कैंसर, अवसाद, युद्ध, भुखमरी, दुराचार, आर्थिक बरबादी, मान-हानि, किसी अच्छे दोस्त को खोने का गम, बच्चे का अपहरण, अंधापन, मौत? ये सब ऐसी चीजें हैं, जो हमारी खुशियों में बाधक होती हैं। यानी अच्छी चीजें कम और बुरी चीजें ज्यादा हैं और बुरी चीजें प्रभावशाली भी ज्यादा हैं।

अतीत की बात करें तो हमारे विकास काल में भी बात कुछ ऐसी ही थी। एक गलती भी जान के लिए घातक बन जाती थी। उदाहरण के लिए, शिकार के दौरान लापरवाही। कई लोग तो अपना वंश आगे बढ़ाने का मौका पाने से पहले ही दुनिया से सिधार जाते थे। जो थोड़े सतर्क थे, वे बच गए; हम उन्हीं के वंशज हैं।

हमें मुनाफे को लेकर जितना उत्साह होता है, उससे कहीं ज्यादा डर नुकसान

से लगता है। 10 लाख रुपए खोने का आपको जितना गम होगा, उतनी खुशी तब नहीं मिलेगी, जब मैं आपको 10 लाख रुपए दे दूँ। यह मनुष्य की स्वाभाविक प्रवृत्ति होती है कि नुकसान से हमें जितना दु:ख होता है, उतनी खुशी उतने ही लाभ से नहीं होती। समाजशास्त्री इसे 'हानि पराङ्मुखता' की संज्ञा देते हैं।

इसलिए अगर आप किसी को किसी चीज के लिए तैयार करना चाहते हैं तो उसे उस चीज के फायदे समझाने के बजाय यह बताएँ कि किस प्रकार यह नुकसान से बचाने में सहायक है।

बी.एस.ई. या ब्रेस्ट सेल्फ एक्जामिनेशन (Breast Self Examination) के बिक्री संवर्धन अभियान का एक उदाहरण है—महिलाओं को दो अलग-अलग परचे दिए गए। एक में लिखा था—'शोध से पता चला है कि बी.एस.ई. अपनानेवाली महिलाओं में ट्यूमर का पता शुरुआती अवस्था में चल जाने की ज्यादा संभावना होती है, जब बीमारी साध्य होती है।' दूसरे परचे में लिखा था—'बी.एस.ई. न अपनानेवाली महिलाओं में ट्यूमर का पता शुरुआती अवस्था में—जब बीमारी साध्य होती है—चलने की कम संभावना होती है।' अध्ययन से यह बात सामने आई कि महिलाओं में बी.एस.ई. के प्रति जागरूकता पैदा करने में पहले परचे की—जो एक लॉस-फ्रेम में छपा था—की भूमिका दूसरे परचे—जो एक गेन-फ्रेम में छपा था—की भूमिका ज्यादा प्रभावी रही।

ऐसा नहीं है कि इसमें सिर्फ अनाड़ी लोग ही धोखा खाते हैं। कई बार हम खुद को भी धोखा दे बैठते हैं। उदाहरण के लिए, जो लोग कभी बीमार नहीं होते, वे खुद को अमर मान बैठते हैं। कंपनी के मुनाफे में वृद्धि की घोषणा करनेवाले सी.ई.ओ. खुद को फन्नेखाँ समझने लगते हैं। उनके कर्मचारी और शेयर होल्डर भी खुद को कुछ कम नहीं समझते। एक बार एक बेस जंपर था, जो ऊँची-ऊँची बिल्डिंगों, चट्टानों और एंटीनों पर से कूद जाया करता था और रस्सी को अंतिम मिनट में ही खींचता था। एक दिन मैंने उससे कहा कि तुम्हारा खेल बहुत खतरनाक है। इस पर उसने जवाब दिया, "मेरे पास एक हजार जंप का रिकॉर्ड है और अब तक मुझे कुछ नहीं हुआ।" इसके दो महीने बाद पता चला कि वह मर गया। दरअसल, दक्षिण अफ्रीका में वह एक बेहद खतरनाक चट्टान से कूद रहा था। उसमें उसकी मौत हो गई। एक हजार जंप की सफलता से उसने जो धारणा अपने बारे में बना रखी थी, वह एक ही बार में टूट गई।

अनुमान के आधार पर बनाई गई धारणा कई बार बहुत घातक सिद्ध होती है। लेकिन इसके बिना हमारा काम भी नहीं चलता। विमान पर चढ़ते समय हमें

लगता है कि एयरोडायनेमिक नियम यहाँ भी लागू होंगे। हम उम्मीद रखकर चलते हैं कि कल भी हम इसी तरह जिंदा रहेंगे। ये सब बातें हमारे अपने विश्वास पर आधारित होती हैं; लेकिन हमें ध्यान रखना चाहिए कि इस तरह की निश्चितताएँ हमेशा अस्थायी होती हैं। जैसा बेंजामिन फ्रैंकलिन ने एक बार कहा था, ''मौत और कर के अलावा और कुछ भी निश्चित नहीं है।''

अनुमान के आधार पर सोचते हुए हम इस तरह के निष्कर्ष निकालने लगते हैं, ''मानव जाति की उत्तरजीविता हमेशा ही कायम रही है, इसलिए हम भी भविष्य की चुनौतियों से निपटने में सक्षम होंगे।'' सिद्धांत के रूप में तो यह बात अच्छी लगती है, लेकिन हम यह बात नहीं सोच पाते कि ऐसा कथन उसी का हो सकता है, जो अब तक जीवित रहा है। तर्क के आधार पर देखें तो ऐसा सोचना कि आज हम जिंदा हैं तो कल भी जिंदा रहेंगे, एक बड़ी गलती है, शायद सबसे बड़ी और गंभीर गलती।

□□□